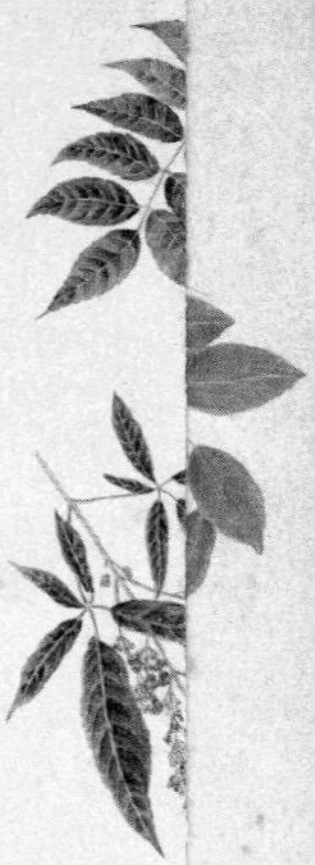

新界東部

新界北部

新界中部

新界西部

大嶼山

香港島 & 南丫島

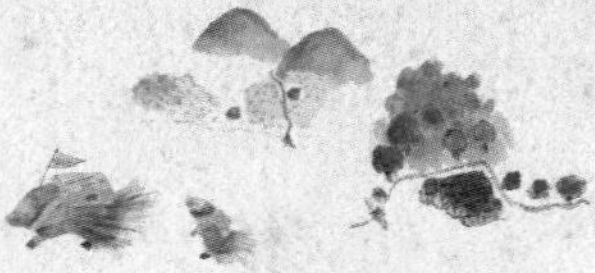

四分之三的香港

行山。穿村。遇見風水林

劉克襄 著

香港島&南丫島

我的手帖

專文推薦

山裡不知身是客

馬家輝　香港作家

有一回跟楊照聊天，不知何故談到劉克襄，他笑道，年輕時，曾被劉克襄退稿。我愣了一下，然後哈哈大笑。一來因為從沒想過連楊照也會有被退稿的不快經驗，二來因為我其實亦被劉克襄退過稿，三來，細心想想，我猜在那年頭，恐怕沒有幾個人沒被劉克襄退過稿。那是報禁未開的年頭，文學刊物不多，也沒有可以讓人人自封作家的互聯網，報紙副刊只有那麼每天一個版面，劉克襄在《中國時報》「人間」副刊擔任編輯，把關嚴格，自會有人遭他攔下。但我跟楊照的不同之處在於，劉克襄退他稿，會約他出來喝咖啡，有話好好談，而退我稿呢，只是通了電話，在電話裡直接對我說「不」，更可惡的是那通電話還是我主動打去報社追問投稿情況。我清楚記得那個下午，記得執起電話筒時的忐忑心情，記得放下電話筒後的悲憤感受，所以，我清楚記得劉克襄的聲音和名字。

可我畢竟不是港產片裡的古惑仔，沒有埋伏在報社門外，守候劉克襄下班，從暗裡衝出來，拿刀斫他；我只化悲憤為力量，繼續寫，努力寫，過不了多久，終於寫出一篇被「人間」副刊接納的文章，甚至再過了若干年頭，我從台灣到美國，又從美國回香港，在《明報》上開拓「世紀」副刊，倒過來，打長途電話向劉克襄邀稿，也從未退他稿。哈，我真懂得「以德報怨」。

當然真正施「德」的人是劉克襄。退我稿是他的專業判斷，是他的份內責任，本無怨可言；替我的副刊寫稿，既引領香港讀者開展視野，復為報紙銷路提升助力，實有德可述。過去十五、六年間，劉克襄寫寫停停、斷斷續續在《明報》發表了數十篇文章，初時題材主要是台灣田園，近數載，「本土化」了，大談特談香港山水，並且談之不足，多番親自渡海前來，藉演講或教學之便，走遍港九新界的山頭、野地、市場、巷道，吃這喝那，觀這察那，然後考之查之書之記之，寫成更多的香港文章，於是，有了這本《四分之三的香港》。

劉克襄在香港停留時，我必努力約他見面，可惜成功的次數不多。因為他早起床，起床後總去爬山，而我不是晚起床就是被困在辦公室從早忙到晚，時間湊不上。有一回終於約到了，中午在九龍塘的城市大學碰面，我帶他到附近的老社區吃飯，沿途有花有樹，他像導賞員般向我詳細解說花姓樹名及它們的前世今生，讓我這個正港香港人頗感羞愧。又有一回，我約他帶領我和幾位香港朋友同遊獅子山（但只走到四分之一，我怕累，打退堂鼓了！），這座山，遠看山形酷似一頭躺著的獅子，故得名，是香港山嶺的代表地標，而我竟然從未去過，而劉克襄竟然已經去過十多二十遍，精準掌握每條山徑的曲折方向，一邊走，一邊用他的台腔國語向我和朋友們細述這座山的迂迴地貌，而我們不斷用港腔國語向他問這問那，剎那間，彷彿是我們去了台灣旅行而並非他來了香港暫居；山裡不知身是客，劉克襄比許多香港人更似香港的主人。

所以劉克襄在香港肯定愈來愈人氣旺盛。香港近年流行「行山」，即是登山，用心欣賞山容峰貌；亦漸有人提倡「綠活」，用心領會田園細緻。於此，劉克襄早已是專家中的專家，走得很前很前，感謝他這幾年把注意力移放到香港，既以專家之身對田園山水查根問底，復以文學之筆為人文生態記錄詮釋，他其實參與了香港歷史的建構和發現。書裡許多文章在《明報》刊登時，備受追捧，我常聽一些親近綠色生活的香港朋友說：「不讀劉克襄的文章，我不知道原來香港也有……」之類感慨，很明顯，劉克襄讓香港人更了解香港，而當文章集合成為書本，影響必更深遠，迴響亦必更強勁更響亮。

我慣稱劉克襄做「老劉」或「鳥人」，他則喜喚我「老馬」。現在，老馬正式以香港人的身分對出生於台中縣烏日鄉的老劉說一聲：感謝你，也約定你，下回再來香港，讓我跟你去把那剩下的四分之三座獅子山走完。

非去不可推薦

旅遊香港必備的導覽經典

江秀真　華人女性登山家

氣勢磅礡的大山大水，只能遠觀讚歎，親身探訪是遙不可及！可小村小巷、郊野花園，藏在轉身回眸處，卻經常被輕忽漠視。生態文學家劉克襄以細緻筆觸與獨到眼光，帶領大家穿村、行巷、探祕境，看見世外桃源般的東方明珠，體驗不為人知的自然天堂。生命長河中，「自然生態」一直以潛移默化的方式，淨化人類生命。身為香港人應該珍藏此書，同樣的，它也是旅遊香港必備的導覽經典。

非去不可推薦

體會在香港行山的幸福

吳雲天　台北市出去玩戶外生活分享協會理事長

與劉克襄老師專程從台灣走訪擁有「東方之珠」美名的香港，為的不是繁華的夜景與美食，而是背著雙肩背包，走在西貢的大浪灣徑，漫步於原始的山水林以及古老的村落，感受那獨特的自然之美與嶺南文化。香港人真的很幸福，原始的郊野公園緊鄰身旁。建議你一定要隨手帶著這本書，透過劉老師細膩的觀察與豐富的旅行經驗，一起感受每條山徑、每個老村獨特的生命力與歲月之美，你將會愉快地發現，在香港行山很幸福著呢。

自序

遇見香港本色

完成這本行山指南之際，正值香港政府躍躍欲試，企圖釋放郊野公園土地，藉此吸引財團興樓蓋屋，解決市民居住的需求。

面對此一綠色空間的縮減，許多關懷環境的香港市民再也忍不住，紛紛站出來結團成社，憤怒地示威和抗議，極力阻擋此一後花園遭到破壞。

彼時，我也將第三度帶領台灣登山團隊，走進香港的山林。希望透過志工的義務解說，介紹這座城市獨特卻少為人理解的自然環境。

「郊野公園是什麼？」或者，更好笑的，「香港有山嗎？」「香港還有鄉下嗎？」這樣輕薄、困惑的粗淺認識，晚近仍經常出現於親友聊及香港的聚會場所。再聽說，我竟擱置台灣大好山水，時常飛往香港行山，更難以置信。可見大家對香港的山巒和鄉野十足荒疏，甚至形成某一習以為常的偏見。

台灣人有此誤解，我自可了然，因為走進書店，隨便翻讀任何一本有關香港的書籍，提及自然景點的篇幅明顯偏少。旅遊指南推薦的，多半以購物和美食為主。約莫一二小時，巴士即可環繞完畢的區域，多數遊客再怎麼逗留，勢必也會小覷，不想花太多時日旅行，更遑論深入旅遊指南甚少提及的郊野。

二〇一二年七月，英國《經濟學人》雜誌把香港列為世界最宜居住的城市，不少外人才注意到，香港擁有廣達百分之七十五的郊野，長期以來竟被外人忽視。一個看不見的香港自然，終於浮出檯面。

我何其幸運，早在七年前即迷戀上這一被多數人遺忘的綠色香港。除了受邀駐校的時日，平常還利用三四天假期，飛往這個離島眾多、山海交會的環境。在風水林的世界裡行山穿村，摸索這一都會和自然的關係。

晚近半世紀，還有一華人都會，在城市的快速發展進程中，跟自然環境長期對話、折衝，積累出豐厚的綠色風景，又跟經濟與時並進，此等發展頗為特殊。我如是珍惜這一大都會孕育的郊野和保護法條，相信它的發展和過去，足可提供其他華人城市許多面向的借鏡。

我雖走過香港多數山區，卻非每條路線都有靈感，足以翔實地描繪出每一方圓的地景。在本書介紹的路線裡，著名的麥理浩、衛奕信等四大名徑並非主要選項，重要山頭如鳳凰山、大帽山和八仙嶺等也非目標。我反而比較傾向於古道、村徑的報導，以及濕地環境的觀察。希望藉由這些不具知名度的路線，還有各種可能的自然類型，陳述更多郊野村落、物產和動植物生態的內容。

一般登山人的行山之文，多為山水紀實的行程。台灣的散文作家較少這類山野書寫，更遑論境外之踏查。多年來，我不斷嘗試這一可能的面向。試著在文學和登山紀行中，揉合遊記的況味，找到活潑有機的書寫形式。一來滿足自己喜愛踏查山水的樂趣，同時也摸索跟異地對話的可能。

本書撰寫的路線，依地理位置編排歸類。每篇列舉的行走路線，都是我走過的地域，同時附有一手繪地圖搭配見聞，做為大家閱讀和前往的參考。書末也把自己覺得重要的香港動植物，以及走訪時經常聞及的語彙，詳加列注，好讓大家在此徜徉山水時，更能快速融入此地環境。

因受限於篇幅，我無法詳細介紹每種所見的動植物，更不可能將所有照片放入。只能擇具代表性，依我的經驗具體描繪。所幸網路時代，這些植物的圖像和資訊都不難查獲。倒是有些動植物插圖，多為行旅第一時間體驗，我覺得更有韻致，因而特別安插於書中。

至於地圖，我盡量準確地描繪，但手工精準度和涵蓋內容仍不敵專業地圖，讀者若有需要，建議購買香港地政總署測繪處出版的郊區地圖。我也依山勢險峻，簡單區分三種行山難度。一、二顆星路線皆適合一般大眾，惟後者行程較長。三顆星對稍有經驗的山友而言，不難攀登。書中建議的交通路線，乃依經驗判斷，外來遊客最易掌握前往的方式。不過，巴士路線難免有調整變動，出發前最好上網確認或詢問清楚。

很感謝香港郊野的完整，以及昔時港人留下的豐厚書寫，讓我在這個大都會的邊疆，暢快地學習這堂城市的自然美學。進而，更鍾愛這地方的自然文化，又關切其未來的城郊生態環境。我也難得藉此機會抽離台灣，再回頭，凝視自己的家園。

從城市郊野的比例觀看，香港擁有豐沛的綠色，那是港人最值得驕傲的資產。祝福香港郊野的永續存在，繼續以其龐然的郊野裹覆自己，也期待台灣的城市有此親近的對照，更重視山林水湄的相伴。

開場

南方生態美學

香港或小，自然環境卻是多樣。早年有些山巒可能禿裸荒涼，但也有蔥蘢萎蕤的森林谷地。只是經過數代變遷，已不復清楚記述。

其原貌經人為利用、戰爭破壞，幾乎光禿。再造林恢復成如今樣貌，似乎更有著難以一言道盡的複雜。

雖說亞熱帶森林的本色回不去了，大片山野還是有著郁郁青青的自然模樣。它保留著幾近百分之七十五的郊野，跟緊密的水泥大樓森林遙遙相對。一個高密度發展的國際城市跟自然和諧相處，或緊張的並存，這裡隱隱然是最經典的案例。

話說香港的郊野，眾山不高，海拔最高的大帽山還不及一千公尺，以降分別為鳳凰山、大東山、二東山等，都接近此一高度左右。但各自大塊連綿，不免讓人聯想起台北周遭的山頭，頗為類似。我們常稱許，台北盆地山海交接，風光明媚。香港更突顯山海一色，襯托著十里洋場的繁華。

香港的山貌色調，遠眺時，山頂一帶多為低矮叢生的灌木和草原，或者巨石磊磊散落，呈現鐵鏽般枯竭而荒涼的景色，不像台灣的青翠、蓊鬱。這等山景大抵是現今嶺南以降的主要自然風貌。山腰至山腳才有森林青綠點綴，或團簇集聚。此一缺乏森林密覆的山區下，溪瀑自是不多，水潤更是罕見。更少有大溪浩蕩流出，或者近似台灣森林的潮濕、陰森之感。

山巒雖無蔥蘢之相，險峻磅礴者卻不少。它們因緊鄰海洋，海拔從零拔升，頓然高聳矗立，遂擁有台灣三千公尺高山的氣勢。比如大東山、鳳凰山和馬鞍山等便展現這般壯闊和峻峭。台北的郊山還不見得有此巍峨，想要目睹這等地景，還得遠到雪山、中央山脈等等才有機會體驗。但在香港，隨便一輛小巴就能載你到登山口，小走一段，便能感受這等雄渾氣勢了。

再綜觀之，香港也不只這派山水。隨著地理位置不同，自然環境變化萬千，那是台灣難以想像的山岳風景。

比如，站在西貢海岸環顧，白淨的沙灘銜接蔚藍的海灣，儼然如身處峇里島般的熱帶場景。經過的鄉野，人丁寂寥，村矮屋低，毫無公路車輛之跡，唯有山徑連接，更彷彿身處偏遠的世外桃源。

走訪大欖涌水塘，那又是另一番驚奇。其山光湖色媲美日月潭，但後者淪為觀光旅遊景點，盡是環湖公路。大欖涌水塘卻是泥土山徑，沿著湖岸旖旎蜿蜒，供人穿林悠遊，走訪鄉野村落。

又譬如，萬宜水庫附近地質所展現的奇稜巨岩，我們居處台灣，可能還得遠到澎湖群島，才有機會目睹玄武岩的奇詭。此地卻是都會海岸邊的天然風景，轉個彎，一趟短程的士即可到達。

上抵鳳凰山、馬鞍山等稜線，那又像在台灣縱走能高安東軍般，高山草原的風景和視野緩緩起伏。一條清楚的百年山徑，起落於雄渾的山頭，連綿出山勢的浩蕩。

更奧妙的漫遊，或許在離島。比如搭船到南丫島，從索罟灣循海岸的平坦山徑起程，恢意地散步，穿山越嶺，經過那小村小落，抵達榕樹灣。如果你嫌此島過大，還有更小的長洲和坪洲等，彷彿台灣九份、北埔的小鎮風情。這等閒暇自在，竟是在繁華都會旁邊咫尺的小島，恐怕也是旅遊情境裡難得一見的經驗。

香港山頭多為低矮灌叢和草原，海拔不及一千公尺，卻有三千公尺高山的氣勢。

在香港行山，時而在稜線遇見巨石磈磊。

除了山頭和區域各異，香港的山徑更是出名。許多西方人到香港登山，主要是被四大名徑所吸引。它們分別是港島徑、衛奕信徑、麥理浩徑和鳳凰徑。麥理浩徑和衛奕信徑，皆以香港前總督姓氏命名。另外兩條大徑，港島徑、鳳凰徑分別位於香港島與大嶼山，都是香港行山的指標山徑。

四大徑從三四十公里到百公里不等，各自橫跨不同的山區。基本上寬闊而漫長，適合長程徒步。旅遊者或可挑選其中一二段，估量個人體力，感受四大徑的內涵和步道設施。四大徑多以泥土路為取向，標示分明，惟不少地區還是鋪有水泥石階。

除了四大山徑外，還有各種古道、村徑、教育徑、文物徑和樹木學習徑等，豐富其行山的面向。村徑和古道尤其特別值得推薦。藉由村徑和古道，登山者更容易接觸舊時村落，掌握昔時香港的農村風貌，以及市區發展的歷史。香港行山特有的穿村情境，便在如是走訪裡逐漸形成。

所謂穿村，乃港人郊野行訪經過村子的習慣稱謂，跟我們在台灣爬山，中途經過一村落類似。但港人會特別強調，或許是這等農村風景，在當地已不多，人情風俗更不易尋覓。

香港郊野的村子類型多樣，靠海近山、偎林聚谷者不一。大的或形成圍村，或者背山面海成條成排，也有二三幢零星散落。起居生活亦大不同，承傳數百年活絡生活的猶健在，人丁寥落的村屋更是比比。草木蔓發的荒村廢屋，時有傾圮於山路半途，或半隱於密林裡。

山上村居者，昔時勞動各種產業。植茶種稻、栽蔗培蕉處處可見，現今多為菜畦果園、有機農場之類。海邊生活仍有魚排，或挖蠔鏟蚵，也有的繼續以基圍捉捕少數魚蝦。惟人丁稀少的住家，遺世獨居，多依賴登山休閒行業賺活，設一士多簡單謀生。

我在香港穿村，邂逅的大抵便是這等風景。接近這些村落，往往有一條水泥鋪設的小徑，當地人

八仙嶺稜線東端是衛奕信徑最後一段，西方人最喜歡攀爬。

屏山文物徑是香港首條文物徑，有座兩百多年歷史的圍村。

萬宜水庫的六角形火山岩柱，景觀奇特。（陳旭明 提供）

一公尺寬的水泥村徑以最小的干擾，蜿蜒於郊野沃衍。

多以村徑稱呼。村和村之間，有時便是以此路相通。距離長遠，森林溝壑阻隔的，依舊保持泥土山路，或者形成石磴古道。

在台灣鄉村或著名郊山，考量觀光、交通便利，水泥路徑經常大剌剌地橫陳。既失野趣，又嚴重地殘害環境。香港的水泥村徑只有一公尺寬，最適合走路來去，腳踏車或獨輪推車亦可上路。或許不是最符合自然環境的道路，一條路對土地的衝擊，卻減低到最小。

村徑在香港到處可見，在西貢半島更為突出。此半島內部只有一條北潭路貫穿，容許巴士和轎車出入，其他幾乎都以這類瘦小村徑做為聯繫的管道。村徑穿梭於山林間，誠為香港健行的美好體驗。諸多倚山傍林的村落，便靠著它通往外圍的世界。有此窄小村徑，外在世界對它的過度侵擾也阻絕了。

大浪灣遠足徑便是一例。一村行過又一村，兼有遠眺綺麗海灣的風景，遂成為熱門的踏青路線。友人在城大教書，每年的戶外教學都會安排此一路線，引領學生認識自己的土地家園。

村徑沿著海岸，對港人來說，或許是理所當然，但對台客來說就稀奇了。在台灣很少村徑是沿著海岸環繞的，多半是孤線一條，直指海岸。另一端，通向寬闊的公路，絕少繞著海岸，讓人緩行。

只有一些國家公園，諸如墾丁，還有這種沿岸的步道。但這種枕木型步道都是刻意設計，觀光味十足，遊客被迫被引領到海邊，觀賞綺麗風景，缺乏生活況味。在香港走路，你很清楚，那是一個村子通往另一個村子的途徑。村子裡的人可能乘船出海，載運貨物或捕魚，卻也依賴村徑連絡遊走他方。

有些村徑更是悠悠地隱伏於蓊鬱的林間，好大段路程，一路有小溪伴隨，又相互交纏，杳杳蜿蜒。七〇年代初，在台灣的城鎮鄉野尚可遇到此等的風景，小徑小溪沿著樹林，左右彎曲好幾回，流過水田流過荒野流向村落。

啊，這等農家風景如今蕩然無存。香港村徑的出現，常讓我心生慨歎，彷彿帶我回到童年時的鄉間小路。離城市不遠，可以冒險，可以很快地安然回家。

穿村還有一大樂趣，邂逅風水林。

風水，乃觀看山川，挑選福地的見解，藉環境之良窳評斷其對居住的影響。至於風水林，大抵係傳統村落和周遭山林環境的對應關係。

香港的風水林主要以客家人居住的近山環境為多。一般這類村子挑選坐落的位置，多半偏好坐北朝南，背後倚靠蓊鬱的森林。森林不僅吸納北風，同時積聚了水氣，冬暖夏涼。

這一風水匯集的原始林子，自不宜貿然開發，甚至破壞。久而久之，它保存了豐富多樣的物種。隨著村子住民一代承傳一代，森林也永續地依伴。祖上積德才衍生此一良好風水的生活訓示，於焉合理合情地開展。反之，有此美好風水，村子始能出賢德之才。這是漢人的生活智慧和信仰，巧妙地銜接了自然四時的運作。

一塊擁有絕佳風水的森林，若是隨便開發，砍伐林子，壞了風水，村子會遭到厄運。這悲劇包括了既有環境的破壞，進而牽涉到村人生活形式的不幸改變。保存一個風水林的完整，不只是讓近鄰的森林可以永續存活。進而之，完整的森林也保護村人的長久居住。

這種傳統風水林意識，或許帶有神祕的自然主義經驗，或因無知和畏懼衍生人生起落的迷信。惟晚近從生態學的角度評量，風水林其實涵蓋了多重的生態系統功能。

比如，風水林是一座天然冷氣機，具備改變微區域氣候的效用。同時，又是一座林牆，能夠緩和狂風的吹襲。在酷暑之日，遮擋猛烈的陽光，降低村落的溫度。冬季又可阻隔北風侵襲，減少寒流的

枕山環水，加上環抱村落的風水林，這是住民心中理想的風水布局。

衝擊。村後的樹林也是天然屏障，在發生山泥傾瀉時保護村落，阻擋自山坡沖下的土石流。茂密的闊葉樹林又展現隔火功能，減緩山火的蔓延。森林更能涵養地下水，提供生生不息的飲用和灌溉水源。

當然，風水林裡更是村民生活利用的重要資源，除了野生植物如土沉香、黃桐和木荷等，在林地外圍，不難發現一些具有產業價值的樹木，諸如龍眼、楊桃、黃皮、大蕉、蒲桃、番石榴、木瓜等果樹，這些都是村民適量種植的。除了果樹和薪材外，森林還提供各種豐富的中藥材，幾乎村裡的老人都識得這些藥草，做為平常飲用和養護身子的食材。

在香港，有哪些代表性的風水林呢？隨手拈來便有新界北部的荔枝窩、上禾坑，西貢郊野的荔枝莊、黃竹洋，馬鞍山一帶的梅子林、茅坪新屋。更靠近鬧區，諸如大埔的鳳園、城門，以及林村的大菴、社山村等都是很好的例子。其實，從華南以降，就是風水林的大本營，但我尚無緣全面走訪，就不知晚近一世紀以來，多少森森草木終不抵利用開發？

過去香港的地貌歷經更迭劇變，人類的諸多活動，如伐木開墾、引燃山火、戰爭等，破壞了蓊鬱森林。一九四〇年代，香港猶如不毛之地，除了偏遠的深谷，風水林是僅存的綠意。

惟現今也非每一村落都擁有悠邈的自然林相，多數地方道路拓寬，或闢建公寓大樓，風水林早不復存在。若有苟延殘存者，至多也只是次生林或造林的單薄外貌。香港本島便僅剩存一南風道風水林，所幸新界地區郊野遼闊，尚有百來處完整存在。

到底香港原有的植被面貌為何，如今便只能從風水林去尋找推測了。這些平均面積一公頃大的風水林保存著繁多物種，特別是因生境受破壞而日漸罕見的低地樹種。日後不但可以成為附近的基因庫，提供自然演替及更生的物種來源，同時提供動物棲息，維持整體生態環境的物種多樣性。

再從科學人文角度而言，生物多樣性興起的年代，物種豐富的風水林正是典型的人和自然和平共處的重要例證。完整的風水林蘊藏了無可估量的價值，無疑是當地最好的植物博物館、自然公園。

風水林的出現，絕非早年即擁有自然環境意識，更大的關鍵在漢人的傳統信仰，以及遵循自然法則的信念。這種山水地理，遂意外地成為微區域保護森林的重要案例。香港的風水林和日本的里山一樣，那美好的價值意念和生活情境，隨著人們在城市愈加忙碌的茫然裡，無疑地會受到更多的期待。

這些年在香港行山，遇見風水林最亢奮的一回，應該是走進新界北端，徘徊在船灣郊野公園的世界了。

那兒接近大陸邊界，一個比大嶼山區更加偏僻的荒涼之地。周遭盡是濃郁碧綠的山色映照著廣漠的水塘世界，其遼闊遠勝其他地區。行山的朋友說翻過此山就是深圳。同樣擁有丘陵之地，深圳卻無此蓊鬱。駐嶺遠眺那兒，水泥大樓的石屎森林綿延不絕，半甲子的城市規畫裡只知開發，綠色內涵付諸闕如。好在有香港，好在有新界。

其中一條山徑從大尾督出發，繞過八仙嶺右側的山腹，那土路漫漫，反覆於密林裡起伏。長途跋涉後，方能艱辛到達。一趟五六小時的走路，崎上嶇下，行行復行行，終而來到一處如宋代潑墨山水的家園，幾個小村，前傍水塘，後倚風水林，翠微地橫陳在前。杭州西溪濕地再怎麼婉約，恐亦不過如此。

大都會有此風景，放眼世界還真不多外，由此對照城市文明更加驚奇。當我懷念香江風光時，浮光掠影的自然集錦裡，總會幽微地閃現這一抹濃郁的綺麗山水。透過歷史悠遠的農村傳統生活，人們在這塊蒼老的大地，早就形成深厚的自然生活內涵，足以做為南方生態美學。

我的路線

上癮了，戒不掉。

地圖上的這裡那裡，不時銀閃閃地召喚我上路。

每一條路線都是我的身心spa場。

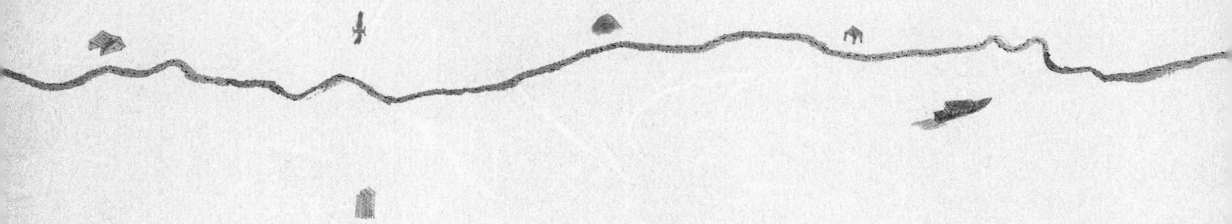

大浪灣

天涯海角逐風光

新界東部

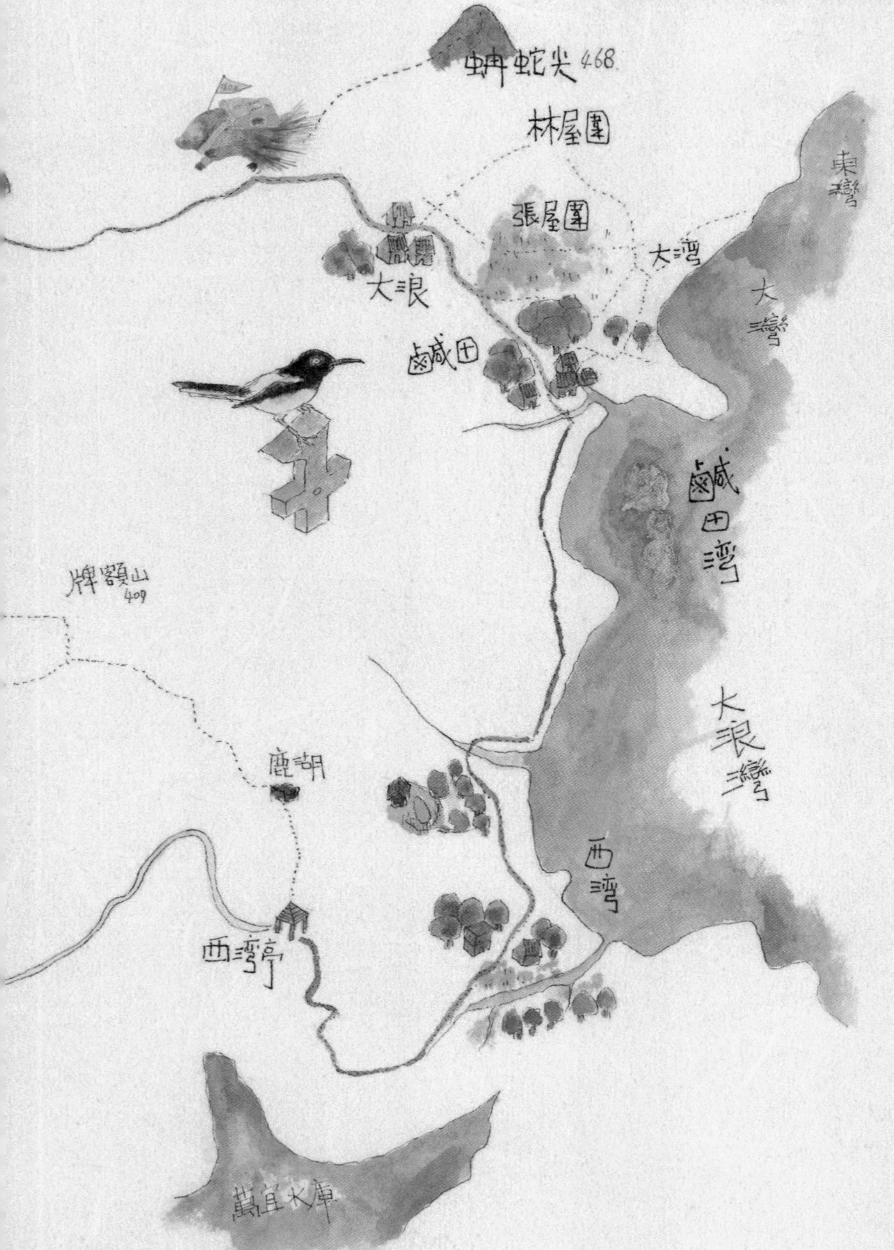

我的路線

西灣亭↓西灣↓鹹田↓大浪↓

赤徑↓北潭凹，約4小時。

交通

西貢親民街搭乘29R鄉村小巴，或的士，至西灣亭。

難度

★★

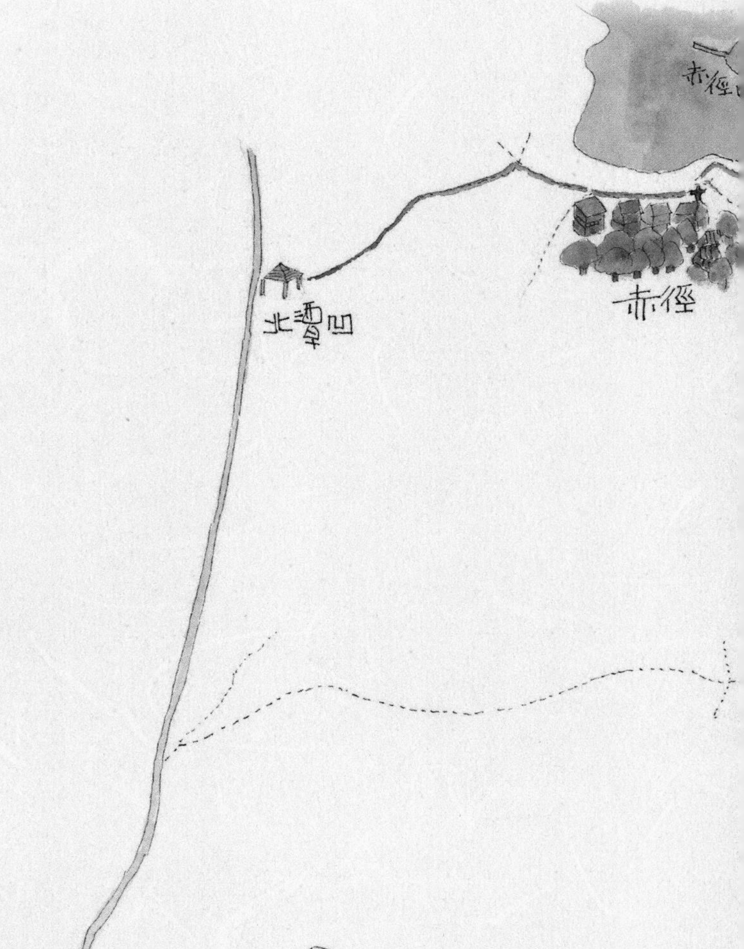

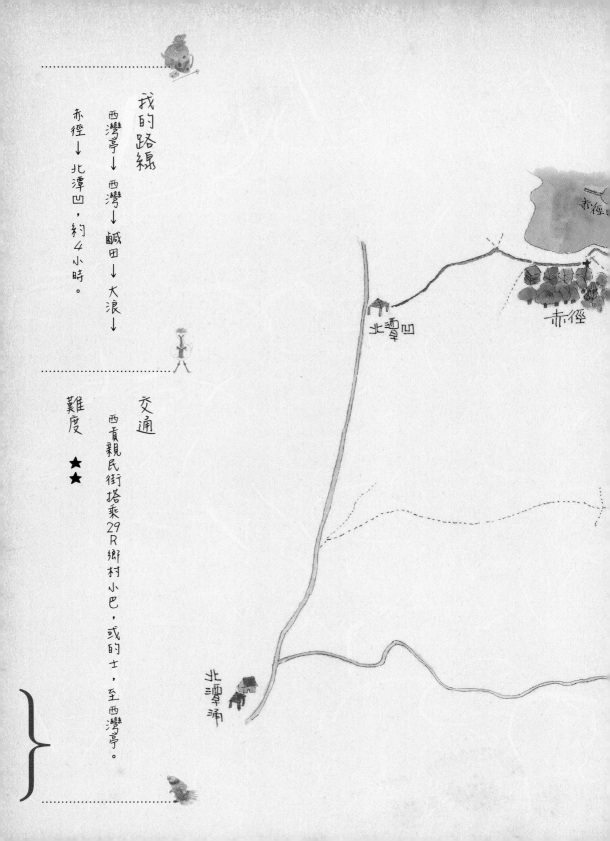

若要帶領台灣人見識香港郊野公園，我的首選是大浪灣。不僅它是香港十大景觀，更在於搭船行山，穿村風水林，樣樣過程皆俱全。

最主要的大浪灣徑，或許水泥鋪陳多了些，形成石屎路，一公尺寬的拘限，卻貼切地展現郊野公園的路況。想要徒步長行，深入接觸香港鄉間，這裡是最容易深刻體驗的場域。

大浪灣徑蜿蜒之地叫大浪灣，依序有四個小海灣，由南往北，西灣、鹹田灣、大灣和東灣，各自沖刷出綺麗的沙灘和岩礁海岸。俯瞰這一海岸的蚺蛇尖則以險峻孤僻，在北方高聳地收束這一秀美的鄉野地貌。

這一尖四灣的壯麗和廣闊，絕非一般大都會的郊野所能比擬。只可惜，一般香港的旅行指南並未強調此等風光，赤鱲角機場隨手取得的簡易地圖，永遠只有彌敦道或中環、銅鑼灣等繁華街市的放大再放大，勉強兼及西貢的海鮮餐廳。

我在北台灣走過數百條山路，初次拜訪這處西貢郊野公園時，喜悅之心卻如邂逅了山徑的誠品書店。日後多次再訪，見識愈加豐饒。放眼東亞都會郊野，望其項背者幾稀。

大浪灣徑最迷人的精華，首推連續走過西灣和鹹田灣兩小村的海岸。年輕人走過沙灘，往往會驚喜浪漫好一陣。我這等半百年紀，同樣有著愜意的生命風景。

站在兩灣間的高崗遠眺，兩處風景亦各擅勝場，都有小溪出海，沖刷出弦月般白淨的沙灘。西灣繁複而精緻，沙灘旁有沼澤紅樹林緊密相連，南北山腳還有小溪隱密地悠緩流出。前灘之後更有外灘，形成微小而多樣的濕地世界。鹹田灣愈見遼闊，村前有一小溪，迤邐出森林邂逅海洋的靜寂。小溪發自林相繁茂的風水林，物種彷彿深不可測。

看到大浪西灣，好像回到了墾丁。

從高處俯望，大浪村被樹林環抱。

大灣的沙丘生長著稀有的植物。

兩海灣位處偏僻都會一角，隔世的狀態鮮明，若以台灣相較，唯墾丁海岸的環境差堪比擬。至於，北邊的大灣和東灣，那更像難以深入的國家公園保育區，飽含更多神祕感了。

初次走訪者，多由西貢搭乘班次不多的村巴，或三四人攬一的士，駛往登山口西灣亭。在小亭整裝，循一水泥小徑往前，周遭多尋常植物，右邊逐漸露出萬宜水庫之景。水庫滿位時明媚如日月潭。缺水時，則照見此地興建水庫的歷史。萬宜水庫以山谷築壩貯水，藉此提供七百萬人的飲用水源，乃香港儲水量最大，也是最晚完成的一座。

從西灣亭起步，翻過水庫的山谷，大抵是從乾旱多風的稜線林相，陡入隱密山谷的雜木林沼澤，很快便走入西灣。晴朗之日，無風多林之區，多種鳥叫聲四面傳來，彷彿告知抵達好樣的自然棲地。鵲鴝繁複多變的鳴啼不說，總還有其他罕見的輕悅之聲，提示著香港鳥類的多樣。

秋冬之日，甚而常有稀有候鳥的出沒。那種候鳥的驚鴻一瞥，怪聲一揚，或許，這輩子就這麼一回接觸。摒除候鳥，別地不易棲息的在地動植物，山谷似乎也較能邂逅。一下抵此山谷，我常不自覺放慢腳步。若未趕路，何妨隨興徘徊，總會有這些那些的自然驚奇。

西灣最近也屢屢見報。原來，北邊山腹小溪蜿蜒的海口，有一平坦隱密的農耕地，常見一二黃牛遊蕩。兩年前，因某一富商覬覦，圖謀興建休閒渡假之樂園，先是鏟除了此一美好天然草原，繼而築池鋪草，欲打造高爾夫球場似的環境。

這一蠻橫行徑，猶若竊取了香港頭冠上最閃耀的一顆鑽石。結果被山友義憤填膺地揭發，引發諸多市民的憤怒抗議。此事有陣子暫告平息，但風波一過，買主故態復萌。昔時漏規，讓此地未劃入郊野公園境內，買主依法擁有合理之產權。只是海灣沙灘乃市民共同資源，不容破壞。如今渡假別墅隱

萬宜水庫興建於一九七〇年代，完工後，西灣村的水路交通被截斷，轉由陸路進出。

渡假屋猶如西灣背上的芒刺。

富商在西灣興建的渡假屋。

這是大浪灣徑上最美的風景，前有鹹田灣，後有大灣、東灣，以及險峻地收束一方的蚺蛇尖。

隱晦晦地坐落，還以鐵絲網隔絕遊客，分明已成此地最大的傷疤。

香港山友陳旭明在此長時觀察，撰寫《情牽大浪灣》，對此地人文歷史和自然風物皆有相當深入著墨。我們也因此事的發生，以及酷愛郊野行山，成為山野見學的好友。在護守西灣的環境運動裡，好幾位當地人逐漸接受了山友們的建議，不再強迫政府徵收土地，或者賣給財團，而是努力維護環境，讓它成為港人喜愛的遊憩勝地。

西灣村有一老先生是他的好友。每次造訪，他一定問候，叫碗山水豆腐花或公仔麵食用，活絡地方產業。我也依樣畫葫蘆，每回去都跟老先生打招呼，而且強調從台灣遠道而來，專門到此看海景。

由西灣上行，翻過多層起伏生長著羅漢松的崗巒，下方便是鹹田灣了。

西灣有兩小河，分據山谷二側。鹹田灣只一小溪，從森林裡小巧清麗地流出，穿過海灘中央。退潮時，溪水清澈見底，魚群來回梭巡。漲潮了，總會漂浮著一些暗綠的藻類。據說以前常有黃牛集聚海灘，但我造訪的時間可能都不對盤，連牛糞都難見，如今淨是旅人踩踏的足跡。

通常走過沙灘時，往往烈日當空，旅人常被晒得發暈。鹹田灣有拼裝木板橋，細瘦地橫跨小溪，意外成為遊客來訪留照的必訪地景。橋對岸即村子，兩間士多海風和安記隱匿於林間，非假日仍活絡地營業，顯見此徑常有踏青者造訪。山友多半會在這兒休憩一陣，買飲料，或者叫一碗山水豆腐花。我對安記較熟悉，溫姓老闆來過台灣，六〇年代其家族就在灘前擺賣飲料，整理周遭環境。

鹹田灣因直接面對海洋，海風挾浪，屢屢捲進村子。昔時農地常常被海水入侵，因而有鹹田灣之名。職是，其栽種的稻便有如今難以追述的鹹水稻。只是當地村人告知，當時並非直接播撒稻籽，而是傳統的插秧栽作。但語焉不詳，猶待深入追探。

木板橋是鹹田灣鮮明的符號。

走過木板橋，兩間士多任君選擇。

拼湊的木板橋美學。

安記士多溫姓老闆。

安記士多後有村徑可通往大灣和東灣。在鹹田灣休息後，何妨騰出時間，循村徑四方探看。彎個小路，越一山崙，或有意想不到的風景。

大灣的開闊農耕環境早已廢棄，形成淡水濕地。小溪緩緩流淌而下，草地和樹林四處蔓發。出了林野，海邊還有大面積的沙丘，形成頗為獨特的海岸地理。有些特殊的物種，頗值得追探，比如一般矮生苔草都生長在森林，此地內陸沙丘竟也出現。還有長相不起眼的珊瑚菜，盤據大片面積的沙岸，都是稀有的珍稀物種。林木多樣的風水林，更有算盤子和土沉香等殘留其間。

假如你對西灣的鳥聲感到驚奇，大灣更是充滿繽紛鳴啼的聲樂場域。很多奇特的，其他地區不曾聽聞的嗓音，從蒼翠的雜木林裡幽微傳來，比波浪的澎湃更加吸引人傾聽。大灣的開闊，彷彿讓許多鳥類的聲音愈加高昂，體色更加明亮，交織出荒野的豐饒。

此區大浪灣有數個村，諸如大浪村、林屋圍、張屋圍和鹹田村，都有兩百多年歷史。目前唯郊遊徑上的大浪村，仍保有完整傳統格局的村屋。村裡有昔時的教堂，素樸而典雅，彷彿塵封於某個年代。例假日如今亦有村人回來，清理舊屋兼營小店。

村徑在隱密的林間緩升。蚺蛇尖不時從右側的林間空隙露面，以尖峭聳峙之姿突立。中途下一海灣，再遇一古村，同樣值得打轉多時。

古村叫赤徑，讓人錯覺，過去可能多紅土之路。查詢行山網站後方知，此地建村時利用海邊的紅色石頭鋪路。小路如是色澤，村落遂得赤徑之名。此村歷史同樣悠久，主要分為上下兩落。平時村內幾不見人影，殘舊老宅不論深鎖或者敞開，一色荒涼。唯二三門檻貼有嶄新對聯，舊器物仍堆放妥善，顯見村人還有回來。

風姿各異的碧樹映襯著素白的丁屋，再遠，我都要 zoom in 按下快門。

大浪村的聖母無原罪小堂。

大浪村的人家。

赤徑是多條山徑必經之地。

村裡也有一天主堂舊墟，早在一八六〇年代外國神父已到此傳教，建立聖家小堂。此年代跟台灣南部萬金庄的傳教時間相同，兩者之間想必有一微妙的淵源。大戰時，小教堂還是東江游擊隊的基地。四五年前，還見過一位老人孤守村子，前年就未再邂逅。香港許多廢村都有類似的空蕩。廢村如何保存或再利用，還有整理昔時的農村文化，都不曾被落實或嚴肅回顧。這是香港年輕一代最底層的養分，大樹的根部。但香港的教育急切地想跟世界接軌，只盼繁花綻放，枝葉盛開。村落之過去或者未來，猶如根部的逐漸萎縮或糜爛。

老村若有翔實活絡的村誌，舊宅風華依稀可辨，很多當地事蹟都還來得及建構和省思。大城市需要各區域地方的雜沓野史，豐厚它的多樣。失去小歷史，城市的現代性再如何發達，還是難掩飾其單薄。

此村位處大灘海最內灣，就算外海起浪了，此一海面似乎永遠處於風平浪靜，彷彿風景明信片裡的定格顯影。從山徑遠眺，對面小丘山腹，坐落一醒目的青年旅舍，旅舍下有渡輪碼頭。每日定時有好幾班小渡輪，往返黃石碼頭及塔門。有些人走累了，算好時間，乾脆在此搭船，不失輕鬆散步之上策。想要攀爬香港郊野又欲節省住宿經費者，或可以此為下榻首選。

我便想在此二日一泊，做為攀登蚺蛇尖和縱走郊野的根據地。香港很少這類登山旅館，唯赤徑有此氛圍。孤壯的蚺蛇尖，加上彎曲的海岸，還有古村零散分布的山區，建構了此一郊野踏青的美麗條件。

在赤徑碼頭，我等候過二三回。渡輪都會準時出現，駛往黃石碼頭。假日時分，還有在地野雞船，叫喚著零星落單的山友。等船時，我喜愛在海岸的開闊谷地徜徉。淺灘處有不少紅樹林的第一線成員，

山海空濛，赤徑碼頭恍如遺世獨立。

渡輪的船票收錢箱很有 fu。

木欖、海漆、老鼠勒、桐花樹、白骨壤、水筆仔幾乎都到齊了。海岸森林間，更少不了招潮蟹及彈塗魚等生物的棲息，增添這間海岸教室的熱鬧。

但最吸引我的，莫過於一塊塊平坦草地的錯落。它清楚揭示，過去世世代代都是水稻環境，此地是典型的魚米之鄉。倚山靠海，不需他求。草地迄今仍整理良好，我懷疑有不少黃牛還在遊蕩，時而在此啃草，才能保持如此公園化。

此一草地上也非開闊無垠，有種優勢的在地植物叫馬甲子，成排間隔生長，讓草原形成小區塊。馬甲子的葉子長相如常見的朴樹，但樹枝滿布銳刺，形成鐵蒺藜般的天然圍牆。在地農民早年耕作時，或可能依此植物特性，做為田地的分界，防止牛隻亂闖，破壞農作物。

香港海邊落葉植物不多，馬甲子是代表樹種。冬天時的海邊，若見到灰色枯木成林，刺棘滿幹蔚成奇景，一定是它們。這時你就會更清楚為何它適合當籬笆了。在台灣，馬甲子不多見。新竹一些小山區，客家人也以馬甲子當圍籬。他們會看上這長滿銳刺的植物，不盡然是為了防止牛隻肆行，可能還為了防盜。

最後談談蚺蛇尖吧。

此山海拔不及五百公尺，卻難以用筆墨描繪。唯有站在大浪灣徑遠望，那致命的吸引力才會展現。香港郊野有許多山徑，或險峻或雄偉。但峻峭加上傲岸孤僻，還彷彿帶有一點野性的，大概只有蚺蛇尖了。不少國際山友專程訪港，圖的便是艱辛登上此峰，睥睨紅塵，一攬香港郊野。

從見學旅行的角度，香港年輕的學生，好像也都該有這麼一回的攀爬，從危險壯闊的氛圍，接近自己的家園。更從它的山頂，看見南方熱帶島嶼的壯麗。（2012.11）

蚺蛇尖是大浪灣徑的要角。

冬天時馬甲子樹葉落盡，現出一身刺棘。

通往蚺蛇尖的山徑，盡是裸露的岩塊和碎石。

上窰村

鹹水稻的家園

新界東部

我的路線

1. 北潭涌↓龍坑↓上窰民俗文物館，約45分鐘。
2. 北潭涌↓龍坑↓上窰民俗文物館↓起子灣↓西貢萬宜路，約1.5小時。

交通

1. 在西貢福民路巴士總站，搭乘九龍巴士94線，於北潭涌下車。
2. 假日亦可在港鐵鑽石山站的巴士總站，搭九龍巴士96R線，於北潭涌下車。

難度

★

過了北潭涌，西貢地區郊野風光更加濃綠時，大抵就接近上窰了。

從地圖觀看，面積不大的海岸森林，隱伏著四五個小村落。小橋小路小祠小港，隱隱約約在矮村密林間，六〇年代的農家生活儼然猶在。

隨興走訪散落在不同方位的村落，乍看是美好的漫遊。但有人煙的聚落，在地住戶未必喜歡外來者接近，例假日尤為明顯。這回，我選擇走訪著名的上窰民俗文物館，減低自己對在地的干擾。

此館昔時為一客家小村舍，廢棄後經由整修，擺置諸多過去生活用具。想要了解西貢早年海濱農漁家景象，當可造訪。

先過一泥橋，旁有石碑記述興建之始末。此溪乃龍坑，匯集了周遭山谷的溪澗，形成清麗的寬敞小溪。濃密的紅樹林提醒我，這兒已是河口海灣，既溪亦涌。涌者，乃河之分支，河汊也。但也有水向上冒之意。香港地方常見以涌為名，這些地方都位於河流匯入河口之位置。不論說法為何，此字古典而優雅，不用蛇足，都點出了眼前這一環境的況味。

過橋後，類似莿竹的竹林高聳。接近村落不遠處，矮竹密林叢生。香港客家小村偶見竹林叢，應是做為編織生活器具的素材，少有圍村用途。倘在台灣，常形成籬牆，防範宵小匪盜。

一路信行，印象較深刻的是露兜樹（台灣稱林投）。露兜樹多半在沙灘之地，若和紅樹林混雜並生，多半意味著此涌口更加複雜，擁有沙灘和泥質灘地交會的環境。

露兜樹是此地優勢植物，農民取其果實充當黃牛的飼料。以前香港孩童採露兜葉，去除葉緣的尖刺，做為飼養跳蛛的昆蟲箱，對它感情甚深。昔時台灣鄉下，露兜樹全株皆可利用。果實青澀時，採摘為中藥，黃熟後則熬煮成日常飲料。而粗硬的葉子纖維，可揉搗為漁民出海的繩索。台灣的阿美族

跨過水泥橋，跨入上窰的旅程。

路口佇立著在地住戶的郵筒。

龍坑河口是典型的涌地環境。

更物盡其用，嫩莖取來享用，晚近還發展出美食。藤葉去刺，還搖身成為粽葉，包裹出不同於漢人粽子的阿里鳳鳳。

香港海岸到處可見露兜樹，早年生活主要仰仗航海捕魚，相信對此植物的使用一定相當倚賴。只可惜，這方面少有資料。香港地方田野文史的細部調查明顯不足，上一代的農漁經驗正在快速流失。

前行不遠，邂逅一果園。各種果樹皆有一二棵。大蕉、釋迦、芭樂、柑橘和波羅蜜等等，少說有十來種。這是典型自栽自食的果園，一邊享受勞動的樂趣，同時又兼及食用，少有販售行為。果園用途非經濟考量，環境自是趨向友善，絕少有施肥和用藥過度之虞。

旁邊剛好有一棵老龍眼樹，主幹蒼老。我抬頭觀看，龍鍾的樹幹，赫見四五隻奇特的長鼻子蠟蟬。單獨攀樹，或三兩結伴皆有。此一蠟蟬最常出現在龍眼樹，故而博得「龍眼雞」的名號。台灣本島並無此種，只在金門有所紀錄，因而被台灣昆蟲界視為神祕之蟲。

在台灣本島，發現的是另一種，渡邊氏東方蠟蟬，據說也非常稀有。牠則偏好在烏桕或白桕棲息。相較於龍眼雞瑰麗的青綠，一襲白袍的渡邊氏黯然失色許多。

惟台灣把渡邊氏當成保育類昆蟲，港人卻不盡然喜歡龍眼雞。一些官方網頁介紹，仍以害蟲稱呼。千禧年時，香港發行了一套四枚昆蟲郵票，其一便是龍眼雞，頗有表彰之意，但記得的人恐怕不多。

果樹裡，除了龍眼，牠也會停留在荔枝、黃皮、芭樂等果樹，吸取汁液。龍眼雞成蟲和若蟲擁有強大的彈跳能力，甚而懂得以拍翅的巨大聲響，驚嚇對手，藉以避開危險。

接下幾日，行山穿村時，特別注意龍眼多皺的樹幹。這季節正是龍眼結果繁茂之日，我不斷地尋找，終有一心得。龍眼雞最常出現在偏遠郊野的龍眼老樹。樹齡愈大，愈是荒涼之地，邂逅的數量愈多，

2008.5 林投(露兜樹)

龍眼樹上，龍眼雞排排站。

常有十來隻集聚的情景。太年輕或者接近公路市區的龍眼樹，都不容易記錄。龍眼雞或可做一鄉野環境指標。這也意味著，上窰一帶的果園少有用藥，甚至不用，才會吸引龍眼雞的多量集聚。

抵達民俗文物館的屋圍時，村徑前一排老龍眼樹，龍眼雞集聚的情形更加可觀。再遠一點，一間荒廢的客家宅院，一排黃皮樹垂垂密覆。龍眼復黃皮，典型香港鄉下風景是也。

民俗文物館前方為碼頭，乃昔時由海岸進入西貢的登陸之地。村徑周遭不少開闊平坦的環境，夾雜於林野間。雜草滋蔓，看似荒廢之耕地。惟接近海邊，明顯有被海水倒灌之虞，或者土地早已過度鹹化。我因而困惑著，這兒真的可以種稻，還是另有他途？後來走進民俗文物館觀看，一張圖說裡提到，上窰附近農地種有旱稻和鹹水稻。

走讀至此，一個昔時香港農家鄉野最美好的畫面，悄然浮現我的腦海。根據文獻，唐宋時，元朗墟附近即有大量農耕。除了尋常水稻，近海的位置，說不定當時就有鹹水稻和基圍環境。一九二〇年代時，后海灣沿岸清楚記錄著鹹水稻的種植。只是隨著漁產的商業價值日增，魚蝦養殖業漸次蓬勃，基圍開拓和魚塘的營運面積也擴增，鹹水稻的耕作面積才大幅減少。八〇年代時，元朗的土地多用為養殖漁業，基圍跟稻田都改成魚塘。鹹水稻亦在此時全然消逝。怎知，又過一陣，魚塘也因工業和都市發展而萎縮。

元朗栽種鹹水稻時，西貢上窰附近的海岸稻田，想必也有部分一期鹹水稻的栽種。每年四月，農民築堤擋潮。田地經夏雨沖刷，泥土中的鹽分減弱，六月左右即可播種，經過三個月的成長期。十月底，稻浪金黃即可收割。稻穗收割後，或荒廢休歇，或打開基圍，引入海水，撈取魚蝦，乃另一物產的豐收。

上窰的鹹水稻不只帶來此一特殊的耕作內涵，更提供我更進一步的想像空間。鹹水稻屬於直播法

上窰客家文物是認識香港客家聚落生活最好的地點。

文物館入口彷彿碉堡，足見客家人的謹慎性格。

文物館展示昔日使用的生活器皿，其中「激死蟻」最奪目。

重置的大廳，陳列了桌椅和主人照片等，牆角櫃上的雞塒最特別。

栽種。此乃粗耕，不耙不整，更不移秧，而是就地培育。成長過程實為旱不求水，澇不疏決。面對喝海水的稻子，農民無須日出而作日入而息地辛苦工作，但收成想必不豐。

此一風景，清道光年間官員包世臣亦曾提及：「唯粵東有鹹水稻種，撒於海灘，不勞而收。」此地鹹水稻不像元朗，因為開發而消失，主要是郊野公園設立才宣告作廢。鹹水稻乃沼澤生態環境的一種，提供多樣魚蝦的棲息空間。如今荒廢成草地，殊為可惜。

郊野公園或可考慮局部開放，提供一處鹹水稻試栽的環境，做為大學相關科系的課程內容。香港年輕一代也有必要，重新認識這一特殊種稻種，甚而積極研究此一稻田耕作的未來可能。當全球各地面臨水荒，鹹水稻和旱稻的栽作方式，不失為一解決之徑。

續論之，香港可以做為一處育種的研究實驗中心。大陸龐大人口需要的耕地面積廣闊，但水資源能否充裕供應頗教人擔憂。台灣亦然，其西海岸抽取地下水嚴重，導致地層下陷。海水倒灌，同樣教人憂心高鐵的營運。若要減少地下水的使用，水稻耕作恐怕亦受限，此時若能改為旱稻、鹹水稻，或能解決土地大量鹽化，局部恢復耕作。

尤其是鹹水稻，若能栽培成功，獲得良好的稻獲產量，其耐鹽、耐淹，不只解決土地惡化的危機。還提供了生態的豐富內涵，且能擋浪護堤、綠化灘地。

我在海岸如是觀看、徘徊。海風徐來，閉上眼冥想。荒廢水田的茅草沙沙聲起，一時錯以為是鹹水稻回來。我知道，當我睜開眼，眼前會繼續是郊野公園那荒廢墾地的一部分。但我有一未來的美好藍圖，這個想像會隨著地球糧食危機的愈加迫切，愈有實踐的可能。我深信，香港某些地區，有一天會再次浮現水稻農耕的景象。同時意味著，這個大都會亦積極加入解決糧荒的行列。（2011.4）

上窰村徑彷彿輕輕滑過大地的線條。

年輕學生跟著我去踏青。

燒製石灰的窰曾經忙碌地燃燒著。

榕北古道

迢迢路徑任我行

新界東部

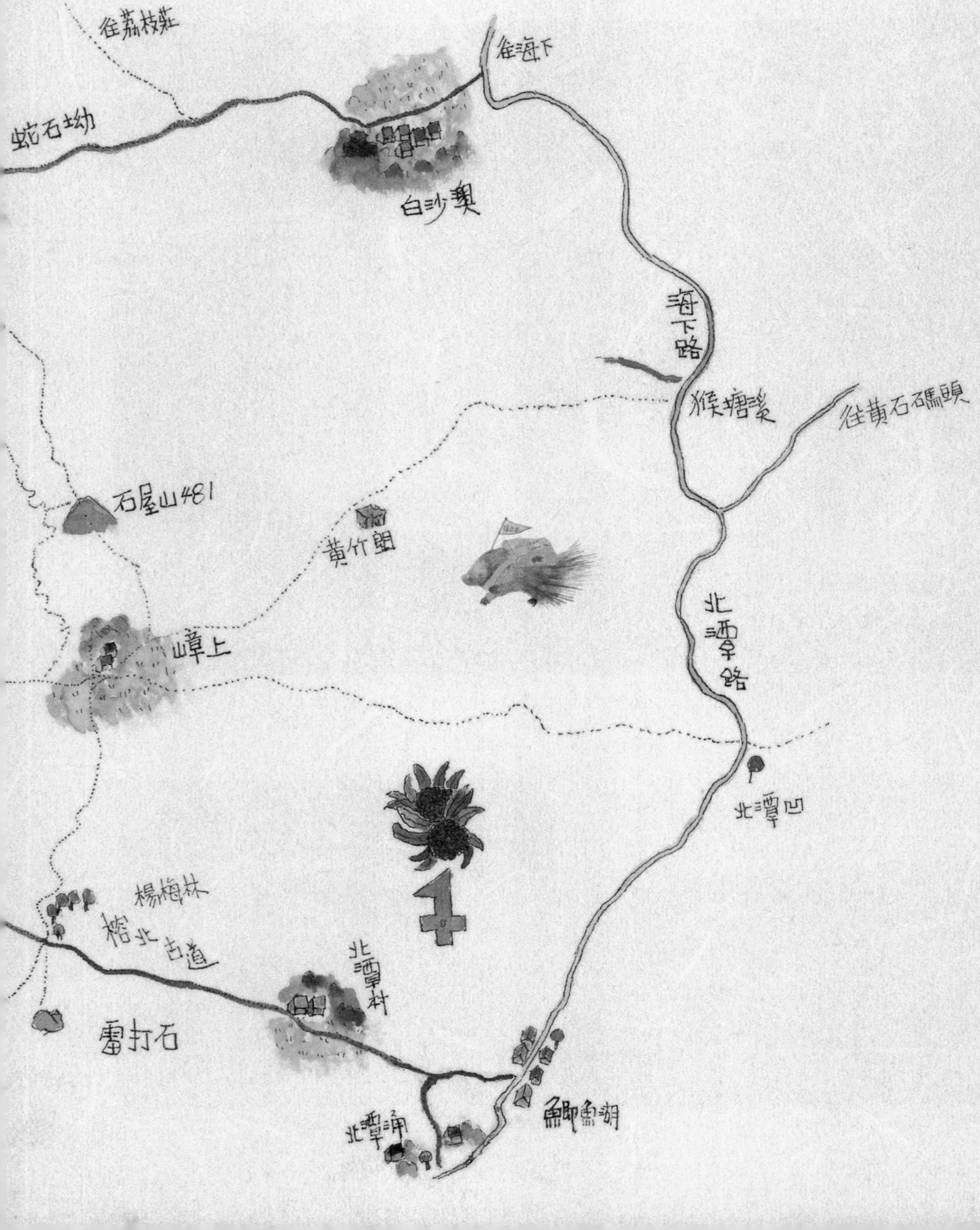

我的路線

北潭涌或鯽魚湖↓北潭村↓
榕樹澳↓深涌↓蛇石坳↓
白沙澳，約5小時。

交通

1. 在西貢福民路巴士總站，搭九龍巴士94線，於北潭涌或鯽魚湖下車。
2. 假日亦可在港鐵鑽石山站的巴士總站，搭九龍巴士96R，於北潭涌或鯽魚湖下車。

難度

★★

相對於東郊的大浪灣，西貢西郊素來遊人較少，缺少行山的描述，彷彿是郊野公園的空白地帶。每回攤開地圖，我常有此感懷，卻也浪漫揣想，走進這森林區域，會不會有像赤徑的穿村，或者邂逅類似鹹田灣的美麗海岸？

地圖上，有一條榕北古道，正好劃過此山區的核心。讓人不禁想像，昔時有不同區域的住民在榕樹澳和北潭涌兩地間往來。這一美好想像，也引發我隨興勾勒一趟長途的漫遊路線。那回跋涉便從鯽魚湖起程，打算橫越到深涌，再翻山越嶺到白沙澳，以漫長的十五公里徒步，享受全然看不見石屎森林的香港。

輾轉搭乘小巴在鯽魚湖下車後，不遠處即有銜接古道的橋樑。過了小橋，偶爾聽聞旁邊一渡假村遊人的歡笑聲，但我確知，自己已在另一個香港，被林木蔥蘢的郊野包圍了。

越過一細密竹林的小山崙，小路與小溪在隱密而陰森的林子裡蜿蜒交錯，毫無外頭暑夏之悶熱。不久，抵達靜美的北潭村。迎面一處農場菜田坐落，屬於「得生團契」的非營利福音機構。凡誤入歧途的青少年吸毒者，在此有一住院式的復康訓練，得以重生。但不知何時，旁邊竟也出現養狗繁殖地。一群名貴的狗，豢養在個別的籠子裡。日後有幾回經過，狗吠大作，形成嚴重的噪音和壓力。

沿幾叢巨竹林往上即榕北古道。拾級蹬上山坳，水泥小徑轉土路。途中，不難發現昔日的山田被綠草綿密覆蓋，就不知當時耕作以何為主。往後的路程，山路繼續攀升。山田慢慢被荒涼的山脊取代。半小時後，抵達雷打石下的越嶺線，寬闊的麥理浩徑，以黃澄澄的土路前來交會。

十字路口，十來株楊梅集聚生長，都是老欉之樣，明顯係人為栽植的產業。此一美好山果在香港分布不多，街市更少販售。但這兒特別集中，而且就近於古道旁邊，頗教人意外。以前，在台灣行山，

天晴之日，泥土山徑上的植物似乎都上了光彩。

看到楊梅結果，總有望梅止渴的興奮。日後行山，便始終記得楊梅的位置。後來，我對此一十字路口的印象便特別深刻。

還有一回假日到來，在路口休息時，遇見一群中學生忙著定位尋找山路。他們各個手持地圖和指南針，練習野外環境的判讀。香港的中學生一直有郊野活動，學習野外技能和知識，台灣的中學生反而沒那麼多類似的機會。

這群青少年係沿著麥理浩徑前往嶂上。這條山路安全而開闊，但似乎也意味著，課程仍偏向慣常的童軍式戶外體驗，並非結合歷史鄉野的生態之旅。

按理說，香港中學生對自然的體驗不少，對這兒的山水合該擁有更強烈的情感，但為何始終沒有展現？我以為教育體制未強調山川土地的歸屬感，以及疏忽舊時生活的文化承傳，恐怕是最根本的原因。他們在走訪山林的過程裡，只有身心的刺激冒險，團隊合作的訓練。惟晚近，爆發許多捍衛生態環境的事件，顯見港人認同家園的土地意識，正在迅速興起。

往榕樹澳方向，順著古道下行，繼續深入森林，榕北走廊古道最原始的一段緩然開展。石磴之路頗多，常在林蔭間。偶有小山溪相伴，或出現二三水量豐沛的山澗。我不自覺放慢腳步，欣然地覓得一二空地，繼續休憩。正在徜徉時，居然驚聞野豬聲，甚而發現赤麂之糞便。

細看周遭林木，也別有洞天。印象深刻的，有果實掉落滿地的肯氏蒲桃，樹身如鱷魚皮斑駁。長滿尖刺的勒黨花椒，明顯比其他山區粗大。樹身偏黃的黃牛木，不時可見碩大之姿。濕氣濃厚的山谷凹地，更有紫得令人眩目的常山。至於陽光終日照射的地方，香港四大毒草裡的斷腸草，到處亮眼地結果。從幽暗處望穿林葉隙縫，遠方山坡則有浙江潤楠美麗的嫩綠色澤，一叢叢點綴著綺麗山坡。

春天時，新綠色的浙江潤楠點亮了山坡。

一路下降，過一開闊水澗，再循水道而下，便抵榕樹澳。村前有平坦車路，接往水浪窩。有此山道，住戶還不少。村落內還殘存一二青磚舊戶，偎擠於一角，引人想像昔時的風貌。榕樹澳也有一小小碼頭，主要供村民搭小艇，來往附近海上魚排，並無渡輪。附近海灣紅樹林密布而遼闊，棲息不少鷺鷥鳥類。

出了榕樹澳不久，一條孤瘦彎曲的村徑通向深涌，周遭不少荒廢地，可能都是昔時耕作之區。有一低地沼澤，生長著數十棵蒼老的水翁。除了鶴藪水塘，我尚未見過水翁如此蒼老的森然之貌。遠方有一山頭鮮明大塊，猜想是雞公山。更遠一凹狀之高聳山脈，乃馬鞍山的遙遙矗立。

沿平坦村徑，快意行走，個把鐘頭，便抵達深涌。深涌除了村徑，並無其他陸路可抵達，整個村子自是早早沒落了。如今出入多靠水路，一天三四班，前往馬料水、黃石或鄰近海灣。小渡輪停靠的碼頭，原本設有一避雨亭，荒廢多年，其實也告知著，村裡可能人丁寥落，連避雨的空間都放棄了。

進入村子前有一水道柵門，控制著海水注入的多寡，猜想是昔時用來捉捕魚蝦或者耕作的基圍。沿著水道，我驚喜發現，好幾叢欒樨生長於路邊。此樹葉子可製作欒樨餅，往昔坪洲當地婦人在浴佛節等時日還會製作。山友陳旭明告知，小時在澳門吃過，但在香港久未遇見此餅，可能此一傳統粿點也沒落了。

繼續沿小溪往前，逐漸形成山開谷闊的地景。深涌乃一濕地較多的環境。共有五小村，石頭徑村、包尼仔村、聖教堂村、對面村和灣仔村，惟今人只識深涌。

其中的灣仔村乃李氏家族於乾隆年間，由烏蛟騰分支，再移屯至灣仔村。深涌多為鹹水田，不易耕種。李姓祖先在近海興建攔海堤壩，將沼澤地填上黃泥，繼續務農為生。

在榕樹澳通往深涌的路上，遇見不少荒廢耕地。

榕樹澳的青磚舊屋彷彿凝結在某一時代。

深涌村屋如今成為旅人短暫休憩的落腳處。

昔時填海造田，如今深涌人口外流，水田荒廢，演變成現今開闊平坦的草地，中有水池，乍看甚像某一庭園，或似高爾夫球場的單調草原，房舍則多沿山腳邊緣坐落。

在深涌轉一圈，草原邊還有濕地、溪流、沼澤等多樣環境，不少蝴蝶、蜻蜓來去。根據在地昆蟲協會調查，附近約有三十多種蜻蜓，以及超過六十種的蝴蝶，很多都是城市相當少見的品種。我還看到了水蛇，從水塘露臉。有此大型爬蟲，蛙類和昆蟲想必不少。若是夜間探索，勢必也會發現多種夜行生物，諸如豪豬、赤麂或野豬等哺乳類動物。

此一平坦草地的出現，跟大浪西灣如出一轍。原來村子荒廢後，某大地產發展商向村民逐一收購，準備發展為高級住宅休閒區和高球場。同時還僱請當地村人，專門照顧草皮。

千禧年時，發展商申請將深涌的土地改變用途，所幸城規會拒絕了。惟早年環保意識不高，才會有此全面破壞的場景。此地或可與大浪西灣對照。假若大浪西灣讓富豪進駐，開闢為球場，恐怕就是這般單調草皮的景象。

深涌房舍大抵分成兩區，集中在南北兩處山腳。另有一天主堂孤單地傾圮於荒草枯叢裡，清楚地見證，此地曾是天主教佈道的重要村落。南邊則有兩戶士多人家，除了販售飲料，還提供公仔麵等熱食。我初次出現，告知自己從台灣來時，他們都很困惑，還跟我說，「這是台灣人第一次來此吧。」

北邊住屋雖多，學校亦在此，但荒廢多時，久無人居住。唯有紅色的大字對聯張貼，告知著遠離的村人仍不時回來探望祖厝，並未忘本。

荒廢的村校前，銜接古道另一頭。村徑盤升而上，再次隱入荒涼的山林，不過此地海拔多在百公尺上下，踩踏甚是愉快。香港最教人著迷的漫遊環境，大抵如是。經過蛇石坳，在那兒轉了好幾圈，並未見蛇石。日後經過數回，一樣未尋獲。據說係一大石，上有浮突的紋理，猶如蜿蜒前行的大蛇，附近山坳遂得此名。

尋找中，意外站到高崗，可眺望綺麗的深涌全景。取道右邊，復經蓊鬱的森林，一路未見任何旅人，只聞畫眉等鳥聲，此起彼落，呼應著我內心的漫遊愜意，實乃徜徉山水之福地。

接上一水泥小徑後，輕鬆踏步來到南山洞。入村小橋旁有一九六三年的建橋修路捐款碑，字跡模糊，但見以鎊為單位的捐款。續往前行，抵達白沙澳村前，另有一九五九年的「福有悠歸」石碑，上有KAAA（嘉道理農業輔助會）組織之名。

一些外國人客氣地擦身而過，我才恍然察覺，這兒跟北潭路高塘類似，都是老外喜愛居住的偏遠鄉野。一棟棟村屋，門面裝飾別致，彷彿此地非香港。不少空地開闢為菜畦，展現他們小隱於城，對郊野戶外生活的追求。但最吸引人的建築當為何氏舊居和更樓，據說都有近百年歷史。可惜村子有不少外籍人士重視隱私，不宜近瞧。

離開白沙澳，再走幾分鐘，經過一片濕地，華鳳仙的紫紅色小花在翠綠中奇美地點綴。帶著這樣悅目的印記，抵達海下路，離市區還有段遙遠距離。四下無車，我還有漫長的路要走。（2012.3）

荔枝莊

地圖上的空白

新界東部

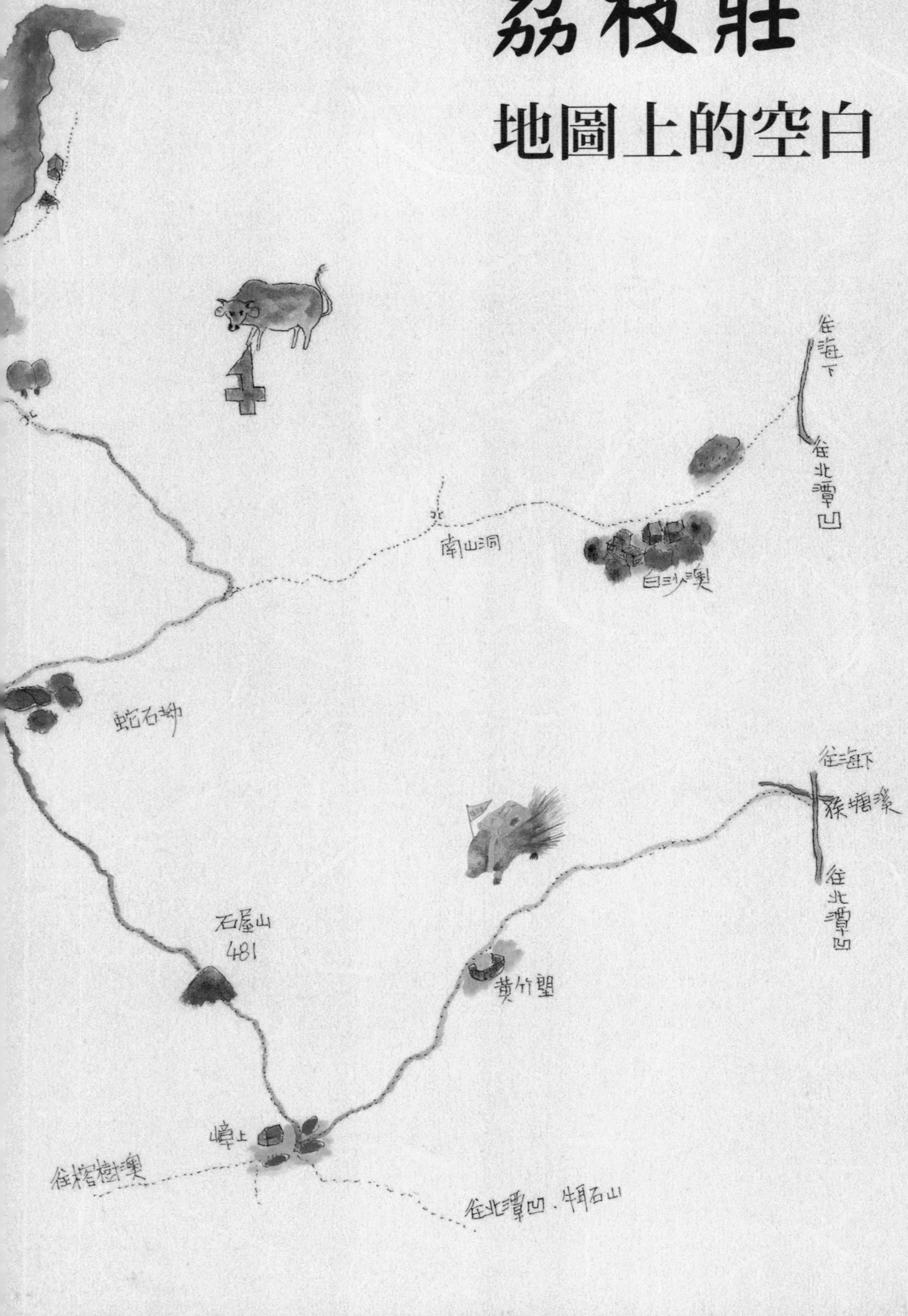

我的路線

荔枝莊碼頭↓荔枝莊↓蛇石坳↓
嶂上↓海下路（猴塘溪），約4小時。

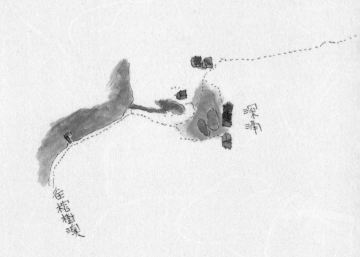

交通

搭港鐵至大學站，出站上天橋步
行至馬料水碼頭。搭乘「馬料水
—塔門」航線至荔枝莊。

難度

★★

日期	星期一～五	假日
航班	8:30 15:00	8:30 12:30 15:00
收費（只收現金）	港幣18元	港幣28元

大清早，從馬料水出發的翠華小渡輪，再次準時啟航，駛出了沙田海。凡從此碼頭離去的小渡輪，不管航向哪裡，都是遠離熱鬧的市區，駛向一個遙遠的小山谷。在一些連香港人都陌生的海灣泊靠，讓搭乘者邂逅另一個緩慢而安靜的香港。

我最鍾情的一條航線，通往塔門，但我從未抵達此離島。每回在中途的深涌或荔枝莊，便情不自禁地下船了。

五〇年代以前，這些位於西貢北邊的沿岸村落，交通極為不方便。村民多靠著木船往來於大埔。昔時船小浪大，常有意外發生。五〇年代以後，各地興建碼頭，並有渡輪航線，出售農產品和採購生活器物的困難，才獲得解決。

如今這些山村沒落，隱密地存在於西貢郊野公園，以景致秀麗的廢田，加上昔時村屋、森林，繼續吸引遊客走訪。

春初，當車輪梅（春花）白花灼灼，在這些山村後頭，滿山郊野綻放。我便情不自禁，再度搭乘渡輪，慢慢地接近，準備走進此一地圖上的空白。在漫步三四小時，幾不見人影的行程裡，只和自己的孤獨對話。

此行，我想把重心放在荔枝莊。很好奇此一地名的由來，是否因為荔枝到處可見？荔枝莊周遭諸多不知名的鄉野山路，如蛛網密布，我也期待再次漫遊。

約莫半小時後，渡輪抵達深涌。我有多回行經此地的美好經驗。碼頭出現一隻唐狗，無人等船，亦無人下船。渡輪未靠岸，隨即航向荔枝莊。

荔枝莊位於西貢郊野北端，從地圖上觀看，我畫了想像的美好路線，試圖走一條過去未曾嘗試的

荔枝莊昔日的梯田現在變成紮營休閒的好去處。

荔枝莊舊屋，目前祠堂只有一人看守。

渡輪收票員正在收票，難得的人工收錢。

準時從馬料水出發的渡輪。

山路。

這回想從荔枝莊直接攀登嶂上，再走到北潭凹。穿過這一區域最高點，最終也是想了解嶂上到底是何環境？好幾次，在此行山都是繞著旁邊的古道，遠眺多了，終究有上去瞧瞧的想望。

渡輪停靠的位置，右邊即荔枝莊著名的地質公園。若未漲潮，沿著海岸，右邊有一小徑來去三四公里，足以盡覽此地壯觀的沉積岩。此一岩層環境的形成年代，介於馬屎洲和東平洲間。石脈層層疊疊，色澤對照鮮明。在潮水起落的動盪間，安靜地橫陳，乃香港古老地質最早的位置之一。

循碼頭左邊，有村徑通往村子。海灣常有白腹海鵰掠過，但今天並未現身。一塊塊開闊平坦而優雅的草地，在眼前展開。過去想必都是良好的水梯田，如今人去田荒，只剩田埂的遺跡猶在。一些黃牛到處遊蕩，還有二三團學生在此紮營露宿。我若是香港的中學老師應該也會擇此，做為自然教學的美好場地。

草地中央有一條隱密的小溪流過，劃田為二，以前想必是灌溉的重要水源。走下溪岸觀看，多為水翁和蒲桃老樹，形成黝黯的溪岸。循溪旁小徑，旋即上抵小村。

荔枝莊為李氏和陳氏居住之村，此間網路盛傳，當年為義莊，專門放置無人認領的屍體。每逢黑夜，棺木內的屍體破棺而出，四處遊蕩。原有二三十餘戶居民，現只餘下祠堂，由一位李氏後裔看守。左邊小徑通往山區，蒲桃和黃皮不少。四下搜尋，仍未見到傳說中三棵古老巨大的荔枝樹。過一小橋，旁邊有廢棄的石磨，應該是過去壓榨竹蔗的工具。除了水稻，相信竹蔗曾在此廣泛栽種過。

沿石屎村徑步行，接下都是低矮灌叢的林相，鶇科鳥類不少，間有畫眉的吵雜，把個郊野喧譁得如嘉年華會。約莫一刻，來到通往白沙澳的岔路。

荔枝莊後的山徑多為美好的泥土小徑。

下船時，若退潮，荔枝莊地質公園很值得走逛。

幽深隱秘的水翁林小溪。

渡輪總是按時抵達荔枝莊碼頭。

往右通往深涌，隨即走進泥土的山徑。路途平坦，輕鬆寫意。西貢一如船灣，若非山谷溪澗之地，多為矮林灌叢，甚而植有不少造林樹種諸如紅膠樹等，但郊野曠林少有人跡，走來甚是愜意。

抵達蛇石坳，我再度好奇蛇石在哪？來此多回，尚未見到那塊石頭。由此直登嶂上有兩條山路，山友陳旭明雖熟悉此間環境，一時竟也找不到蛇石，更未撞見上抵稜線的山路。循不清楚的山腹小徑，艱辛地穿過隱密的灌叢。所幸一小時後，上抵稜線。此後視野大開，猶若蘇格蘭高地，最後上抵一設有電信廠房的山頭。

此乃西貢最高點，山名石屋山，頂峰有數顆大石堆疊。從山頭遠眺，視野遼闊，可望及東郊險峻的蚺蛇尖。我注意到山頂有山桔二三株，長出如彈珠大的小橘子。以前一直研判，那是人們食用後遺留的種子長出的，後來才知是野生小橘子。此地山友熟悉者，皆會摘來嚐食。

由此下行，亂石磊磊，地表如某一星球毫無生命的荒涼環境。香港山區少有高原地景，更乏如此開闊之貌。嶂，在客家話乃一高險屏障之地，說不定即以此地貌命名。

銜續落山，抵達昔時村落的平坦山腹。過去有一鄉村學校的遺跡還在，耕作地如今淪為沼池。根據當地口述歷史，戰時這兒成為抗日游擊基地，添增了它的傳奇。目前僅住有一戶人家，開設小間士多。平時只有阿婆獨自生活，做些公仔麵和豆腐花之類的小生意。遊客所需食物，請親友從山下挑擔上來。

假日遊客上山眾多，生意興隆，嶂上如休閒遊樂區。住在山下的家人會上山幫忙。平時阿婆會撿拾瓶罐，蒐集成堆，再利用非假日，逐一用扁擔扛下山，賣給回收場賺點零用，周遭環境亦能常保清潔。

我們抵達時，幾隻黃牛原本在草地上遊蕩，意欲走進屋裡索食。

石屋山山頂是西貢郊野公園的最高山，海拔不及五百公尺，卻有大好視野。

石屋山山頂多卵石。

嶂上的平坦草地，當年不知有無種植旱稻？

嶂上沼地還不少，想必水生昆蟲亦多樣。

下山之路，方向好幾。有通往深涌的天梯，亦有下行鯽魚湖的麥理浩徑，另有往海下路的開闊山路，當地人取名嶂上郊遊徑，此路是阿婆尋常落山之路，便選擇它了。

我們出發時，剛巧七十多歲的阿婆挑著垃圾離去。她率先走在前頭，扁擔上肩，兩端大包瓶瓶罐罐，負重不輕。但她健步如飛，腳程奇快，一下子便消失林間。我們試圖緊隨，卻一直未趕上。

一路寬敞好行，林木扶疏。經過青草開闊地，隱隱感覺周遭有不少過去產業的廢棄田地。旋即，經過一幾乎不存在的黃竹塱村。村田亦廢，更見此地寥落。

下抵海下路的猴塘溪附近，不見巴士到來，亦無人蹤，只好徒步到北潭路。就不知肩挑垃圾的阿婆，落山後是如何離開的？（2013.3）

嶂上昔時的小學不見了，只見晃蕩的黃牛。

嶂上阿婆的親友肩挑兩大箱貨物上山。

丟棄的鋁罐，阿婆會撿拾帶下山換取零用。

阿婆挑著兩大包鋁罐下山，我們亦緊緊跟隨。

荔枝窩

走進香港鄉野的心臟

新界北部

我的路線

新娘潭↓烏蛟騰↓三椏村↓荔枝窩↓亞媽笏↓烏蛟騰，約5小時。

交通

1.從港鐵大埔墟站A3出口，搭乘綠色小巴20C，至烏蛟騰田心村總站下車。

2.星期假日，可由大埔墟巴士總站，搭乘九龍巴士275R至新娘潭，下車後步行至烏蛟騰。

難度

★★

一座歷史逾三百年的客家圍村，迄今保存完好，很有機會申報為世界文化遺產。你會不會想去探看呢？那裡叫荔枝窩，旁邊還有一條自然步道，連貫海岸、古村和風水林。沿途可看到紅樹林沼澤，還有一片詭譎的古老銀葉樹林，讓我憧憬已久。

我和三位友人從大埔墟出發，先搭乘的士至新娘潭登山口。在香港搭短程的士，三四人成行，甚是划算。從此著名登山口，有條昔時村徑，快步小走，約莫二十來分，通抵烏蛟騰。

從烏蛟騰老村再出發，前往三椏村，再繞道荔枝窩折返。或者順時鐘繞經亞媽笏，這條O形路線，在香港行山者眼裡，算是風景最多變綺麗的高檔路線，我亦心儀之。例假日時，據說健走者如過江之鯽，但今天是星期四，未見任何人跡。

從新娘潭登山口，一路之字形緩上。沒走百來公尺，驚見粗大的樟樹。香港其他山區，多半是小棵存在。此樹愈老愈密集，常形成一個美好的森林隱喻，暗示著早年周遭是蓊鬱的林相。一路邁進，我注意到類似箭竹林的矮竹叢。試摘幾回，初發之芽多毛，並無台灣的多肉，香港人亦不吃此竹筍。

踏上一台地，經過村前小廟和溪橋，抵達烏蛟騰。村子入口，一叢高大莿竹。烏蛟騰乃一處台地，面積頗為寬闊。四百年前即有人落戶定居，現有老圍、河背、田心和三家村等六七小村集結。各村皆有村徑相連，已非一條村的樣貌，而是一個地區的總稱。

每天此地固定有村車行駛大埔墟，但班次不多。預估的O形起訖站即在此，繞完後，我們打算在此搭車離去。

掠過這群寧靜村落的南方，快速抵達九擔租。村徑和幽暗靜寂的小溪並行。溪岸密生著許多類似長枝竹的竹子，一叢叢沿著昏黑的溪水繁茂生長。香港並不多高大竹子，如此成排成林堪稱奇觀。

新娘潭石橋乃昔時到烏蛟騰必經之地。

烏蛟騰舊屋，青磚和人字形的山牆仍鮮明可見。

從竹子的數量、長相，以及接近村落的地理環境，猜想是有編織用途的，說不定還是昔時的重要產業。旁邊不少廢棄的田埂，生長著許多薔薇似的白花灌叢，遠遠近近繽紛地點綴林野間，景觀甚是綽約。一路的山坡和鄉野，後來亦陸續發現，儼然是此一季節的主要花色。查對圖鑑，研判是軟條七薔薇。還有一種本地喬木叫黧蒴錐，在遠方山坡地，滿樹黃花盛開，有時地面也常掉滿花蕊，醒目亮麗，誠為新界山區春日的代表風景。

我對廣東油桐也十分敏感。百年前此樹移植到台灣，如今成為客家桐花祭的節慶之花，被稱為五月雪，許多山區可見花海，苗栗地方文創產業亦延伸，發想多樣桐花意象。此時在香港，同樣白花盛開，卻只有零星綻放，並未形成漫山遍野皆油桐的風景。

村徑上，到處傳來黃斑蟬響亮的持續叫聲。村徑旁，牠們偏好集中在烏桕樹上，常六七隻圍聚樹幹，似乎嗜食此樹的汁液。惟飛行時如蛾的緩慢，不像一般蟬之迅急而莽撞。

一路繼續好行，山勢平坦起伏不大，風景遼闊而翠綠。旅人所求，山路之好莫過於此，快樂亦連帶而發。進入三椏村界，眼前有上下兩條土徑，皆可抵達村子。因一路風景清麗，竟不知如何取捨。遲疑一陣，投左而去，上抵山脊，一路可望見吊燈籠山，也能兼及鳥瞰下方的右邊村徑，同樣的綺麗蜿蜒。

後來我走過一回右邊那條村徑，既有穿村之美好，更有過溪之婉約。不僅石階石徑錯落好幾段，時而又跟溪流並行。綜觀之，景觀變化繁複，不輸左邊。兩邊都有荒莽、孤曠之風味，接近傳統嶺南的山巒情境。只是右邊路途稍長，腳健者較宜。

左邊平緩的稜線上，山火燒噬後的崗松枯枝，形成詭異的滄桑美感。一路上，褐翅鴉鵑的叫聲「飛

前往三椏村前，回首眺望已有四百多年歷史的烏蛟騰。

喲——」清亮傳來，彷彿在台灣中高海拔，聽聞鷹鵑之啼。我還記錄了番鵑、筒鳥、畫眉的鳴叫。灰頭鷦鶯的清脆鳴啼更教人熟悉，一時彷彿回到台灣鄉村，只是口音略感粗糙一些。

也有一二種甚是好聽，卻細膩而陌生，帶著詭譎之味。比如有一種音質如廣播聲，在遠方山谷響著，細小而奇妙。還有一種如手機的單音節二聲，在某個人的背包不斷嗡噫著。初時真以為是誰的手機，不斷響起。這是香港最具挑戰性的原野之聲，在此觀鳥彷彿獵人，遇到最狡猾動物的挑戰。

走上稜線後，芒萁當然是優勢的主角。除了此一容易枯乾做為柴火的蕨類，我特別注意，山漆、土茯苓、鹽膚木、白背漆等都是優勢植物。有時彎入陰暗的林子，赫然發現，楓香和蒲桃矗立，數量都比其他地方眾多。尤其是後者，超乎我想像的豐饒。

在三椏村，還有一小小果物的觀察心得。常見的大蕉和黃皮並未見到，反倒是木瓜、龍眼和荔枝特別多。抵達荔枝窩時，後頭的風水林外圍，我還邂逅了大片的芸香科植物，但尚未結果，研判可能是沙糖桔。

位於海邊低窪的三椏村，到處是紅樹林，濕地陸化較嚴重的地方，鹵蕨、鹹草和苦林盤已滋長占領。村子前原本有兩間小吃店，非例假日都不營業，大概搭船回城裡。唯最裡面一間舊石厝照常營業，一對老夫妻和幾隻老狗在此蟄居。此屋以當地典雅美觀的青磚建牆，顯見年代久遠。

小店有豆卜豬肉炆鹹菜，還有三杯鴨等，味道有些死鹹，但還不難吃。此外還有炒米粉，以及當場採摘，甜味甚夠的A菜。最大特色是飼養蜜蜂，菜園裡擺置十來個蜂箱，因而此地亦有純厚濃郁的蜂蜜販售，非一般市面的，難免有摻雜之嫌。後來幾位友人訪此，除了用餐，都會購買此一在地蜂蜜。

中途經過山尾坳時，長相接近黃荊的牡荊特別茂發。同樣五瓣小葉，但擁有鋸齒狀葉。搓揉葉子，

三椏村位於沼澤濕地旁，例假日時才有人回來經營士多。

蜂箱、菜箱，清一色皆是保麗龍材質。

三椏村的小店提供吃的、喝的，還可帶你釣魚。

跟黃荊類似，濃郁地釋出奇特異香。牡荊是廣東涼茶二十四味的其中一種成分，中國北方頗多此樹生長。古時廉頗負荊請罪，以及成語「披荊斬棘」指的荊，應當都是此一品種。

半小時後，緩緩接近此間最美麗的四百年古村，荔枝窩。海岸有台灣公園常見的水黃皮，還有生長著巨大板根的銀葉樹，奇異地集聚成林。一些粗大的白花魚藤自老樹間懸垂下來，跟果實掉落滿地的銀葉樹爭奇鬥豔。這些非優勢的海岸植物，組合成香港風貌最是奇特的濕地內涵。

以前高雄紅毛港海岸濕地，據說也有類似風景，但現今已不復見。在台灣，想要看到銀葉樹的板根奇觀，只有深入墾丁國家公園很內裡的保育林區，這兒卻抬頭即是。

蒲桃繼續出現，淡黃之花大量盛開。馬甲子在此亦有，雖沒有西貢郊野公園豐富。但海堤邊亦是整排生長，明顯地有人刻意栽種，形成天然圍籬。

荔枝窩有間小學外貌仍完整，但已廢校。圍村呈方塊狀，原始而老舊。灰瓦排屋仍有不少間保持完整，誠為香港最壯觀的聚落，雄厚地展現爭取世界文化遺產的條件。旅行香港，若未訪此地，實不算走進香港鄉野的心臟。

當地交通完全靠海運接駁。好幾位客家老嫗如今住在沙頭角，例假日必搭船來此，在大榕樹下簡單擺攤，殷勤而客氣地販售著粿點。沙頭角乃香港和深圳重要邊界，市集繁榮，尤其是靠大陸地區熱鬧至極，唯香港這頭安靜如鄉下。荔枝窩的婦人一定是先採買食材，再載運到此販售。沙頭角乃管制區，我們非當地人，當然無此機緣搭船去來，只有靠兩條腿，繼續翻山越嶺。

荔枝窩後的風水林果然名不虛傳，充滿蒼老的原始風味。才走到外圍隨即充分感受陰森涼快的氣息，跟尋常森林截然不同。樹身中空的秋楓（台灣稱茄冬）、樹型大氣的樟樹都以罕見的龐大樹身，

白花魚藤粗大如蟒蛇，甚是驚人，管理單位幫它設了支架。

銀葉樹板根古老而巨大，盤根錯節，展現堅韌的生命力。

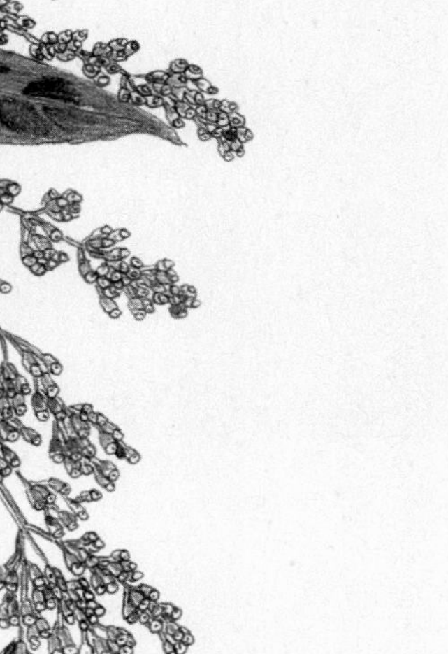
荔枝窩海岸多為紅色砂岩，愈紅表示鐵礦物氧化作用愈旺盛。

銀葉樹的果實有如一艘小船，隨海漂流，落腳遠方。

生意暫且放一邊，荔枝窩的老嫗享受休憩的時光。

矗立森林外圍。彷彿透露了，光是外圍即如此精彩，若走進風水林，大家一定會更驚豔。我閱讀著老樹旁邊豎立的解說標語，想像著風水林裡的可能內涵，不免放緩腳步，走過環繞外圍的枕木步道。心頭也期待著，哪回時間若允當，定要深入裡面探看一番。

繞過風水林，走返烏蛟騰。山路慢慢緩升，遇見一隻哺乳類快速竄離，疑似鼬獾。甚而，聽聞赤麂之吠聲。大都會郊野還有這些哺乳類閃逝的身影，縱使未見到，都還是幸福啊！

在一處三岔路，今之路牌和不知哪一朝代的問路石一起並立。問路石刻著：「右邊梅子林……」有些字跡已模糊，但又依稀看到：「左邊荔枝窩」。

這一不常見的問路石對我發出多樣訊息。一來，此路是年代相當久遠的古道。二則，問路石告知了昔時聚落分布的狀況。我不禁美好地聯想，明初時徐霞客在中國西南鄉野的踏查裡，勢必也常邂逅此類豎立於路途上的方形石頭吧。

循南方的路徑爬升，經過密林的亞媽笏，此一小台地的老屋多半拆除了，只剩零星果樹，荒蕪地殘存著。中途又有岔路好幾，可通抵美麗的谷埔平原，也可直抵新娘潭路，我們還是按原定計畫繞回烏蛟騰。但班次不多的村車，還得等候多時，只好再起步，走回新娘潭。

往回走，這才發現接近海岸的原始森林，不少土沉香遭到砍伐，顯見偷伐者來自海上，可能是廣東潛進來的大陸客。有些巨大的樹傾倒了，葉子還青綠著，看來偷伐的時間不過這二三日而已。後來去函漁護署，提醒此一危害風水林的嚴重事態，但港府相關單位似乎束手無策，只以公文敷衍我，讓人失望至極。（2012.11）

荔枝窩聚落保存不少舊屋，背倚數百年的風水林，深具世界文化遺產的潛力。

就愛問路石！

我要去分水凹。

記得抱抱荔枝窩老樟。

分水凹地方誌石碑。

分水凹稜線土路。

香港最古老的茄冬樹。

鎖羅盆

跋涉魑魅傳說之境

新界北部

我的路線

鹿頸↓雞谷樹下↓鳳坑↓谷埔↓
榕樹凹↓鎖羅盆↓荔枝窩↓
谷埔，約7小時。

交通

在港鐵粉嶺站C出口，搭乘綠色專線小巴56K，抵
鹿頸。

難度

★★

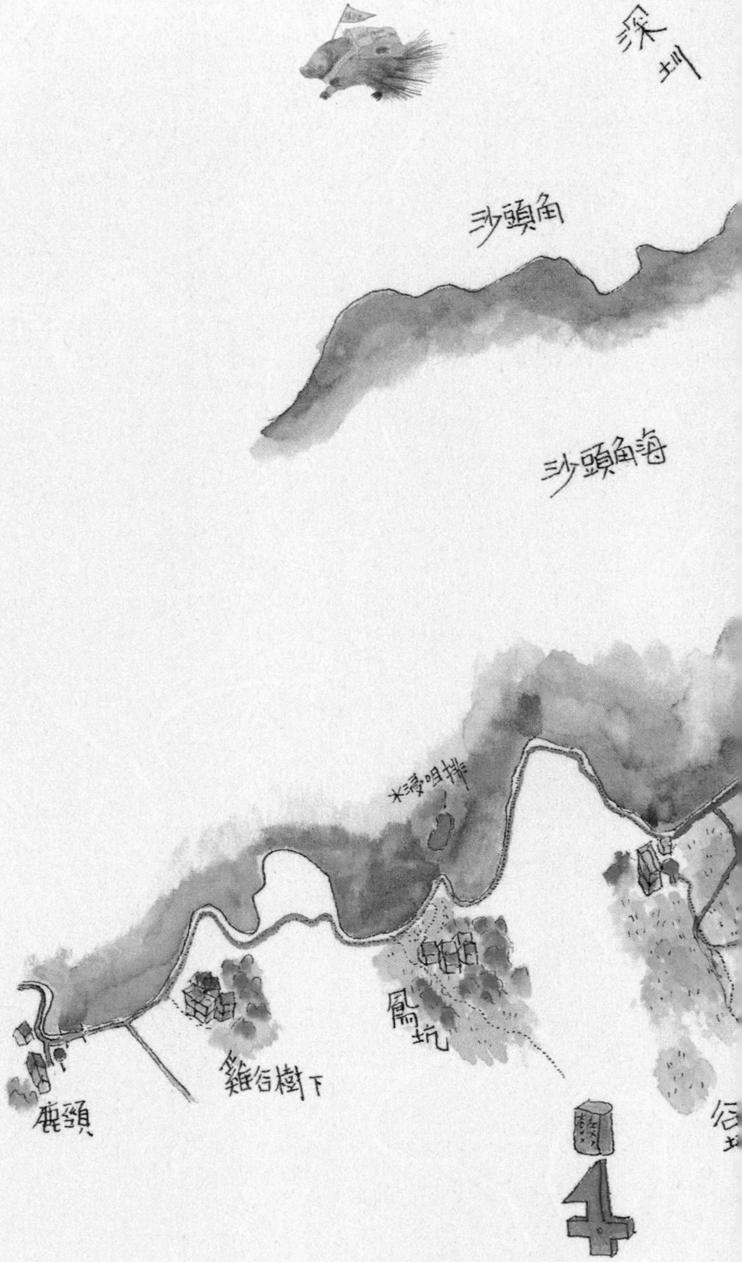

鎖羅盆位於新界北部的偏遠一角，除非搭船，不易抵達。再者，因老村廢棄多年，網路上流傳各種怪異亂神之說，遂吸引諸多腳健者探訪。

我和友人想要踏查，倒不是為此繪聲繪影的軼聞而去，只是想拜訪船灣郊野公園裡，幾個嚮往許久的偏遠村莊。

從鹿頸小巴終站落車，循海濱小路，經過雞谷樹下外緣，再沿秀麗的海岸平坦步行。不多時，翻過一雅致的相思林山崙，迅即來到鳳坑。一路近賞香港鄉村之素樸，順便遠眺對岸邊界的沙頭角，以及大陸深圳石屎林樓的繁華。此際之神州凝視，可非什麼遙望祖國了，而是祈禱著香港郊野能夠永續，不要一味追求開發，整個深圳化了。

鳳坑一如多數新界客家村，排外而保守。排屋之村窩進山腳，以竹林、水塘加鐵絲網跟外地隔絕，唯兩條細瘦小路連接外頭。例假日時，外頭設有餐廳做生意。雖是鄉下飯菜簡單風味，可價錢不菲。村外還有一小碼頭通往沙頭角，貨物大抵從那兒過來。在此用餐，相信吃的多是對岸來的食物。邊界通行方便，今日鳳坑也比上個年代稍具人氣，似乎在等待著未來的發展。

外海不遠處有一水浸咀排，乃連島的小沙洲。潮水大退時，不少遊客步行到那兒挖蠔撿蜆，一家和樂融融。或偶爾在半途邂逅十來隻黃牛，成群悠閒走逛海灘，這些都是香港鄉村最教人愉悅的風景。

從鹿頸出發，快步者一個時辰即抵谷埔。除了一二濱海房宅，山谷內的谷埔多為空屋，伴著綺麗的開闊濕地。因無人聞問，彷若林子的四季輪迴，逐漸荒涼融為自然的一部分。

谷埔所在有一溪流蜿蜒向北，匯入沙頭角海，溪水蜿蜒形成數個大小不一的山窩。此一往內縮之地形，客家人稱為「肚」。谷埔乃由老圍、新屋下、二肚、三肚、四肚、五肚及辇下組成，五肚南方

才上路，就遇到休息中的黃牛群。

不歡迎遊客的鳳坑。

退潮後的水浸咀排。

從鳳坑遠眺沙頭角。

是五肚嶺。五六個村，分別為宋、楊、李、吳四姓，以宋姓人數最多。

村口荒廢的小學叫啟才學校，如今是谷埔地標。例假日，小學前有一小茶檔專賣粿點和山水豆腐花。原來此時遊人最多，當地宋氏姊弟便回到故里，以校前小屋搭篷蓋布，再豎起一二大陽傘，擺設三四桌椅，遂有郊野餐廳之規模。面對沙頭角的山水，大樹遮蔭，涼風習習，更是一快活休息之地。但假日一收，此地便杳無人煙，恢復一古村的寧靜，宋氏姊弟大概也躲在沙頭角家宅休息了。

荒廢的小學近八十年歷史，當年係新界最具特色的兩層樓高村校，校舍仿照黃埔軍校辦公大樓。其中的一樓教室，現今變成祭拜關公的協天宮，香火猶新，顯見仍有參拜者。校門外碩大的白蘭樹旁，有口廢棄的大古井，昔時乃村民生活用水的重要依靠。

再過去，小徑沿鹹草沼澤深入，紅葉點綴的水翁林後，幾間空蕩無人的村屋坐落。這些村屋並不殘舊，屋宇前院整理良好，家什雜物也在，但重門深鎖，一二唐狗晃蕩其間。谷埔因為交通不便，村民大都搬到市區，或遷入對面交通方便的沙頭角。

在三處村宅前，我都看到水蕨叢生。水蕨乃台灣市場常見之過貓。其中一處住家，門口生有幾叢。另兩處在舊宅形成大片蕨園，約莫半個籃球場大。青綠新叢和暗灰老株雜生，顯見荒疏好一陣。一般乏人干擾的郊野濕地，水蕨較容易生長。不然多為另一種叫間斷毛蕨的，廣泛叢生。

在地客家人會採水蕨食用嗎？可能性甚高，要不，就不會刻意在家宅前存留，以便摘採。只是隨著時間湮遠，後人搬離，只能任其荒廢。再趨近，檢視嫩葉，皆未斷折，顯見現今港人對此蕨類尚處於陌生狀態。或者此處雖不住人，遊客還是視為人家前院，依舊是私有財產。

除了水蕨，還有莿竹。新界郊野走久了，不論廢棄之地，或還有人生活之老村，莿竹都有二三零

谷鎖古道較為隱密，我找了一陣才確定。

上：廢棄的谷埔舊屋。

下：谷埔小學校舍是這兒最典雅的建築。

清澈秀麗的谷埔小溪。

遼闊的谷埔沼地。

山水豆腐花。

小茶檔粿點。

走到谷埔，一定會經過宋家小茶檔。

星叢生。鹿頸、烏蛟騰、荔枝窩、榕樹凹和鎖羅盆便是。它們的生長位置多在蓊鬱森林邊緣。這一緊密距離，讓我尋思著，客家風水林跟它應該有些對應關係。

莿竹不若長枝竹之類的柔軟，且適於編織，但做為屋宇主樑或扁擔使用，卻是硬質地的良材。台灣西岸沿海漁民，還偏好建造竹筏航行。此地客家村旁生長莿竹，當在這些功能，而非做為防禦工事。除了莿竹，長枝竹之類編織用的，不少村子也有栽種，谷埔和鳳坑即是。接近烏蛟騰的九擔租更有長長一排，蓊鬱地沿溪生長，說不定是重要產業。

老圍附近有一松記士多，不少遊客到此，專為其而來。媒體曾報導，此店係少數郊野山區著名餐廳。通常必須先訂餐，價錢不輸街市名店。從食物內容研判，應該也是從對岸運送過來，絕非在地生產的作物。然吃餐看景，享受田園情境，別地難得，因而便也主客盡歡。

在谷埔遊蕩，我還注意到問路石的存在。村徑徘徊幾回，不小心回頭，便驚喜地撞見。其中一塊，在通往老圍路上。從松記士多往內陸不遠，第一條岔路前，有顆立在田埂邊的草叢裡。顯見此岔路乃當時要道，石頭上地名斑駁不全，字義大體為：

右往烏交田荔枝窩

左往鎖老盆

烏交田乃烏蛟騰古地名，鎖老盆則是鎖羅盆舊稱。

另一豎立在谷埔往鳳坑的海邊路上，內容不似一般。今人復以紅字醒目寫著「問路石」。內容如下：

坐地土名谷埔

由此再往風坑南涌

好高興又遇見問路石了。

下則有落款人姓名，「宋冠孺曾亞Ｘ」，最後一字不詳。風坑即鳳坑也。

左往鎖老盆的山路，今稱為谷鎖古道，原本是預定要走的，但陰雨連綿，只好改從海邊繞遠路，先前往榕樹凹。

一塊問路石的出現，現代的意義或許是確切的提示。眼前少說有兩條古道，以及至少兩座風水林老村，等著我的拜訪。簡單幾字，只給地名，不給更多，也無法更多，自個探路體會。問路石是永遠的指南。

走過黝黯的森林土路，翻過一陰涼山頭後，下抵榕樹凹。一座兩百多年歷史的廢村出現。村民多姓溫，文獻說早年以漁農為生，但我看環境地勢，農業腹地不大，恐怕還是捕魚為要。

二次大戰時，日軍攻占香港，村民被強押去當苦工，度過一段苦日，村子後來逐漸荒廢。八〇年代為了防堵大陸非法入境潮，曾有半百英軍進村駐紮，小村出現了酒吧和做小生意的雜貨鋪。英軍撤離後，僅餘的幾名村民也隨之遠走異地，此村便完全荒廢。偌大的村子，盡是人去樓空的殘景。舊的編織器物，五六〇年代的物品都俱在，甚而還有祖先遺照。

放眼觀之，彷彿某一戰亂後人們倉皇離去，來不及收拾細軟的殘留景觀。印象最深刻的，是一對通往海邊的巨榕。它們橫跨通往碼頭的村徑，把此村荒涼之深邃完全表露。

從榕樹凹往南行，續翻山谷即傳說中的鎖羅盆。

下抵口袋型的狹長山谷，便見荒廢的開闊墾地，明亮開朗，遠比榕樹凹秀麗許多。此一空間分隔好幾區，想必一塊塊皆是昔時水稻。此區往東迤邐，一條巨大的堤壩清楚橫出，分隔了海陸。

鎖羅盆的歷史可追溯到明末清初，有人為避亂世，帶領族人隱居到這片沿海的谷地。百年前，新

榕樹凹盡是人去樓空的景象。

榕樹凹的一對巨榕。

主人彷彿倉皇離去。

界被租界後，此一偏遠地區的村民開始有機會往外發展，離開的人越來越多。八〇年代時，已沒人居住，形同廢村。

前幾年報紙刊載，當地村民試圖以廢村經營果園旅遊區，因與郊野公園政策抵觸，漁護署一度公布永久封閉鎖羅盆周遭路段，藉此阻止此一不當行徑。這封路措施，卻也斷了荔枝窩和榕樹凹間的通道。前幾年，我試圖前往，便遇到禁止入山的告示，因而氣餒折返。晚近，山路才重新開放。

此一偏遠山谷昔時雖有廣大栽作耕地，惟周遭林木蔥蘢，陰雨連綿之日，山嵐四起，容易形成詭譎情境。魑魅穿鑿，魍魎附會，便在所難免了。

我們抵達時，卻是人氣熱絡，毫無此感。原來恰巧遇到一行人，搭船從沙頭角熱鬧前來。帶頭的人是村長，就著現場，跟友人敘述這座四百多年歷史的村子，原本有五百多人居住。言談間雖流露遷移的滄桑，卻有一種驕傲。一種在偏遠地區，竟能興建華麗之村的自負。

本想尾隨聆聽，但時間有限，必須趕路，我們只能在鎖羅盆匆匆一瞥。離去前，瞧見村前土地公廟附近，一座廢棄的大石磨，直徑足足有一公尺，似乎見證了當年村子人口的繁多。

走過海邊堤壩，內陸紅樹林區塊，驚見一處濕地有廢土翻挖的破壞情形。接著又是翻山越嶺的行程，進而抵達海岸。循岸邊村徑，走進荔枝窩。非例假日的荔枝窩，遊人如村貓，四五閒散於外。平常由沙頭角來擺攤的村婦，自不見蹤影。從清靜中，我具體感受這兒的美好。

人少，老村老樹之況味更蘊蓄而出。前後左右都是老樹的形影，東邊海岸的銀葉樹集聚，西邊風水林的秋楓和樟樹高聳，南邊則是莿竹叢隱密地搖曳，北邊碼頭也有諸多垂老樹種孤立。剎那時，彷彿香港重要的老樹都集中到此。但我最念茲在茲的，還是村後莿竹林旁，那片沙糖桔果園。如今雖廢

紅色對聯表示有人才回來。

屋牆挺立，奈何內部已殘敗。

一公尺寬的大石磨超出別地所見。

這一景無疑會加深此地魑魅之說。

鎖羅盆山谷應是以前耕作之地。

村徑旁的伯公祠。

循著指向鎖羅的石碑前進。

鎖羅盆似乎仍有偷偷開發的威脅。

棄了，但二月時還有不少黃熟，懸掛在枝葉。

從荔枝窩出發，又是一段長遠的跋涉，穿林翻山，由古道引領著，繞回谷埔老村。一路雖不見旅人，想及再一小時，就要回到七百萬人居住的大都會，如此巨大落差的對照，文明和荒野才咫尺之隔，心情不免若深夜漲潮之湧動，久久難以平息。（2013.4）

後記：半年後，循問路石建議方向，從谷埔翻越山嶺，下鎖羅盆，時間減少許多，但路況略差。陡上陡下，較不易攀爬。惟此乃谷鎖古道，路跡甚是明顯。

荔枝窩舊屋變成植物蔓發的沃土。

荔枝窩的兩支古炮，昔日用於防禦海盜。

荔枝窩圍村側門。

鹿頸

昔時的小小魚米之鄉

新界北部

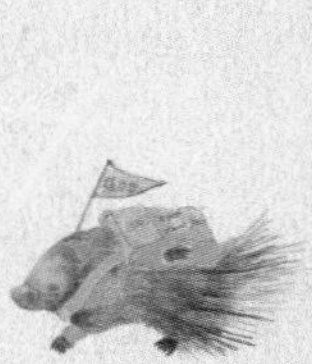

我的路線

南涌↓尤德亭↓陳屋↓黃屋↓鹿頸，約2小時。

交通

從港鐵粉嶺站C出口搭乘綠色專線小巴56K，抵南涌。

難度

★★

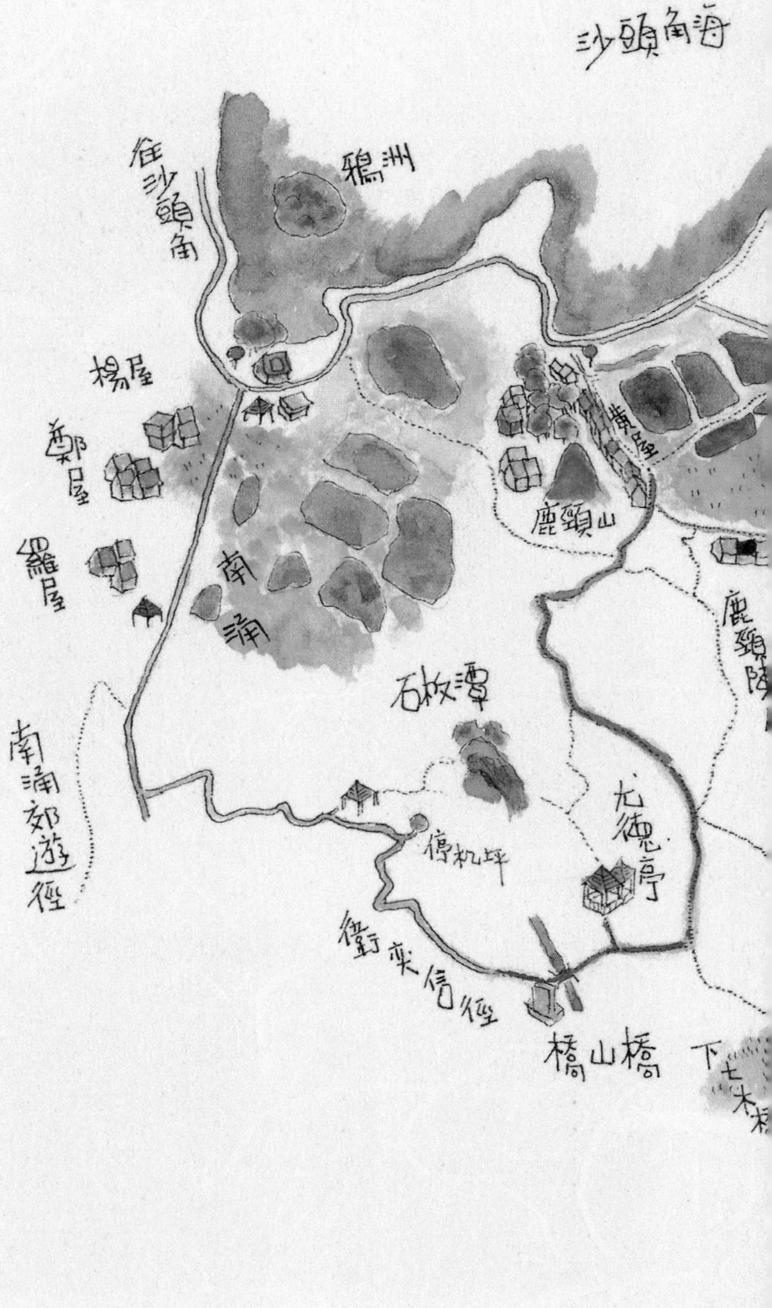

明天去哪裡？

香港最綺麗的濕地和風水林。

我在課堂上寫了這排字，試圖吸引學生前往新界東北，走訪南涌和鹿頸。這兩座開闊的小山谷，去過好幾回了，但從未將它們連結一塊，好好走它一回。二萬五千分之一地圖上，一座小山分隔著兩邊。小山秀美，濕地綺麗，加深了我站上最高點飽覽風景的想望，因而嘗試規劃此條路線。

我仍如往常，在粉嶺車站前等候學生，一起搭乘 56K。十六人的綠色小巴如赤麂之機伶，迅快穿過粉嶺街市，眼看要奔向沙頭角邊界，倏忽一轉，折進鹿頸路的魚塘鄉野。

下車的南涌，有座香火鼎盛的天后宮，面向靜謐的沙頭角海，老樟和老榕陪伴著靈驗的老廟。前方一座林木蔥蘢的小島，黃昏時總有大量鷺鷥緩緩歸來，沒林隱息。此一原始氛圍，常吸引遊客到訪。只見白鳥點點，獨缺鴉科，偏叫鴉洲。

南涌入口是條筆直寬敞的道路，偶有唐狗二三，或黃牛糞便七八堆。隱蔽的魚塘和濕地，彷彿往兩邊深遠地退讓，野草蔓生路邊。早年南涌居民靠魚塘和農作為生，怎奈時代變遷，人力外流，如今多數漁農皆荒。其中一處，最近轉型為有機農場，《香港正菜》作者陳曉蕾曾帶我來此參觀。我因而有緣見識，南涌三小村還坐擁殘存的風水林，以及秀美的基圍。

三條小村依次為楊屋、鄭屋和羅屋。帶學生經過時，村婦如常在樓屋收衣觀望。村民生怕干擾，陌生人勿進的牌子醒目地佇立村子入口，彷彿把數百年畏懼海賊的拓墾性格，以及堅持的生活方式全都表露。

從魚塘觀看南涌聚落景觀最為綺麗。

只有鷺鷥群的鴉洲。

初訪南涌印象最深刻的便是，村子不歡迎外人。

過了南涌郊遊徑入口，抵達水壩，衛奕信徑終點站和紀念碑清楚豎立。半途，邂逅不少赤豔的吊鐘王，粉紅的吊鐘花反而只遠遠看到一株。沿石屎山道上行，抵達休憩的公園。公園對面樹林，一條隱蔽小路，通往香港最大的壺穴區，嘉龍潭。

若循溪下行，盡處有座大石壁赫然亮身，汩汩溪水活絡地注滿好些壺穴，又稱石板潭。有的闊及人身。壺穴的形成，乃因瀑布下衝，水流在石壁凹處漩盪，帶動石礫運轉，經年累月磨蝕的結果。壺穴地形雖只一處，卻比台灣平溪的壯觀。

我因帶一群學生，顧慮危險，並未走訪，直接繞過荒廢的公園管理處，直抵直升機停降坪。此一望高點果然如所料，清楚眺及下方的南涌和鹿頸。兩塊小濕地結合後頭的風水林，昔時的小小魚米之鄉，如今仍詩畫般，在我們腳下迤邐開來。

學生們看到風景瑰麗，自是讚歎不已。他們多為香港人，卻未來過此地。我聽了，甚感訝異。好些長年行山的友人佇足此地，往往面露憂容，心生悲觀。他們預估此景不常，再過二三年代，說不定會如對岸的沙頭角，都是公寓大樓的石屎森林了。

此地最讓我著迷的樹種，最初是魚骨木。此一藝術雕刻用途之木，喜愛生長於旱地山坡。站在停機坪，縱使盡為灌叢，仍可看到十幾株環繞邊緣。周遭伴以山火後的常見植物，諸如黑莎草、崗松、山棯和芒萁等。

許多黑莎草正在結果，貼近細看，油亮的果實猶散發光芒，彷彿是肥碩的芝麻。此一莎草，台灣也有生長。可惜只能榨油當肥皂用。坊間有一口述，據悉以前可做茅屋屋頂的蓋草，或牆壁材料，我因而很好奇全株的莖稈特質。

從停機坪俯瞰南涌，魚米之鄉盡收眼底。

鹿頸陳屋秀美地窩在濕地最裡面。

南涌的有機耕作田地。

繼續漫遊到「橋山橋」。此橋名字甚異。石碑上註明，一九九五年設立犒奕信徑時建造，當地村民為紀念昔日四村之「橋山小學」而命名。橋下是潤面遼闊的屏嘉石澗，乃昔時香港著名岳人李君毅先生見景取名。吾生已晚，趕不上那搭船行山的樸直年代，只能睹景追懷。

但四村是哪些聚落呢？解說牌說得含混，實在可惜。我猜想，合該是再往前，橫七古道上的四個廢村，橫山腳上、下村，以及上、下七木橋村。以前從八仙嶺下山，拜訪過前兩座，風景地貌甚佳，不捨起身，還滯留好一陣。

原有四村，下七木橋村規模最為繁旺。早年建有一廟水月宮，後來改建為四村孩童求學的校舍。小學最盛時，學童有六七十人，可見四村居民當年在深山中生活，周遭勢必有一番不小的產業。四村廢棄後，仍有過去人文足跡可供憑弔。四村所在之八仙嶺北方，又屬於蓊鬱森林的環境，動物活動特別活絡。想及此，我對重訪此地，心生美麗想像，改日勢必還會去走踏。

過了橋，山坡傾垂下來大片層層濃密的金毛狗（台灣稱為金狗毛蕨），優美廣泛如人造花園，不禁停腳駐足，行程因而又耽擱一陣。緊接著，地面不斷地出現龍眼籽般的果實。前些時，在大浦滘看到地面特別多，此地亦然。我還注意到，不少鋸齒狀的巨型枯葉，大量散落地面。

突然間，猛地想起四月黃花盛開的黧蒴錐。再仔細看周遭，都是它們，全部以三四公尺高的小喬木之姿羅列石階兩邊，形成優勢的樹種，枯葉和果實正是它們掉落的。

去年十月，在荔枝窩森林看到黧蒴錐老樹，清楚認得它們的形容，也仰望過不少棵都結果。一直估忖著春天時要回來，看看地面是否有栗子可撿拾，怎知竟在此撞見如此豐碩的景象。

二次大戰日本占領香港時期，生活物質收歸軍隊，有陣子缺糧嚴重，據說村民曾蒐集此一果實，磨成粉狀烹煮稀粥。此一說法甚可採信，因為多數殼斗科果實都可食用，包括鬣蒴錐。

後來撿了些回去，嘗試以水煮開，剝開內裡，果然像核桃。試食之，盡是澱粉之味。雖可食用，但略感苦澀，且果實太小不好剝殼。如果用石磨略微敲碎，慢慢熬煮，再過濾果殼，或許可行。當然吃不是重點，而是透過這一嘗試，感受當年缺糧的艱苦生活。依我後來的食用經驗，若熬成糊，恐怕都得另加他料，方可貼近現在人接受的口味。

尤德亭是座八角形的中國傳統涼亭，前港督尤德經常到此郊遊，故建此以示紀念。站在此地，視野更加遼闊，俯瞰南涌和鹿頸更為清麗。居間小山俗名為高峒，如今稱鹿頸山，海拔一百出頭。前方不遠處是高樓林立的沙頭角，以及深圳的鹽田港貨櫃碼頭。更內陸一點，還有梧桐山，比香港任何一座都高大龐然。三〇年代駐港英人嚮往登頂之處，如今林相維護不佳。冬日更常雲霧遮掩，難見全景。

亭子周遭的山崗，仍有不少初生的鬣蒴錐零亂生長。我研判，先前可能都是政府刻意栽植，以本地植物做為森林養護的主要物種，但到了更山頂這裡，可能係山火野燒後自己衍生而出。

沿石磴下山，循兩濕地間的鹿頸山穿出，村後護土牆種了不少叢生的莿竹。莿竹是第二回再邂逅，上回在烏蛟騰，植於村子外圍，不知是否有防禦作用。右側山腹則黃藤頗多。黃藤在台灣是常見民俗植物，港人卻無重要使用紀錄。

鹿頸大抵有二村，陳屋和黃屋。

陳屋在南側，前後皆有伯公祠，一條步道彎曲而入，環繞著一塊碩大平坦的濕地。鹿頸雖說水源被截，水田廢棄多時，但根本原因還是整個時代變遷之故。我們走至村尾，村人設有炮台於伯公祠旁邊防範海賊，顯見昔時此地治安不定。

一間傾圮的舊屋裡，擱著荒廢的風鼓與竹器，證明了眼前草原過去曾種過水稻。同學們試著訪問當地的客家阿婆。阿婆確切地說，以前有種鹹水稻，一年二期。西貢上窰客家文物館，才記錄一期。

昔時水稻廢棄之地，如今鹹淡水交會，溪澗、草澤、紅樹林和次生林混雜，誠乃生物棲息的天堂。我相信夜間觀察勢必有豐富的螢火蟲，以及青蛙等兩棲類。白天更不用說，以前有人在此記錄五十多種蜻蜓，香港一半的蜻蜓都在此集聚了。

在村尾草原，還發現了野生小番茄一叢，低矮地生長著。不知是營養不足，或者它就真的是這一形容，一如我在台灣荒野所見。揉搓葉子，那生野的腥味，彷若時光機引發我回到某一個年光，說不上是童年，或者是某一東部鄉野的漫遊。因為吃到了這種野生漿果，瞬時覺得旅行是那麼的飽實。

假若它不是小番茄，而是尋常的，倒也是一個有趣的提示。番茄因人類捨棄，溢出於外，獨自生長。無人照料下，難以肥碩，自發性地又恢復野生狀態了。我在大埔農墟購買有機蔬果時，曾見到類似大小的小番茄，色澤多樣，據說是美國的品種。

黃屋依傍著美麗的鹿頸山，房舍雖多無人，好幾間建築屋簷剪黏輝煌，壁飾精緻。家祠更是，其中「春儒黃公祠」，據悉修建時的一磚一瓦，遠自東莞運抵。

沿著黃屋一間一間巡禮，時光沒落的感嘆遠較陳屋強烈。洋吊鐘發花結果，密生屋頂者亦愈多。陳屋的荒廢彷彿覆蓋著豐盛的滄桑，黃屋的褪逝則有著大富大貴的失落。

水稻消失、基圍不再，如今鹿頸部分魚塘供人釣魚，常有老師帶學生來此教學，或遊客來此鄉野憶往追昔。老龍眼樹下，入口兩間士多因而常高朋滿座。我們在那兒等候小巴返回粉嶺。不時有年輕人騎越野機車，在外圍公路呼嘯，無知地掠過這等美麗小世界。（2013.4）

黃屋宗祠。

我在此鹿頸士多等過多回小巴。

陳屋一角放置風鼓與竹器。

往鹿頸山的稜線小徑。

整個山坡都是金狗毛蕨。

屋舍的排水口以魚身做造型。

沒落的黃屋廢舍仍有昔時輝煌的遺跡。

南涌郊遊徑

穿林越澗望翠微

新界北部

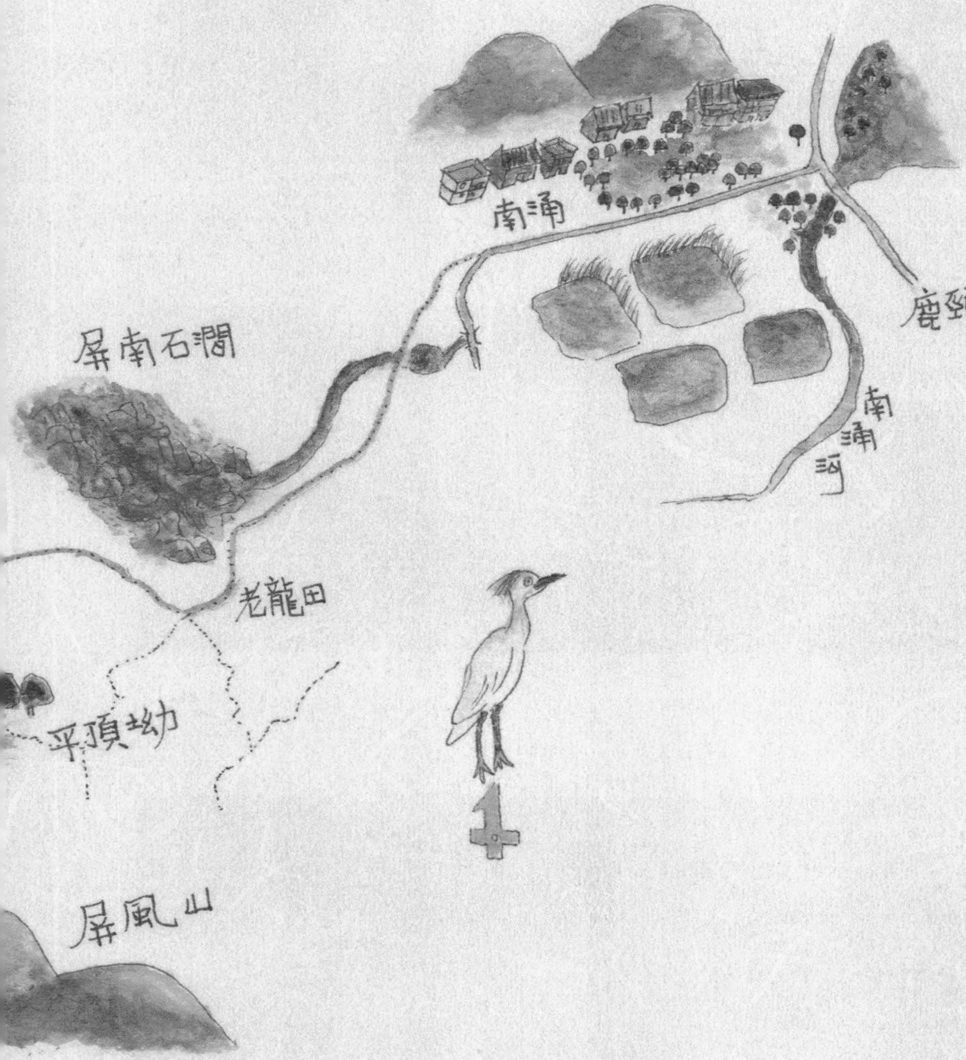

我的路線

丹竹坑↓新屋仔↓龜頭嶺↓平頂坳↓屏南石澗↓南涌，約2.5小時。

交通

從港鐵站粉嶺C出口，搭綠色專線小巴56B至丹竹坑。

難度

★★

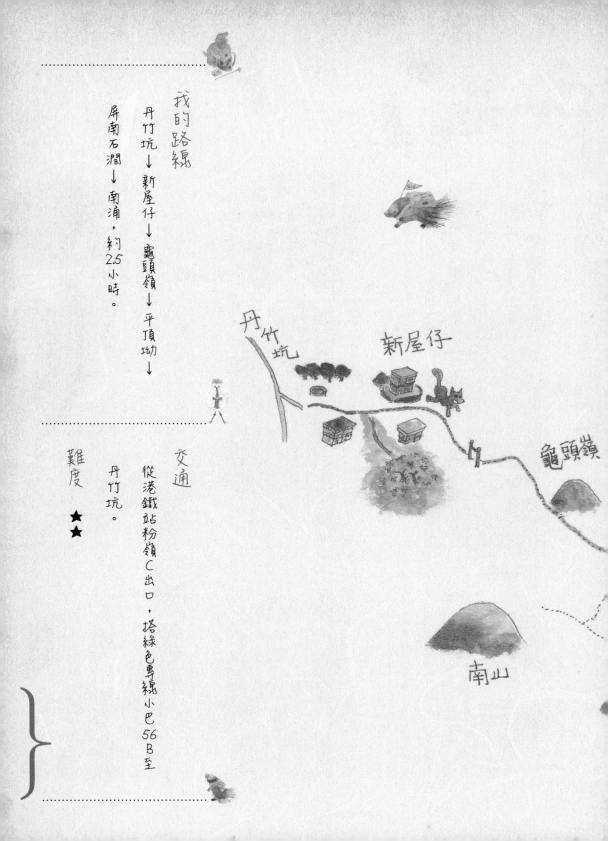

秋分時節，香港島繼續維持島嶼風貌的蓊鬱森林，北邊的新界郊野卻有天地蒼茫的旅行況味了。經常一條小山路的蜿蜒，更加明顯而孤瘦地跨越山頭。草暗木黃，地闊天開，人行如蟻，空曠和孤獨便連結一起。

惟下抵山谷彷彿回到熱帶，穿林越澗，瞬時又有了另一溫暖的綠色風景，卻也非香港島的環境。崖高谷深間，隱隱然潛藏著開闊的水澗風景。

此類新界的山路，有通往海岸者，也有兩村間的聯絡小徑，今人多以古道稱論。但我想行走的南涌郊遊徑，並不具備古道的功能，只是郊野公園規劃的新路線，透過一處叫平頂坳的草原，試著把丹竹坑和南涌原先舊有的耕作山路，有機地連接。

我們從丹竹坑地區出發，走進郊遊徑的新屋仔。村子入口生長著芒果、龍眼、朴樹和黃皮，香港村落外圍的果樹種類大致如是。樹下剛巧有一口廢棄古井，兼有守護的神祠，彷彿也簡單地勾勒了昔時鄉村的某一典型風景。

經過一處曠野，一條小溪流邊，溪岸盡是野生的白花蛇舌草。平時在菜墟，好些阿婆拎著幾叢這一單方藥草，蹲坐在街角兜售。眼前這一蔚生的環境，足以讓好幾位阿婆長時採摘了。我比較驚奇，較乾旱的斜坡，還有兔兒菜伴隨叢生。港人似乎對兔兒菜興致不高。若是在台灣，這等野花植物不僅是藥草，還可當野菜食用。

一群唐狗凶惡地擋在前面。唐狗凶惡地狺吠，還集聚遊蕩，難免意味著在地人對登山客保持距離。我試著蹲下來跟牠們互動。狗群從狂怒的緊張對峙，慢慢地消弭敵意。希望下一梯的登山者經過時，牠們的生疏和凶惡會減緩。

阿婆在菜墟一隅兜售自己摘採的白花蛇舌草。

凡郊遊徑者，除了中途過溪，或有石橋外，一路到底常都是泥土原貌。少有石屎路，濫鋪著大片水泥石階。南涌郊遊徑即如此充滿自然生機，少有人工設施。只可惜，它的位置偏北，手頭的幾本登山旅遊指南都未提到。

一邊陡上，只見山麥冬紫花盛開。美麗的紫色小花枝莖成束，甚為醒目地散落在林間步道一角，彷彿在為我們的走訪，張燈結綵地歡迎。這時節香港郊野森林步道，常有這類小花陪伴。

回望下方，丹竹坑為主的河谷平原，草原上薑花點點，一看即知是濕地環境。幾間村落，在南山秀麗而崢嶸的山勢下，以丁屋和村屋的小巧，零散地點綴其間，儼然如歐洲的北國風景，但更多了幾層淺綠的溫煦，而非單調地只有類似西蘭花（花椰菜）的墨綠色澤。此景之秀氣，莫說觀光客，恐怕連港人都難以想像，這是自己家園的鄉野。但我熟悉了，這就是新界，因為行山，因為從偏遠的角落鳥瞰，我幸運地邂逅了多數人看不到的香港。

越嶺的高地叫龜頭嶺，主要是草原環境。冬日時想必朔風野大，連大頭茶都瘦矮如灌叢。從嶺頂遠眺，丹竹坑山谷愈加綺麗。新界山區雖多稀疏灌叢草原或荒禿石塊之稜線，但避風的山谷往往能形成濃密的森林。香港山區重要的野生哺乳類，諸如野豬、靈貓和豪豬等都棲息在此。赤麂更不用說了，過去我便聽聞過數回。有回連續聽到粗啞吠聲，就不知牠是否遇到危險。

過了嶺，乃三路交會的平頂坳。前頭兩支隊伍，熱鬧地集聚。有支剛從南涌上來，另外一隊準備走上八仙嶺。仔細觀察登山客成員，多半為中老年人，每逢例假日，呼朋引伴行山健身。台灣亦然，年輕人喜愛都會鬧區的活動，還不懂得透過自然爬梳生活，紓解城市的壓力。

崗松遍野的山頭，山火容易燃著的稜線，森林高度明顯低矮，樹冠層次不多，彷彿永遠在等待下

從龜頭嶺眺望丹竹坑山谷，鄉野人家坐擁綠意。

丹竹坑的舊屋，門框使用較堅固的青磚，屋牆則以土磚堆砌。

通往平頂坳的路上盡是草原。

一場山火的洗禮。在平頂坳周遭，除了燈心草，山蒼樹特別多，或許是香港山區最多的地方。它們在山徑旁邊，以新長出的小植株，爭取為先驅性樹種，甚而是優勢植物。想在這等山林看到黃牙果，或者小葉買麻藤等結出果實，顯然遠比在香港島困難。

以前嶺南地區居民頗知山蒼樹的習性，採枝葉做皂，以花蕊泡茶，甚而以果實調味。此一多用途的食用，台灣的泰雅族亦熟知，還幫它取了一個名字，馬告。此一植物台灣稱為山胡椒，顧名思義，在料理上有類似胡椒之功能。如今泰雅族原住民發展出馬告香腸、馬告咖啡等等，把這個傳統生活裡的香料植物充分地發展，試圖轉化為地方文創產業。香港人到台灣山區旅行，偶有品嚐原住民風味餐。或許，大家不知，此一食用的顆粒小果，新界山區也相當常見。

從平頂坳落山前往南涌，過一座小石橋，眼前一條寬闊的溪澗磅礡迎來，風景瞬間轉為庭園般景觀。大自然在此彷彿化身為執著於理想的雕刻家，用山水為素材，以數十萬年的時間，不斷地為鐵灰嚴峻的岩盤刻鏤。一道道地刷出嘩然的瀑布、詭異的壺穴。那急湍奔瀉的聲音，冰冷陰森的寒涼，彷彿也代表著大自然，滔滔不絕地解說自己的藝術觀。站在岩盤聆聽，任何人都會充分而具體地感覺自己的渺小，不由自主地產生畏敬。

再仔細觀看周遭，紅葉點點間更有各色野果掛林，彷若日本精緻插花藝術之擴大。仔細瞧那紅葉的造型，非楓非槭，乃本地之山漆和山桕，野果則有水翁、黃牙果，這是很嶺南也很香港的瀑布山景。以前它會被選為香港十大美麗河溪，想必是以大山大溪的印象雀屏中選。我若是寫實畫家，應該會在這一細節上深化瀑布的內涵。

這兒叫屏南石澗，豐沛不斷的水源從屏風山發端，在此和山徑交纏綿延，最後流進南涌河，再匯

看到屏南石澗，還以為回到了台灣中海拔森林的溪谷。

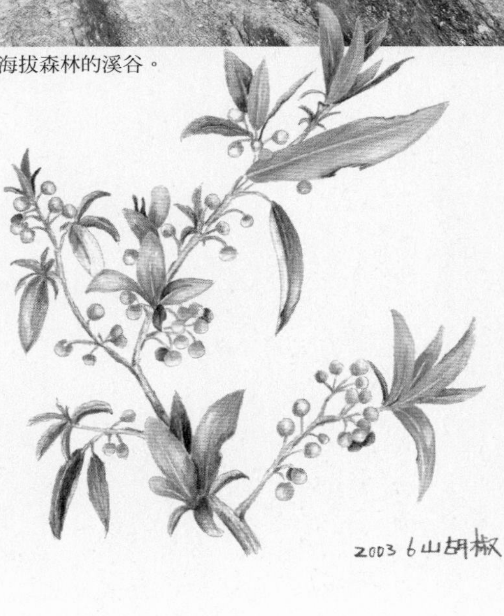

前有魚塘，後倚風水林和青山，南涌守著好風水。

入沙頭角海，故而名之。如是以典雅的北國風情粉墨登場，香港唯它最為淒麗清冷。

水瀑不遠處，山徑旁邊還有駁坎遺跡。由此推想，早年南涌住民也會上山耕作，但平地的耕地都已廢棄，這一森林環境想必也怠忽多時了。

跨過老龍田後，一直往下走便是南涌平原。南涌乃新界古村，沿公路底走向村口，果園和雜木林交錯，漸而平地草澤。草澤後有村屋，村屋後則有蓊鬱的風水林環抱。半年前，香港作家陳曉蕾和我來此拜訪。楊屋、鄭屋和羅屋等客家村落，靜寂地坐落山腳。站在水塘遠望，背山面水的排屋風景，以秀麗展開，以靈氣凝景，盡現香港自然的華美。

但這是表象，幾條村子都已凋零，年輕人多轉往外頭謀生。農田被荒棄，乾脆闢為魚塘，供外地人消閒垂釣。我觀看那紅樹林濕地，仍有水閘設施保留，不免揣想昔時的生活。潮漲時，村民打開水閘，魚蝦隨海水湧進。閘門關上後，魚塘豐收，白鷺也興奮地飛來覓食。這一豐腴的早年生活不再回來了，按理合當開發，所幸當地民風樸實，生怕滋擾，間接拒絕了觀光化，繼續堅持它的靜謐單純。

站在南涌，站在蓊鬱的風水林前，我得以奢侈地想像，這一美好的過去，繼續在今天守成。

（2011.11）

南涌濕地銜山臨海，變化萬千，宛如靈氣之地。

才過坪頂坳，還有一半的路要走，加油！

沙螺洞

香港最遼闊的山區濕地

新界北部

我的路線

鶴藪水塘↓沙螺洞↓鳳園，

約3小時。

交通

從港鐵粉嶺站C出口搭乘綠色專線小巴52B，抵鶴藪水塘。

難度

★★

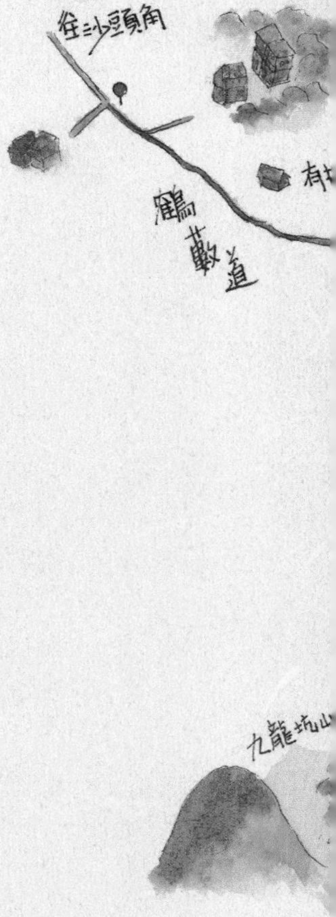

我會走訪沙螺洞，真是個誤闖。大概也只有香港的郊野森林，方能讓人如此肆無忌憚地遊走，進而意外地撞見。

話說中秋之後，有天前往鶴藪水塘。沿著左岸健行，湖畔盡是蓊鬱的水翁生長，印象甚為強烈。尤其是到了水塘盡頭的山谷，溪水淙淙間，水翁愈發蒼老、粗大，豐厚的樹葉層層交疊，遮陽成蔭，形成幽暗潮濕的森林。晶亮大紅的水翁子，纍纍垂掛。雖說果實小若山櫻桃，我還是牢牢記起，它是桃金孃科，蓮霧（香港稱為天桃）的近親。

開闊的柏油道路更落滿水翁子，挑暗紅的試食，帶著酸澀之味。友人說，小時他們喜歡吃酸甜的水翁子解饞。我猜想，以前生活貧窮，什麼野果都是美味。現代人被美食寵慣，恐怕難以接受了。但我更好奇，這些水翁到底是人為栽種，還是自然演替，煥發成香港郊山溪水環境下特有的林相。

沿水塘底徐行，數條小溪錯綜奔流，頗有粗獷的庭園景致。須臾間，上抵一處岔路，指示牌標示著兩個地方名，右回鶴藪，左往沙螺洞。

從鶴藪水塘出發時，南山下有一傳統小村叫東山下，遠眺它，雅靜如詩畫，很想走訪，只是捨不得眼前多條小溪雜沓而來，便毅然捨棄了返回的心念，直往沙螺洞的方向奔去。

甫邁開腳步，果如預期再邂逅一小溪。溪上一座石砌小橋。才驚喜著，眼前黝黑之林，更鋪就一段石磴山路。石磴以古法堆砌，邊邊角角踩得圓滑，並非現今敷以水泥砌成的工整和生硬，我因而猜想是古道了。

小橋加古道，面對即將前往的沙螺洞，遂興起美好的想像。翻開手上的《樂行手記》，地圖上那塊碩大的黃色標記，乍看比鶴藪水塘大七八倍，不免好奇著，屆時會是何場景。

鶴藪水塘主要用來灌溉。

水塘盡頭的森林小溪，流水涓涓彷彿庭園風景。

抑制不住美好的想像，決定不回東山下了。

走到此一古道石橋，隱隱感覺好風景要出現了。

古道旁有條隱密而水量豐沛的小溪，在陰森的林子裡伴護著。一路仍有石階必須踏蹬，多數時候泥土鬆軟。此等原始若有隻靈貓或豪豬從眼前晃過，一點也不感意外。有時穿透林葉的光線明亮了，視野略見開廣，八仙嶺、屏風山龐然地雄峙遠方。但多數時間只聞小溪的強健水聲，森林繼續以靜寂籠罩世界。當我困惑著路程還有多遠時，森林戛然結束。一個遼闊的草原世界在眼前碧綠而璀燦地展開，我彷彿走進了眾神的美好國度。

猜想這兒就是沙螺洞了。草原盡頭是芒茅之類高大的禾本科，唯有一青綠長葉的植物，處處綻放白花，近了確知是薑花。薑花到處，透露著這是一個潮濕的環境。可能許久未落雨，土地方才變乾燥。草原中唯有一條小徑蜿蜒。循前慢行，聽聞不少鳥聲鳴啼。

十來隻蜻蜓和豆娘梭巡著，顯見周遭有不少水域環境。一些林子和草原銜接的角落，薑花集聚更多。看來猶有濕沼之地，提供昆蟲們繁衍後代，但人不易前往。忽地又有一排暗綠的樹種叢立，仔細瞧仍是水翁。我研判，附近應該會有溪水。果不其然，循小徑前往，又有山溪伴行。

水翁在此沿溪密生，形成城牆般寬厚的樹林帶。早年兩廣一帶農家視水翁為經濟作物，春末時節水翁花開，摘採後晒乾可泡茶，或做二十四味。按此推論演繹，它莫非也是這兒早年的重要物產了？

後來就教香港魚類專家莊棣華，他認為水翁隨溪生長，自然演替成林，應該不會是刻意栽種。但我們都以為，此一水翁成林的天然狀態，或許是農家刻意保留，做為經濟作物。

小徑終於跨過小溪，橋下溪水緩流成潭。食指長的溪魚十來尾，在水中游動。後來才知，香港有兩種鬥魚屬（Macropodus）小魚棲息在此。

溪面則有好幾種蝴蝶，翩然飛舞於樹冠上層。在香港其他山區，偶爾會看到幾十隻或上百隻蝴蝶，

沙螺洞濕地是尋訪蜻蜓的幽境。

在一段山徑現蹤。但一處郊野，蝴蝶便有好幾種，終究不多。

隨即又有好幾隻蜻蜓梭巡著，豆娘則輕盈短暫飛行。我積極地想搜尋，在大浪西灣邂逅的藍色小蜻蜓，那是我在台灣不曾見過的。可惜，並未發現。只有一種中型碧綠身子的蜻蜓，身如虎斑，直升機般地快速來去。

離開小溪，草原繼續遼闊。九龍坑山腳，草原盡頭三四古意盎然的舊厝坐落，被高深的草林遮掩，我想那兒就是村子。從原始的山林出來，看著遠方，山腳又一村，真有騷人墨客走訪江南山水的情境。如此愜意往前，眼前迎來岔路。駐足一看，哎呀，三個郊野公園的指示牌豎立間，居中竟是一塊花岡岩的問路石，如石敢當般傲然地挺立著，我不禁興奮地呆望，端詳這一情形。

問路石上寫著簡單大字：

左往　沙頭角

右往　坪山仔

仔細解讀，鶴藪之後，山下即沙頭角，我行踏的果真是過去的古道。地圖上的坪山仔，也有塊平坦腹地，惟比沙螺洞的耕地小了許多。問路石面對著村子，看來是從沙螺洞這兒出發，昔時村民豎立，告知旅人前去的方向。

正在尋思當頭，一支隊伍從沙螺洞走來。方要探問，只見人人打扮都是暗綠色野外便裝。胸前掛著望遠鏡者有之，懸垂長鏡頭相機者亦不少，男女老少皆有。一看即知，都是自然觀察的愛好者。他們走得緩慢，彷彿邁向自然國度的朝聖隊伍。三五人成隊，不時蹲伏拍照，或觀看物種。

我和他們錯身而過，確定前方是沙螺洞張家村。走到一株老樟樹前，再回顧周遭，果真遼闊，除

當代路徑碑和問路石並列於岔路口。

讓人振奮的石磴古道，邊角或因踩踏呈現圓滑。

看到問路石，總以為自己和徐霞客活在同個時代。

了屏風山，另一邊是九龍坑山。這片草原被它們包圍，形成盆地狀。早年的村民便在此以豐沛的水源，從事耕稻生活。

未幾，走上一小高地，村子在眼前更清楚坐落，二十來戶人家後頭是喬木葳蕤的風水林。遙想當年，這兒恐怕是一處高地的世外桃源了。

入口貼著招牌，斗大的「山水豆腐花農夫涼茶莊」，下方還有客家私房菜，歡迎茶聚等字眼，看來古村落裡還有小餐館在營業。再往前，兩排四季桔栽植，形成迎賓小徑。裡面有三四人忙著柴火炊煮，好像待會兒會有大批客人前來用餐，說不定是剛剛的隊伍。但旁頭有一戶獨自生活，門口清楚大字，不歡迎進入。

檢視舊屋的破落瓦牆，山佩野具零落堆放的還不少。再看山牆頂端猶如險山聳峙，屋牆以泥土為裡，無疑是使用耕泥做為建築材料。回家後核對資料，方才驚知，沙螺洞張家村已有四百年歷史，村民祖先可溯至唐朝詩人張九齡，四百多年前即來此屯居，形成此區最早的客家聚落之一。我隔年溽暑，我從九龍坑山方向再來此探訪。他們將四季桔熬煮成汁，當成飲料，販售給遊客。我特別問及張九齡之事，村裡的老人家都言之鑿鑿，自詡為後代。

兩回到來，村人都懸掛白布條抗議，期待政府不要受限於郊野公園，盡快將此開發為公寓大樓。我望著村前的百年古道，不知如何述說。

香港古道最有意思的當為中途或尾端，隱匿如此一山上聚落。昔日屯墾者害怕海賊侵襲，艱辛上山，尋覓森林間可耕之地，以求活世溫飽。其後為方便村民來往山下，再修整山路。初闢泥徑，日後再砌石鋪路，形成石磴之道。我所走過的這一小段，如今稱為鳳馬古道。

又見青磚、紅瓦和人字形山牆，尋常的造型，我卻看不膩。

沙螺洞張家村看來很歡迎客人喲！

看到這張牌子就非久留不可了。

一九三八年時，有位愛好登山的英國人 G. S. P. Heywood 曾經走訪此地，前往沙頭角，他描述此地為香港最綺麗的鄉野山路之一，村前有松樹做為界標。但我並未發現，只注意到樟樹和茄冬。

張家村不只史蹟迷人，坐落的位置更是香港面積最遼闊的山區濕地，既是魚類更是蜻蜓的天堂。我期待藍色小蜻蜓，在此濕地出現。殊不知有一伊中偽蜻，乃香港少見種類。說不定當日，在我眼前飛逝掠過的，就是這一香港的小霸王了。

今夏再訪時，新聞方報告，沙螺洞有靈貓出現二回。山友還告知，有一種罕見的植物蝶花莢迷，此地才能記錄。看來此山區還存藏著許多生物寶藏，無疑是香港重要而獨一的自然環境。

一個傍海的當代都會擁有廣漠的海岸濕地，今日觀之乃理所當然。張家村的住民很怨恨港府不讓他們賣地築樓，但多一處社區出現，終不若一塊郊野的完整。擁有遼闊的非湖泊型的山上濕地，而且還兼存古聚落和風水林環繞，彷彿唐宋時代的如意鑲嵌著古老的瑪瑙，這合該是大都會最引人驕傲的內涵了。不知香港政府能否萌生智慧，解決此一困境。

離開張家村後，一條開闊的平坦大路向東。有人騎越野單車上來，直駛入草原，直教人擔心濕地破壞的問題。我沿此路下山方知，山下有一鳳園村可通此地，那兒即大埔蝴蝶保育園區。但旁邊正在起高樓，擋住了蝴蝶園的陽光。

此園植物多為蝴蝶蜜源和幼蟲食草，長期受高樓遮擋影響，植物難以生長，園區恐亦將不保。當地罕見的燕鳳蝶，希望不會就此滅絕。（2013.11 重修）

安靜坐落一角的鳳園。

我走進去觀賞發現不少蜜源植物。

不知是鳳園村，還是生態保育體在抗議？

馬鞍山

趕赴一場杜鵑花的盛宴

新界中部

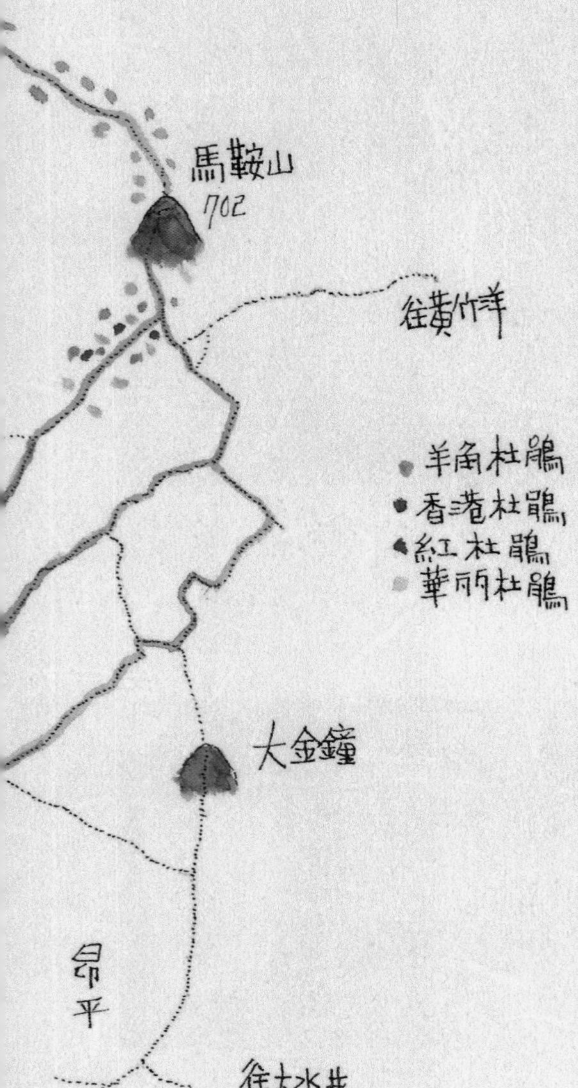

4

我的路線

馬鞍山燒烤場↓牛押山↓馬鞍山↓馬鞍山村，約3.5小時。

交通

在港鐵馬鞍山站（即新港城）或耀安邨搭乘NR84村巴往馬鞍山村，於燒烤場下車。或於恆安站搭乘的士，至燒烤場。

難度

★★★

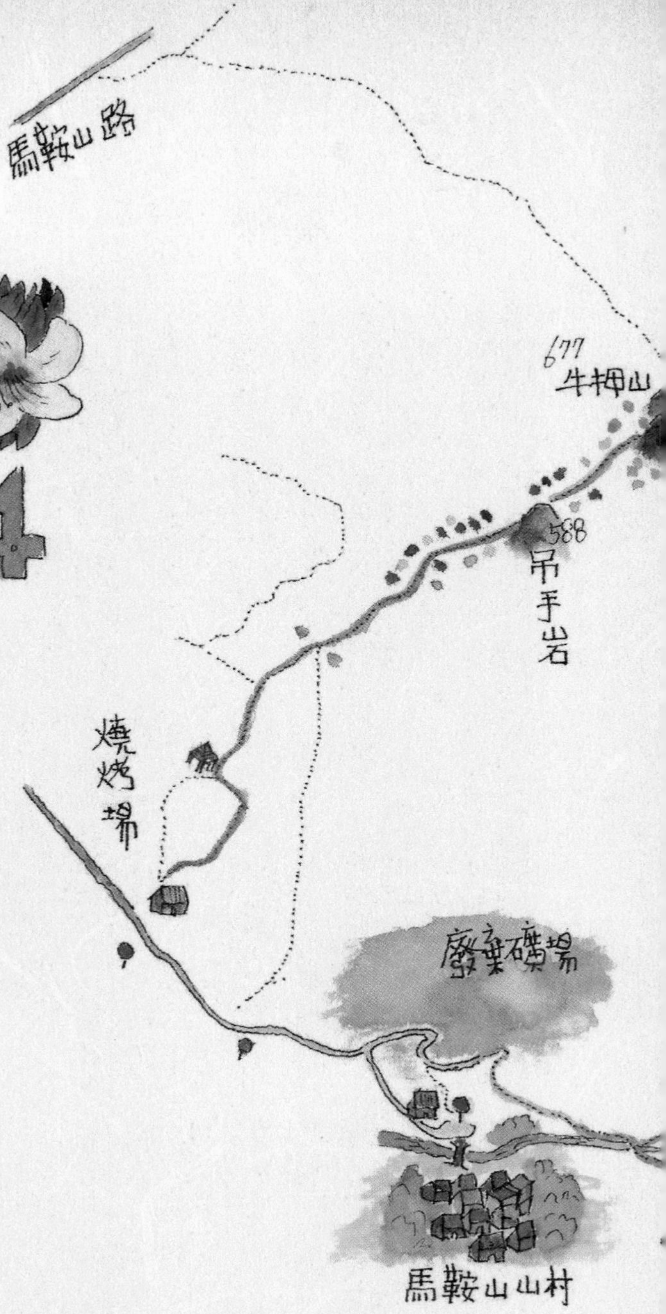

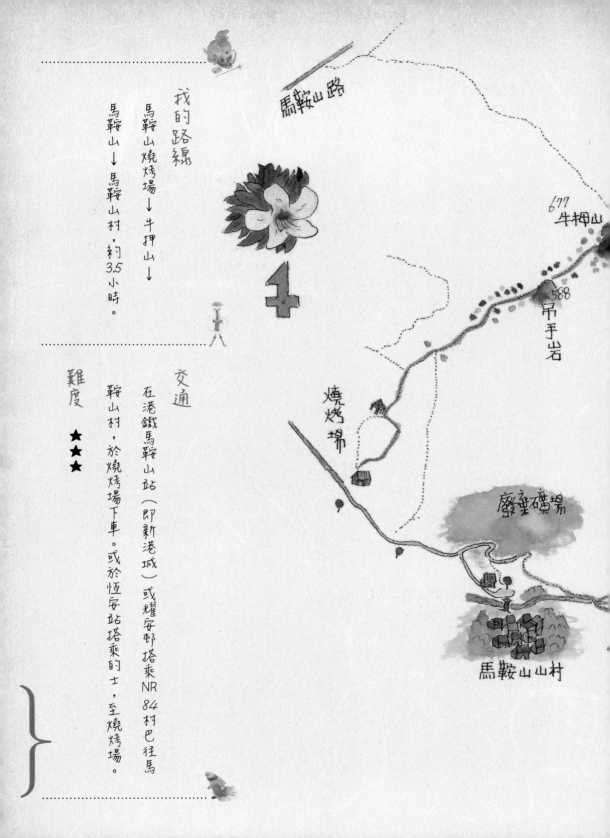

這裡是牛押山嗎？

灰暗的山雲不斷地從懸崖下方滾滾浮升，不時籠罩整個山頭。強大的山風再伴著濕冷的霧氣，一陣陣地快速灌過來。更糟的是，佇立的山頭缺乏山名標示，看不見任何其他山巒。

細雨霏霏，山路濕滑，我們已爬了近兩小時，每個人都有些疲憊。沒想到，抵達最後的山頂時，濃厚的大霧依舊不去。前幾日，得知杜鵑花盛開，氣象局預估今日是好天氣，才興起賞花的雅興，決定一大早攀登馬鞍山，怎知竟遇著如此糟糕的天候。

七個年輕的學生在等我決定。我取出地圖讓他們研究，自己再仔細觀察山頭。周遭僅有一張金屬製的警告牌，上頭寫著：「前往吊手岩和馬鞍山危險，切勿往前。」一般山頭都會有名稱，或者三角椿標示。但這裡什麼都沒有。萬一不是牛押山，我該怎麼辦？

左邊有條稜線，山頭似乎高了些，它通往馬鞍山嗎？右邊則是一條陡下的路，比較像通往馬鞍山的稜線，但為何急速下切？此時若走錯，勢必會吃盡苦頭，甚至帶來難以預測的危險。

我不得不請學生們等候，自己先往左邊稜線探勘。我穿過華麗杜鵑的花海，毫無戀棧觀賞的心情。等靠近那頂峰，再往前，腳下竟是萬丈斷崖，比右邊更為險阻。在迷濛的雲霧裡，倒抽一口氣。此路就算是馬鞍山稜線，我也不想去了。

轉回頭，站在高處，朝學生們呼叫。怎知霧氣迷漫，連呼叫聲都被風淹沒，他們無法望見十公尺外的我。還好他們人多，我可以清楚比較山勢。走回去後，再察看登山地圖。上頭標明牛押山左邊稜線不遠處稍高，一如我的觀察，終於確定腳下即牛押山了。

但到底往哪一個方向前進，這一重要抉擇，不能只靠一二線索立下判定，我再用手機跟通知花開

一路上華麗杜鵑最為常見。

粉的、白的，都是綻放的杜鵑花。

訊息的山友陳旭明求證。幸好，手機通了，他正在上班。

「牛押山有地名標示嗎？」

他回答，沒有。

我再查證，「牛押山是否只豎立一張警告牌，左邊不遠的山頂反而較高？」

他確切地說，牛押山便是如此。山頭確定了，但視線依舊不清，山霧茫茫，風聲呼呼。眼前通往馬鞍山的稜線，我並不熟悉。更擔心，學生的體力能否負荷。我跟他們委婉解釋，天氣不佳，還是按原路爬下吊手岩，以策安全。

學生們也默然接受，畢竟好幾種杜鵑花都看到了。況且，早先有位學生身體不適，未及半途就放棄下山。由於先有這個小小意外，山霧又如此迷濛，大家一路辛苦攀爬，心情難免忐忑。我的壓力愈發增大，不得不下達這個命令。

這時節馬鞍山清晨雖常山霧籠罩，但近晌午了，還不見方圓五丈外的世界，只有感嘆老天不夠意思。

我們係一大早從恆安站搭乘的士上抵燒烤場，再從家樂徑上山，這是目前觀賞杜鵑花最快的捷徑。為何大清早即出門，原來學生們下午還有課。再者，明天冷鋒即將過境，我擔心第一波杜鵑花期不再，因而趕在冷鋒之前上山。

初始，山路尋常，不久便抵達抓繩攀岩的高聳山壁。香港山巒少有陡峭，但馬鞍山不然。出發前幾日，學生問過山路狀況，我建議他們，最好準備麻布手套。果真，從這裡再攀爬，若無手套，對生手而言，挑戰度頗高。

一路不斷地辛苦陡上，回頭下望，只見燒烤場清楚坐落。不遠處，馬鞍山礦場開採後遺留的裸露

馬鞍山礦場遺留著一道道開採的痕跡。

賽馬會提供的村巴。

告示牌警告前往馬鞍山危險！

馬鞍山山村是此行的終點站。

地表清楚橫陳。旁邊的馬鞍山村，亦具體在目。

半世紀前，馬鞍山出產磁鐵礦，幾乎全輸送日本。鼎盛時期，山村附近住有數千人，儼然一工業小鎮規模。到了七〇年代，因為石油危機和新市鎮發展等因素，加上開礦成本大增，礦場才告結束。如今剩不到百人，窩集在山谷小村，簡單過活，靠著賽馬會提供的村巴往返。

第一道岩壁冒出華麗杜鵑時，放棄登頂的學生便在此感覺身體不適。年輕人喜歡晚上熬夜，我猜他因而精神體力不佳，一時又無法適應攀高。大夥兒遂停下來休息五六分鐘，看看是否有好轉跡象。

他害怕拖累大家，決定放棄。我當下安慰，請他放慢腳步下山。此一位置離燒烤場不遠，登山人很容易遇見，只要沿著唯一的山徑走下即可。分手後，我們保持手機暢通，隨時聯絡。

繼續往上攀登，山霧逐漸濃密，風勢亦增強。我繼續打手機，確定他下山的狀況。直到他抵達燒烤場，才放下心中大石。眼前濃霧卻帶來更大的挑戰，一陣陣霧氣伴著強風，間有雨絲紛飛。若持續惡化，身上衣物恐會濕透。

還好陡峭的山徑旁，不時出現杜鵑花叢，熱情地展現飽滿的瑰麗色彩，一掃心中的大半陰霾。遠方的險崎山壁更是出奇，總在雲霧散去那麼二三秒的縹渺間，露出一團杜鵑花叢璀璨的綺麗，再深鎖回雲霧裡。如此間斷地隱隱現現，彷彿潑墨山水畫的情境。

杜鵑花生性耐寒，多屬高山植物，同時是個大家族，單在中國境內就有超過五百種。現今城鎮雖已大量園藝化栽種，整個世界仍有百分之七十分布野外。香港的野生杜鵑有六種，分別為香港杜鵑、紅杜鵑、華麗杜鵑、毛葉杜鵑、南華杜鵑和羊角杜鵑。最負盛名的是香港杜鵑，一八五一年在港島發現，但被誤認，直到一九三〇年才以香港正式命名為新種。它們或許沒有栽培種的鮮豔，卻散發著自然美

要看羊角杜鵑得爬到牛押山附近。

華麗杜鵑的上萼片有點點紅斑。

香港杜鵑身世最顯赫。

紅杜鵑最火紅。

牛押山和馬鞍山主峰，一左一右相接如馬鞍。

態。那是唯有在山上正面邂逅，才會具體感受。

這一路段粉紅出奇的華麗杜鵑最為常見，每三五步總有那麼小一叢，或三四朵，在半途嬌美地等候。時而又有粉白雪亮的香港杜鵑，從樹叢頂端華麗地恣意迸發。只有即將盛開的紅杜鵑，矜持微微，尚未開展花瓣。此花若綻開，如火焰燃燒，最為耀眼奪目。昔時因而博得一震懾之名，映山紅。如今它含苞待放，彷彿在預示著，下個月若再來，還會有另一波嘉年華會。

不知何時，百合般優雅的羊角杜鵑也來湊趣了。於是，這叢又那叢，此團或彼團，幾種杜鵑粉粉紅紅映錯著，彷彿煙火施放，在濃密的綠林中，在雲霧的起落裡，燦爛地把整個山頭點燃了。

沿著吊手岩到牛押山，六種杜鵑皆能找到。香港其他山區也有，尤其是紅杜鵑和華麗杜鵑。但為何馬鞍山的杜鵑花種類多，特別集中且壯觀呢？我跟告知花訊的陳旭明討教，體悟了好幾個因素。

首先是地形之故。杜鵑花偏好生長在半遮蔽的森林。山勢崎嶇陡峭的環境，人為破壞的機會也相對減少。其二，杜鵑花偏好酸性土壤。馬鞍山曾是香港鐵礦產地。其地質構造裡，有一部分因酸性岩漿侵入含碳酸鈣的岩石，形成變質岩。此一瘦土環境適合杜鵑花的大量生長。再者，杜鵑花偏好濕度高微涼的環境。馬鞍山孤高於一隅，雲霧常繚繞，想來也是杜鵑花集中的重要因素。

如今每年三四月，為了一睹野生杜鵑的風采，香港岳人無不趨之若鶩地趕來朝聖。山下的馬鞍山市鎮也年年舉辦杜鵑花節，讓各地市民欣賞區內的各種杜鵑花。

濃霧的來去，意外地烘托了杜鵑花海的詭異奇美，讓大家驚喜連連，但它夾雜雨絲，繼續帶來隱隱威脅。山路愈加泥濘了，若不小心打滑，勢必摔得相當嚴重。學生們是否能在強風濃霧下攀上牛押山，我有些信心動搖。

好不容易，雲霧再散開。抬頭仰望，一山之後又一山高聳，好像永無終止。再往下俯瞰，自己彷彿站立百層高樓的牆角，看得教人心驚膽顫。我只能鼓舞大家盡量仰看前方，不要回望。休息時則設法蹲在林叢隱密的位置，避開山頭的迎風面。

終於來到一險峻岩壁，學生逐一在強風中援繩而上。時間拉長，行程逐漸遲緩。看著他們吃力地爬上來，我再度猶疑，如此帶學生登山賞花是否過於躁進？但眼看大家渴望賞花的興致不減，我要宣告放棄嗎？終於抵達一處感覺不能再高的山頭，左右各有一條稜線。大霧中，我隱隱感覺，這兒合該就是牛押山。

但這裡是牛押山嗎？惟多方查證確定後，茫茫大霧左右我的意向。

當我基於安全考量，宣布按原路下山時，幾位修築山徑告示牌的工人剛好走上來。他們十年巡山一回，為郊野的告示牌塗漆固樁。真是奇巧，今天恰好是十年的這一天。

先前他們即一路把山徑的路條卸下，更檢視沿途告示牌的損毀。半途，我們超越了，這回換他們迎頭趕上。我急忙再請教，通往馬鞍山的稜線狀況。

一經比較方知，從馬鞍山下山，可能較吊手岩輕鬆。抵達馬鞍山村的時間，也趕得及搭上村巴，我遂再改決定，管它雲霧籠罩，仍按原先計畫穿越稜線。

馬鞍山有兩個山峰，最高點俗稱馬頭峰，高七百出頭，副峰即牛押山，或稱馬鞍尾。兩峰之間連成優美的長長弧線，從山下遠眺，形同馬鞍，故而稱之。

從牛押山再出發，下不及十公尺，便見華麗杜鵑鋪滿山坡，一叢叢地綻放著，形成粉紅的花海，果真不愧華麗之名。整個稜線彷若上帝的花園，眾神遊賞的仙境。稜線瘦長，學生們原本走得小心翼翼，雲霧繚繞下，看不見下方紅塵，反而忘了懸崖高聳的可怕，全被迎面而來的綺麗花海所吸引。粉紅花海左一叢右一束，彷彿火燭沿著陡斜的山坡點亮，其他杜鵑則再次從遠方的崖壁怒放。此時，雲霧也不再那麼煩人，反而因其濃厚，遮住了正午陽光的直射，烘托出花卉的飽暖色澤。

如此一路欣喜和驚歎，不知不覺地走過。有種仙徑不過爾爾的錯覺，而我們竟在一個短短的早上，便實踐此一美夢。當我站上主峰，一如港鐵標語：「縮腳仔企定定」，回望這條香港山區最美麗的稜線，不免想到，以前從玉山主峰走到北峰，驚見杜鵑花海的盛況。

我跟同學們感歎，「你們真幸運，在香港半天即可爬上馬鞍山，看到不同杜鵑花開的美景，以後可以不必大老遠，辛苦去台灣爬玉山了。爬上玉山，還不一定有此機緣呢。」

馬鞍山不過七百公尺，在香港諸山，排名還未前三，竟能集香港多數杜鵑於一山頭繁華綻放，且物種之珍稀更教人驚奇。六年前，我初訪香港，尚不知此特色。第一次登山隨緣而走，從大金鐘過來，迷迷糊糊地率性登頂。只知山勢非凡，睥睨人間。今日回首，卻有不枉此一選擇的感動。

從主峰再下，杜鵑花海照舊，或在垂直高聳岩壁叢生，或在墨綠的鱗子莎草原奇異地綻放。雖無稜線的眾多密集，卻有另一番別致，在大山大草坡的遼遠和開闊間，展現另一層次的自然之美。

抵達大金鐘前，邂逅一位登山老手。他建議下切一條陡急小路，可更快抵達馬鞍山村。聽從其意，一路陡下，跨越一隱密溪谷後再越嶺。銜接尋常的石階山徑時，山村果真近在咫尺。

接近山村時，我不禁回頭，持望遠鏡細瞧，孤高的山頭猶披著紅白相間的杜鵑花，正在一年裡最秀麗的時候。突然間又想到，再過一陣，紅杜鵑勢將雍容地映滿山頭。心中更加篤定，兩三星期後，一定會再訪。學生們也興奮地附和，希望再度攀上這座最美麗的家山。（2012.5）

孤高的山頭猶披著紅白相間的杜鵑花。

山徑迂迴於鱗子莎草原。

大金鐘猶如一隻大型瓢蟲。

粉紅花海左一叢右一束。

茅坪古道

率性尋訪舊徑古村

新界中部

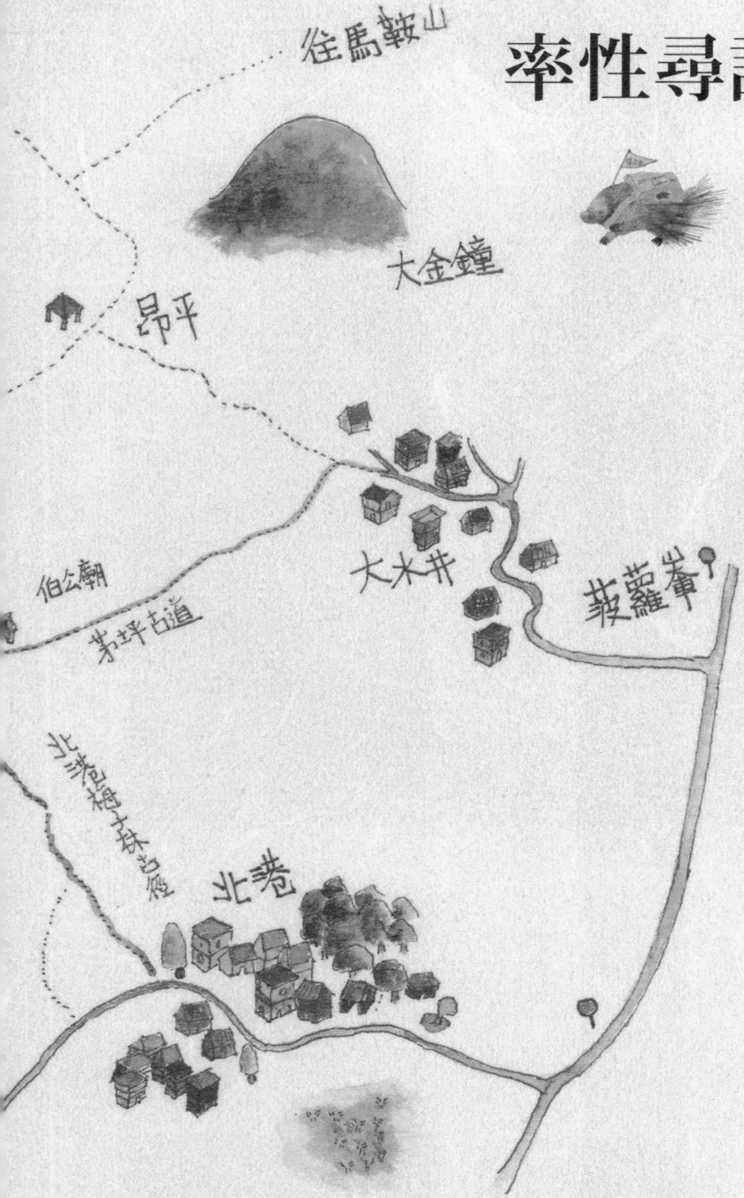

我的路線

菠蘿輋↓大水井↓茅坪舊聚落↓
梅子林↓亞公角，約4小時。

交通

從鑽石山巴士總站搭乘九龍巴士92或96R（假日），
在菠蘿輋下車。

難度

★★

想要去馬鞍山，循菠蘿輋路拾級而上，應該是西貢地區攀爬最快的路線。只見好些丁屋或村屋，沿著彎曲的水泥路傍山而立，各有自家院落。住在擁擠高樓間小小房舍的市民，被房價壓得喘不過氣，最渴求的生活空間，莫過於如是情境。但一輩子再努力掙賺，可能還是望屋興嘆者多。惟後頭的山巒是公平的，每個人都能來此享受自然資源。不分貧賤。凡愈親近的，享受愈豐富。

抵達一大岔路口，循麥理浩徑木牌，走進大水井聚落，一間白房寫著：「茅坪村公所。」我隨即想到，馬鞍山郊野公園有一茅坪舊村，不知現在如何了。旋踵，黃竹山、石壟仔等新村亦集中於此，不免心生困惑。後來才知曉，這些村子的舊聚落，散布在更裡面的山區，因為產業凋零，人口外移，全搬到此。

五年前初訪香港，馬鞍山是首登之岳。每次經過沙田或大埔墟，遙看山巒，都會看到它的高聳身影。一般人或以為尋常山頭，但我爬過，彷彿一見如故的老友。其旁大金鐘，近看如瓢蟲背殼般瑰麗，遠眺又如金字塔般雄偉，經常繚繞我腦海。還有險峙孤傲的馬鞍山主峰，居處遼闊之區，睥睨眾嶺。其唯我獨尊，更常是重要的地理指標。

初去時，只知登頂，如今熟稔了，很想在荒涼的草坡邊緣，拜訪一些在地稀有的植物，諸如杜鵑屬之類。我的好奇心境，猶如戰前旅居香港的英國動植物學者。他們在香港旅居時，對馬鞍山地理的青睞遠勝其他山頭。三〇年代前後，遂留下不少踏查此山的文獻紀錄。

沿石階上行，一段路程後，前頭仍是石屎路，頓覺生厭。左邊剛好有一泥土山路橫出，兩邊竹叢隱密圍攏，頗有產業小徑幽深的風雅，我又想起了茅坪舊村。

天然山岩錯落鋪陳，引領著我的心志。

野葛的花好似一隻隻小蝴蝶。

過了北港梅子林古徑交會路口，不時出現駁坎遺跡。

若繼續上行便是昂平，馬鞍山最開闊的台地。接著右轉，睽違多年的馬鞍山列就會如常以大山大景的磅礴迎接我。郊野公園的告示牌如是建議，鮮明地劃出這條石階山路。我卻因眼前的石屎路，排斥感油然而生。

不睬告示牌了！兀自想像著，自己如古人旅遊，憑直覺和過去的經驗研判，眼前橫出的山路，合該是條舊徑，極可能通往茅坪。或許，我可先繞到那兒觀看，再折回馬鞍山。

心意既定，遂邁步前去。一路平坦寬闊，緩坡而上。天然山岩錯落鋪陳，漫漫長長，既古意又保持完整，教人驚喜連連。其次，兩邊緩坡地野葛盛開著大片紫花，蝴蝶和其他昆蟲忙著飛舞採蜜。台灣常見的山胡椒和鹽膚木更是鬱鬱蔥蔥，兩旁夾道迎接。山胡椒的辛香，鹽膚木的鹹澀，都讓我充滿親切的熟稔。所有自然元素都明喻著，今天不只是美好溫煦的日子，眼前還是條難得的好山路。

新村在下，周遭無其他路線，我更確信自己正通往舊聚落。一路視野空曠，不時可眺望下方的白沙灣和牛尾海。心情開朗下，萌生了放棄繞回馬鞍山的念頭，似乎這樣的愉悅走路，足以充實一天，無需再登高索遠。

小走一段，中途出現了一座新修砌的伯公廟。廟祠旁有捐錢修廟的贊助名單，列了好一大串，猜想都是茅坪地方人士，我更加篤定這是條舊路。能夠按原始的尋路方法，不靠地圖或指南針，甚至是GPS。一個人悠閒地漫遊，前往想要去拜訪的村子，這是多麼難得，淳樸而實在的行山情境！

不及片刻，左側有北港村上來的泥土路連結，路口不少楊梅。他日再來，我才知曉。若按地理環境或當年的生活習慣，茅坪舊聚落東面的主要聯絡村子應該是它，大水井反而較偏遠。但後來，幾座山上廢村的公所都集中設在大水井，可能附近腹地廣大，較能容納吧。

北港立村三百多年，很值得走訪一探。這一客家聚落後頭不只有完整風水林，村前還有老樟之類的風水樹，默默鎮守莊園。六〇年代時，它和蠔涌、沙角尾都是西貢的重要農業區域，郊野仍殘存著不少農業景觀。村後不遠更有一石磴古徑，通往茅坪，可和沙田的墟鎮往來。此路即我眼前這條，若拾級而上，山勢較陡峭。山友取名，北港梅子林古徑。

從岔路起，林子裡不時出現駁坎遺跡，分處石階兩邊。溪水涓涓，散布著幹莖低矮的分叉露兜。不知過去周遭產業為何？若是水稻梯田，光是這一羸弱之水尚難支撐。若不種茶植香，恐怕只有旱稻、地瓜和竹蔗之類的物產了。但我也未找到任何相關物產的遺跡。

抵達十字路口交會地，黃牛群頻繁活動著。此地叫茅坪坳，北接馬鞍山，南連水牛山，東下北港，西往茅坪舊聚落、大水坑。昔時大面積農業開墾，樹林不多，可遠眺西貢內外海，兼及沙田海岸的俯瞰。山上還建有一所學校。梅子林、茅坪村、昂平村、黃竹山，以及石壟仔等四五村落孩童，皆以此為讀書識字之地。

後來拜讀資料，這幾村村民遷離至大水井後，學校便荒廢。日後年久失修恐有倒塌之虞，有關單位才將其拆卸，留下一塊地基，簡單建亭立凳，成為山友休憩之地。周遭環境進而植林綠化。沒幾年，森林蔭翳成形，更無法遠望了。

台地周遭不少廢棄的舊水管。對照現場的指示地圖，若要找茅坪舊聚落，非得往梅子林續行。我的腦海盡是浮現過去村落的美好想像，看來馬鞍山真去不成了。不久後，拔腿西行，果然又是鋪陳良好的石磴。仔細觀察，皆非現今機器工整的切割，而是山民就地取材，一塊塊手工打造的石塊。兩旁的黝黯森林更處處露出龐然的駁坎遺跡，顯見耕作面積之大，擴及整個台地。

右邊駁坎密林間，有間白屋舊舍遠離古徑。一位看似長年蟄居山間的隱士，正忙著修竹闢地，周遭仍有照顧良好的果園。再繼續往前，跨過一條水量豐沛的小溪。猜想是大水坑溪上游，左邊森林幽暗而原始，石塊鋪徑依舊完整，但狹小濕滑，試走一段，從地圖位置研判，合該是通往黃竹山小村的古道。忽聞赤麂聲不斷，添增此地的神祕感。

日後復有二回，走往黃竹山村落，時程不及一刻便抵達。一路皆為石磴舊路，兩邊則為荒廢的梯田。如今蓊鬱的樹林密覆，難以辨識昔時產業為何。但在最下方的荒田空地，發現一組石磨，研判此地過去應該種植竹蔗為多。黃竹山聚落緊鄰溪邊，現下多為陰森、荒廢的石屋，規模甚是壯觀。

但那天我更好奇，沿溪下行會看到什麼，因而沒幾十步便匆匆折返。一路又邂逅好幾間廢棄的農家民宅。那等殘垣舊牆沿途散落，彷彿有一繁榮農耕，在某時突地大撤退，不再復返。村徑旁尚有一修葺良好的劉姓廟祠，看來我的本家在此是主要落戶。細瞧那祖祠，門面修繕良好，清明等時節想必有人回來祭拜。

茅坪舊村何以能坐落此地，或者上游為何還有黃竹山聚落隱匿深山，當然跟山上豐沛溪水的存在有關。接著又逢一溪圳之橋，橋側刻有「1957KAAADOT9」，猜想數字告知著築橋的年代，前四個英文字母應該是嘉道理農業輔助會的縮寫。當年此會協助貧窮的難民自力更生，勢必擴及到此，撤退的時間想必是六〇年代以後的事。

不遠後，又有一茅坪伯公祠和山神並立，坐落路口。這等村頭村尾土地公的內涵，近似台灣山村。此後，路旁更見幾罐收納骨灰遺骸之罈。後代子孫雖搬遷下山，祖先的遺物仍在，顯示此地山林跟他們還有親密的關係。

從茅坪坳往北港方向下行，約十分鐘路程，便有開闊視野，白沙灣景色躍入眼簾。

茅坪坳真的好開闊。

搬不走的竹蔗石磨彷彿歷史石碑。

這些數字和英文記錄著困苦年代。

森林經過大半，我才驚覺，不論東面的灌叢區域，或者西面的密林，都截然不同於香港島和大嶼山的林相。這是座大頭茶、崗松很少生長的森林，林子裡也無山油柑、黃牙果或小葉買麻藤等港島常見的秋果。此區馬鞍山森林擁有自己的原始，跟香港多數山區不盡相同。

我正在思索時，突見枝椏亂顫。只見一隻變色樹蜥，像猴子般靈敏地移動，快速地跳躍，再爬上樹冠。牠擁有雞冠般雄偉的頭部，還有全身披著變色的盔甲，儼然一裝備良好的科技戰士。我停留觀察牠時，旁邊剛好出現一隻體型碩大的黑領噪鶥，兩造體型接近，彼此卻不搭理，各自搜巡獵物。

一般說來，樹蜥的雌雄個體頭部有些差異。雄蜥頭部如公雞之雄偉，幼小時頭部更明顯碩大，藉此嚇唬其他掠食者。我猜眼前是隻雄蜥，體型比台灣的攀木蜥蜴大上一倍，長達四十公分，但光是尾巴即占據大半。據說牠很常見，廣泛分布嶺南地區。我卻是初次見到，莫非是這蓊鬱森林帶來的機運。

後來下山了，在梅子林的水泥路上，再度邂逅一隻。正午時間，居然大刺刺地趴伏在柏油路上，安然地享受陽光曝晒。但牠少了鋸齒狀的頭冠，應該是隻雌蜥或亞成蜥。變色樹蜥如其名善於變色，身體隨著環境巧妙地轉變深淺。我記錄到的兩隻，色澤差異頗大，彷彿不同種類。

我還看到某種石龍子幼蜥，全身飽含色彩豔麗的黃紫條紋。原本以為牠只會在草叢鑽探，快速躲閃。未料竟機靈地跳躍，從地面立定跳遠，騰空，彈出三十公分的高度，閃身至樹枝上。相信這也是躲避敵人的絕技。

出了泥土山徑，梅子林在望。腳下有許多掉落的青綠山果，彎腰撿拾，輕咬一口，酸澀如梅，卻有回甘，原來是果核頂端有五個小孔的南酸棗。抬頭仰望其形，稀疏整齊的樹冠，甚是典雅。

梅子林坐落地理位置絕佳，只是改建許多。黑瓦舊房所剩無幾，不復古意。現代之村屋和丁屋的

變色樹蜥背部有一排脊突，所以又叫雞冠蛇。

樣貌，跟後頭矗立的石芽山也格格不入。村口銜接水泥大道的攔水壩附近，有處鐵絲網高懸紅布條，抗議政府漠視當地民意。我猜想八成是政府不讓村民賣地蓋樓，一如沙螺洞。

回家後翻查，果真有此一新聞。擁有土地的建商嚴峻否認即將興建，但沒人知道這「即將」的背後，是否還有其他等待的意義了。不少森林古道之旁，都有此城市開發的隱憂。我的美好山行終點，總有此驚嘆號浮出，逼我嚴肅思考香港缺乏居地的困境，這一山林和城市間如何平衡的問題，恐怕亦是行山護林者不得不面對的現實。（2012.4）

梅子林有一蜿蜒小溪。

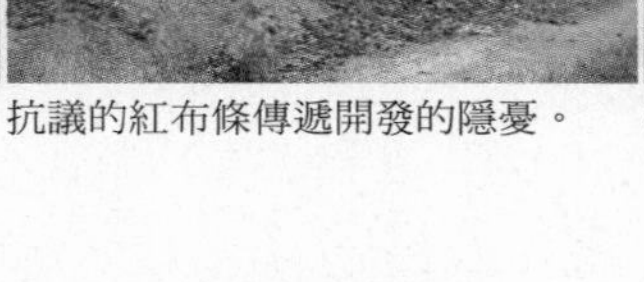

抗議的紅布條傳遞開發的隱憂。

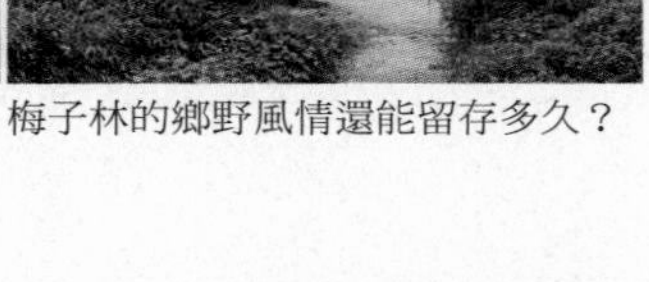

梅子林的鄉野風情還能留存多久？

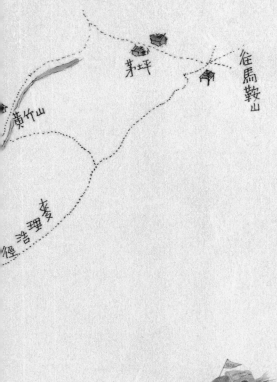

大腦古道

誰在偷伐土沉香

新界中部

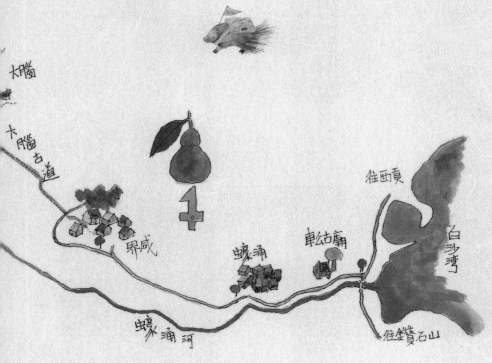

我的路線

蠔涌↓界咸↓大腦↓花心坑↓鄭屋，約4小時。

交通

從鑽石山巴士總站搭乘往西貢巴士，如九龍巴士92或96R（假日）等皆可，在蠔涌下車。

難度

★★

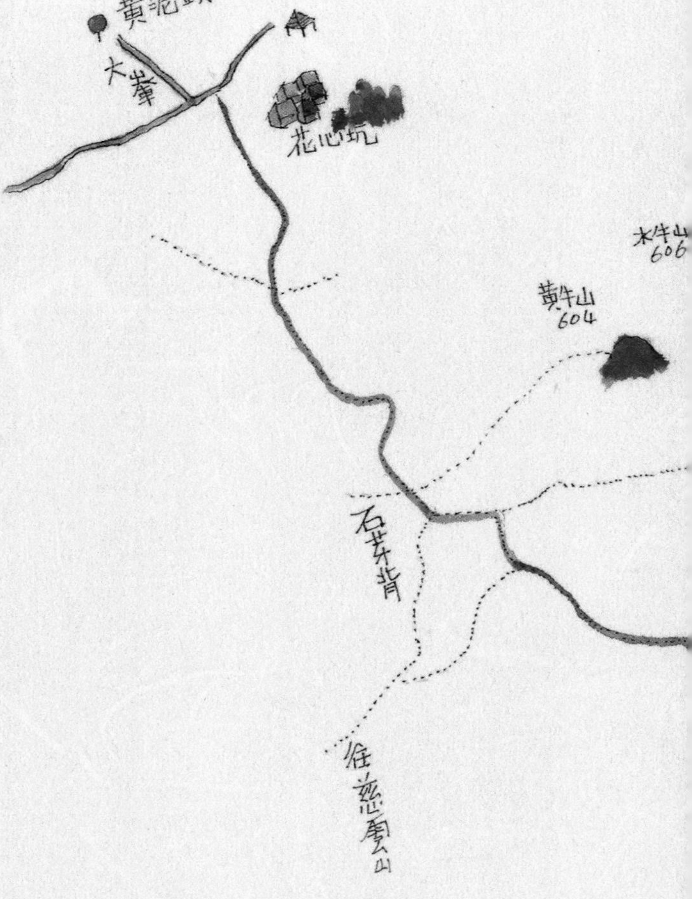

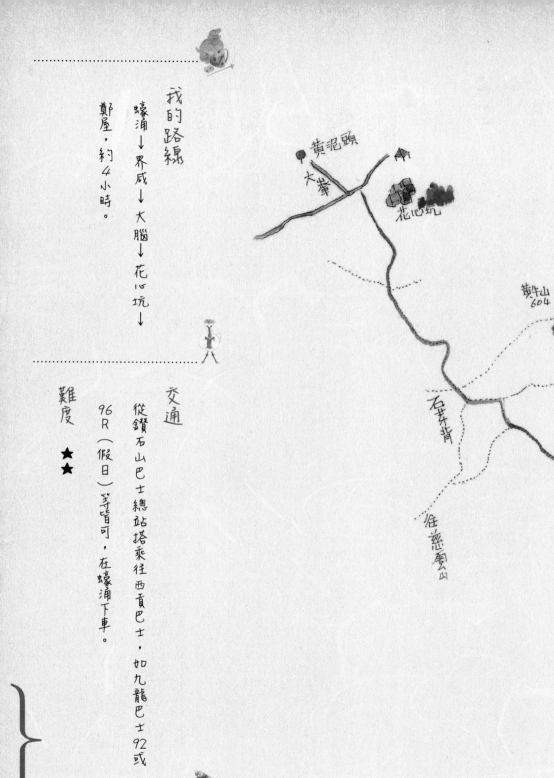

初次拜訪大腦古道，並不知當地有那麼多土沉香。只是想去探看，這條隱藏於馬鞍山下的古道，為何少有人提及。沒想到，卻邂逅了諸多此一香港森林最珍貴的樹種。

其實，過去我便一直在探查。有回，還在谷埔做了實驗。從這一平坦山谷漫遊，一路行山到新娘潭。沿著崎嶇的古道，約莫兩個多鐘頭，都在尋找。

嶺南地區早年即盛產土沉香，供應大陸、阿拉伯等地。宋代（一一一六年）寇宗奭《本草衍義》便有詳載：「嶺南諸郡悉有，傍海處尤多。交幹連枝，岡嶺相接，千里不絕。葉如冬青，大者合數人抱，木性虛柔。」這段九百年前的敘述，精彩地描述了土沉香分布的景觀，更簡要地提及土沉香的外貌特徵。當時是如此普遍的產業，後來連香港沙田、沙羅灣等地都有廣泛種香的紀錄。

早年種植土沉香，主要係提煉樹脂，做為生活薰香、線香和藥材之用。豈知，土沉香製出的香料，日後貴重如黃金，在競相爭伐下，大陸很多栽植區幾乎滅絕殆盡。香港山區擁有保護良好的風水林，又有郊野公園限制開發，目前可能是數量留存最完整的地方。此樹偏好低地森林環境，我因而看上谷埔周遭的原始山路，想要細數看看，它的分布情況究竟如何。

冬初時節，土沉香不著花結果，頗難辨認。我必須集中心力，尋找那類似榕葉的短柄葉子，端量葉脈的細密橫紋。再從灰白的樹身加以輔證。走了半小時，在百年的石磴山道旁，終於發現一棵。高不及肩，看來仍是瘦弱的小樹。

我相當振奮，這是在香港最早發現的一棵。只是欣悅之餘，難掩悵惘，因為那兒海拔接近一百五十公尺。沒想到走了大段路，竟只發現一小棵。我的失落更在於，此棵如此瘦小，又已離開風水林，因而悲觀地揣測，稜線可能不會有土沉香分布了。果然，繼續往上，終無所獲。

土沉香的果實乍看像小枇杷，成熟破開時，會抽出絲線吊掛種子。

隔沒幾日，在前往上窰村的村徑，半途也有一二幼株，漁護署還立了解說牌。依此經驗，如今要找到大樹恐怕不易。

說到土沉香，我們必須先談談「沉香」。這個富有動感兼具氣味的美麗名詞，並非某一專門樹種的名字，而是這類樹木的泛稱。能夠產生沉香氣味的有好幾種，散布世界各地。只是每種的香氣都不同，也非每棵樹都能產出沉香。

土沉香更不是這類薰香之料的最早利用樹種，依據史料，最先擷取的是某種熱帶地方的植物。當地土人熟知，此樹受割後會流出樹脂。樹脂凝結後，燃燒會釋出香氣，可做為香料。若放入水中，因密度高，還會沉到水底，故而以沉香稱呼。後來因各方索求殷切，沉香樹遭到盲目開採，大量減少。日後才會以嶺南的土沉香做為代用品。

以往抽取樹脂的方法有二三種。最傳統的擷取，往往先找到適合的大樹。割開樹皮一小段，利用天然真菌入侵樹幹的方法引香。樹幹的樹脂流出，不斷積聚，隔年才收集。後來考量到對樹身的傷害，才改為鑽洞採集。

另外一種則展現急功近利的粗暴方法，砍伐者往往蠻橫地截取樹頭一段。把木塊加熱或燃燒，讓液體滲出，再收集樹脂。市面上有所謂的沉香木，即緣自樹幹或樹枝的樹脂散發香味，進而以此做為買賣，牟取暴利。

若依傳統的經驗，土沉香通常長到三十歲，發育完整時，最適合割取樹脂，或取允當的木塊，製成香料。但若要結出上品的沉香，可能又要一二十年的光陰。經過長年歲月的沉潛，香氣才更渾厚。

麻煩的是，並非每一棵都會產生沉香樹脂。從植物外觀，很難辨別是否會釋出樹脂。為了找出適當的個體，經常會砍倒好幾棵樹幹，才能找出含有樹脂的那棵。個體是否為上品，更端賴運氣。土沉香被砍伐的現場，於是常出現好幾十棵樹幹支離破碎的慘狀。

整體觀之，從種植到取香，勢必得花費半世紀的時間。如此耗時，又要大量砍伐，基於整體森林的生態保護，土沉香並不適合做為經濟產業。晚近很多國家，包括大陸才會禁止砍伐。

由宋代以降的文獻顯示，土沉香甚少踰嶺南以北，多半分布在廣東之地，偏南之南。東莞地區產量尤其豐富，土沉香因而有一別名莞香。香港被規劃入新安縣以前，隸屬東莞。新界地區不少斜坡環境都適合種植土沉香，因而香業發達。樹脂不易提煉下，有的退而求其次，以木頭做為線香和藥材。港島南區內的石排灣，過去因地利之便，乃成為周遭莞香的主要輸出商埠。由一艘艘大眼雞船載運至省城，再輾轉北運。香港之名從何而來，即有此香料一說。惟此千年大業，在康熙年間，因憂懼鄭成功反清復明的海洋勢力擴大，朝廷強迫沿海百姓內遷。諸多老樹遂遭剷刈殆盡，種香事業從此一蹶不振，土沉香重新隱跡為森林樹種。

如今沉香的高價誘引不法之徒，潛入不同國家的森林，持續進行非法砍伐和貿易。前些時，大嶼山才發生大陸人偷渡砍伐的事件。根據國際野生物貿易研究組織（TRAFFIC）的資料，國際貿易市場銷售的沉香，大部分輸往遠東及中東地區，台灣、香港和阿拉伯是全球最大的沉香消費國之一。看到這個數據，我的感慨更深。香港曾是沉香輸出之地，今日竟反成輸入的主要市場。

我在香港行山，看到昔時產業的廢棄之地，比如種茶、種稻，都會百般追探，更想細究當年種香的風華。但仔細深思，香港一百多個風水林裡，百分之八十都有此樹分布，分明是中國最好的土沉香保育地區，怎麼可能只是眼前的幾株幼苗？

我對自己在野外邂逅的，當然不甘心只是這麼一二棵幼株。總期待著，日後行山，終會邂逅龐然的大樹。不想，這個願望竟然在探勘大腦古道時實踐，還被森林的景象所震懾。

那天到底發生何事呢？容我細述如下。

從西貢有小巴駛抵大腦古道入口的界咸村，但我和友人選擇從蠔涌的村路開始啟程。我會如此選擇，主因下車地點，有條開闊的蠔涌河。還有進入村子前，坐落一車公廟。

蠔涌河其實不寬，但相對於其他香港的溪河還算開闊，它所沖刷出的平原，更吸引我的探訪樂趣，先前曾循西貢古道走訪。這回，我決定由此步入嚮往已久的大腦古道。

車公是一位最早在此開發的人，日後受到當地鄉民感懷而立碑蓋廟。車公廟前即昔時村路，通往九龍和沙田，如今拓寬成山道。

片刻，抵達蠔涌，村子種有各種果樹，波羅蜜、龍眼、釋迦、荔枝和黃皮等。再往前行，約莫半小時抵界咸村，村口有西貢駛來的小巴終點站。穿村而過，多為丁屋，尚有古屋數間。

抵達古道入口，《香港跳蛛圖鑑》作者帶領一群年輕人在捕捉跳蛛。他們安置跳蛛的器具，仍是露兜樹葉子去邊刺，做成傳統的小草籠。每個籠子裡裝有一隻。

古道入口不明顯，沿著水泥山坡上去。一望即知，現代水泥工程把古道口破壞了。進去後，隨即是原始森林，石砌古道只有孤瘦一線，比黃竹山古道更加陰森而濃密。林相充滿原始、失落的陰暗氛圍，跟其他明亮的山區截然不同。無庸說了，這便是風水林的內涵。緩緩踩踏著，內心充滿歡喜。約莫半小時後，穿過隱密竹林，逢一伯公祠，旁邊有溪，顯見前方不遠即大腦古村，我們在溪邊休息一陣。

再往前行，忽見旁邊有一土沉香枯死立木，根部被刨出一個大凹口，明顯地有人在此砍伐。立木

村子前有一車公廟，安放許多神像。

魚身形的排水口。

蠔涌村典雅的古屋。

我對蠔涌河充滿探訪的興致。

露兜草籠好似迷你版的手機套，用來安置跳蛛。

上尚有青綠小葉生出，但我很懷疑，它還能生存多久。過去，從未見過土沉香大樹。眼前的枯木，只剩下及身的軀幹，無葉子可辨認，如何確定眼前是棵土沉香？很簡單，樹頭根部位置，被挖了一個大凹洞。淡灰色的軀體，更透露了樹種的身分。但這是某一單位的自然科學研究，還是盜香者採用最粗暴的手法，直接刨取樹頭呢？

我帶著困惑繼續往前，以此大樹灰白的外貌搜尋。過不久，又看到了好幾棵，體型更加巨大，橫倒在密林裡。有的軀幹未死，仍嘗試著從側邊，顫巍巍地長出青綠的幼苗。我再由葉子悉心鑑定，確定是土沉香。所有倒掉的都是。擷取者為了獲得香料，眼前所見每一棵，都會截斷和刨取。樹皮翻掀，樹幹散落好幾段。

有的樹徑比我粗壯，雖無宋代《本草衍義》所云：「大者合數人抱。」我伸手擁抱，還是難以環繞。土沉香需要半甲子的成長，才能達到取脂凝香的條件。如此壯碩，想必都有四五十年的自然涵養，但它們卻在我眼前的原始森林逐一倒下。

繼續再出發，前有駁坎。廢棄的古厝形成一排，傾圮多時，唯有公祠還佇立。水管破舊，石磨殘留。有人最近才來，噴了大量除草劑，村裡的草枯死大半。

抵達村後的另一祠堂，周遭都是梯田駁坎之地，或繼續是廢棄的村屋。大腦古村明顯比北邊的黃竹山古村開闊許多。祠堂左右各有一條山路。我們正在猶豫選擇何路時，發現過了溪邊還有一寬闊地，一對古意的石磨就在那兒。

石磨不僅完好，下面的地基亦保持。牛隻拉磨的空間亦完整。這兒是梯田最下方，我想像著，一層層梯田都種了竹蔗的可能。等竹蔗成熟時，運到下頭來榨蔗汁。農民再將蔗汁熬製成糖，運送到下

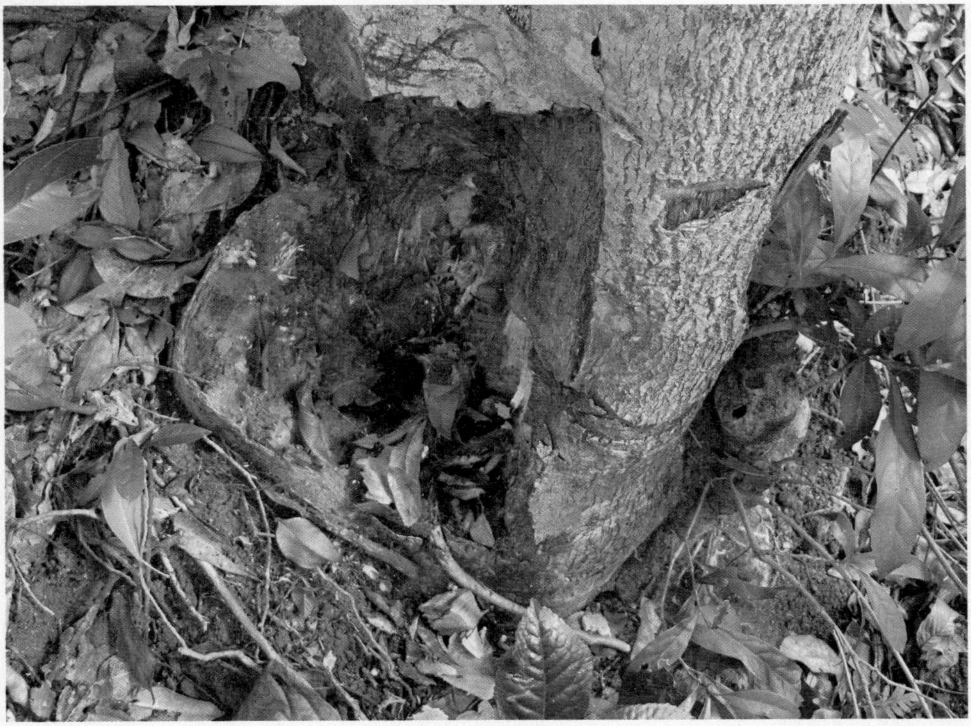

被刨根的土沉香，教人心痛。

被砍伐後的土沉香長出嫩葉。

方。黃竹山和大腦兩村，合該都是如此。

觀賞後，從祠堂左邊的石磴古道上行，村後仍是原始的風水林，我繼續驚駭地發現，到處有土沉香遭到砍伐，倒在地面的體型都十分粗大，樹胸徑甚至超過一人抱，想必都有三十年以上的歲數。

無疑的，我在大腦古道所見，一定是盜香者才會使出的殘忍行徑。為了香料，寧可錯殺，不可放過一二。土沉香彷彿一隻隻即將滅絕的犀牛，被盜獵者非法射殺。犀角消失，軀體橫死在非洲草原上。

此山路不明顯，一路未遇到任何登山人，最後它不明顯地銜接到麥理浩徑。例假日的麥徑隨時有路人經過，但絕少會從這兒下山。盜香者想必知道，才敢公然竊取。我們從麥理浩徑轉往花心坑，半小時後，下抵黃泥頭。

如此大面積的盜伐，盜香者想必是攜帶電鋸上山，只顧牟取香料的暴利，才會枉顧土沉香的永續生機，惡狠狠地讓它們枯死。我真不敢相信，此一接近香港地理中心的森林，竟有盜香者如此明目張膽地潛入，還貿然地連番砍倒數十棵年歲悠久的土沉香。

他們竊取了香港森林最珍貴的樹種。根據香港《林區及郊區條例》規定，林區的植物及政府土地上的植林均受保護。如果觸犯，最高可罰款二萬五千元，以及監禁一年。美好的風水林遭到嚴重浩劫，處罰竟不過爾爾，委實太過寬鬆。漁護署恐怕得正視這個嚴重的偷伐行徑。

前些時，一些山友已在討論，呼籲港民注意，大腦廢村的森林有人在偷偷砍樹，只是都不明白砍樹的原因。我現在沉痛地明白告知，這是在盜採可以製作香料的瀕危樹種。中國土沉香保護最完整的山區之一，正嚴重地遭到荼毒。

以前香港的土沉香為何保護完好，無庸說，這是風水林和郊野公園存在下才有的傲人成績。如今

我不斷驚駭地發現土沉香巨大的殘骸。

談沉香產業的起落，關心它的保育狀況，不只是看到物種開發的歷史縮影，更有城市郊野保護的指標意涵。

我的熱情尋找雖在這樣的驚駭下結束，但知道它的天然更新率不高，如今又持續遭到盜伐，關切愈是增加。其他香港山區，想必也面臨類似的危機。港府豈能漠視，任由這樣的屠戮持續下去？

我期待著，下一季節的行山。想在夏初，看到一顆顆土沉香綠色的小果實結出，安然地懸掛在樹上。更想在秋初，看到它們從底部伸出長長的絲線，像秋蠶吐絲，把種子吊在半空飄蕩，準備遷徙到遠方。日後長出，我常看到的小小幼苗。

我還要遇見，象徵風水林完整的土沉香大樹，受到更落實的保護，巍然地矗立眼前。不再被刨取，不再悲慘地橫倒於香港的風水林。（2012.5）

大腦古村遺留著完好的石磨。

在古道中途遇見舊日駁坎。

花心坑的菜畦。

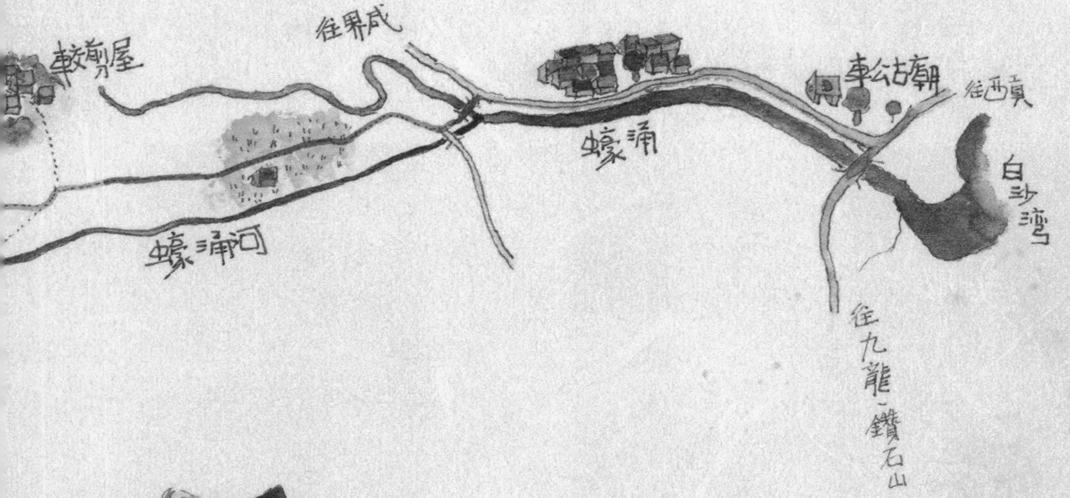

西貢古道
涓涓水源的啟示

新界中部

我的路線

井欄樹↓黃麖仔↓大藍湖↓蠔涌，約3小時。

交通

從鑽石山巴士總站搭乘九龍巴士，91、91M、92皆可，在井欄樹下車。

難度

★★

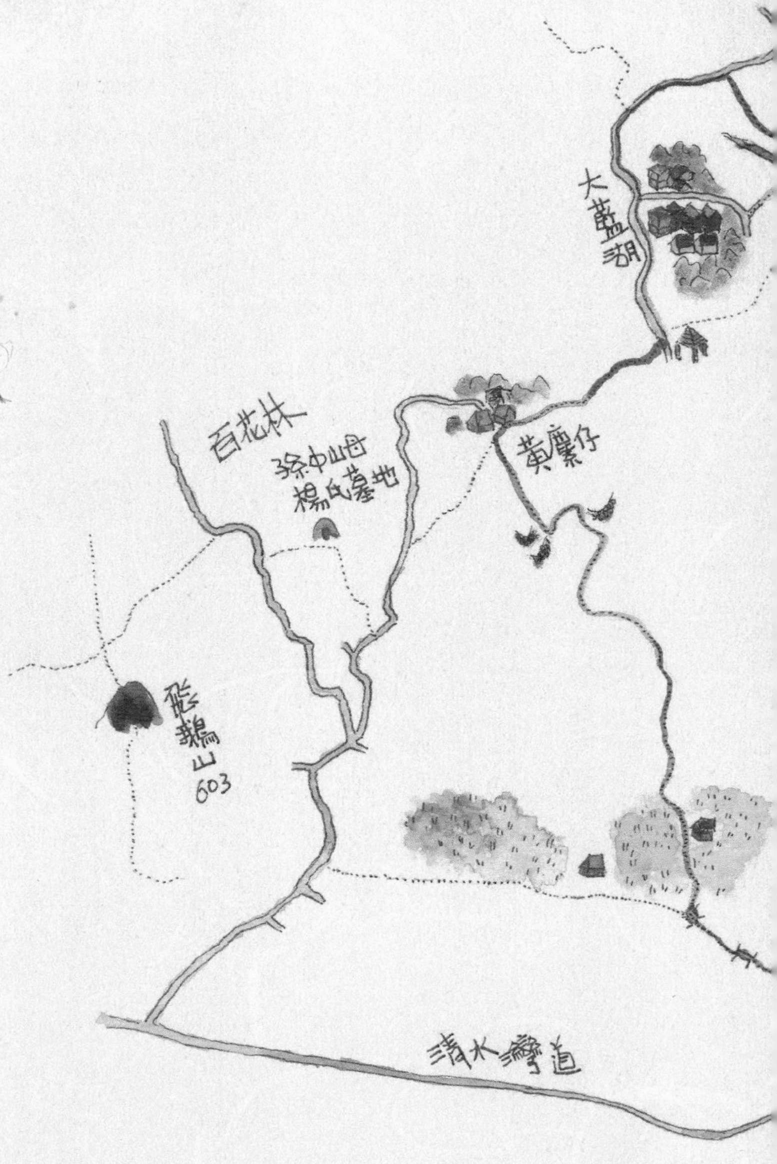

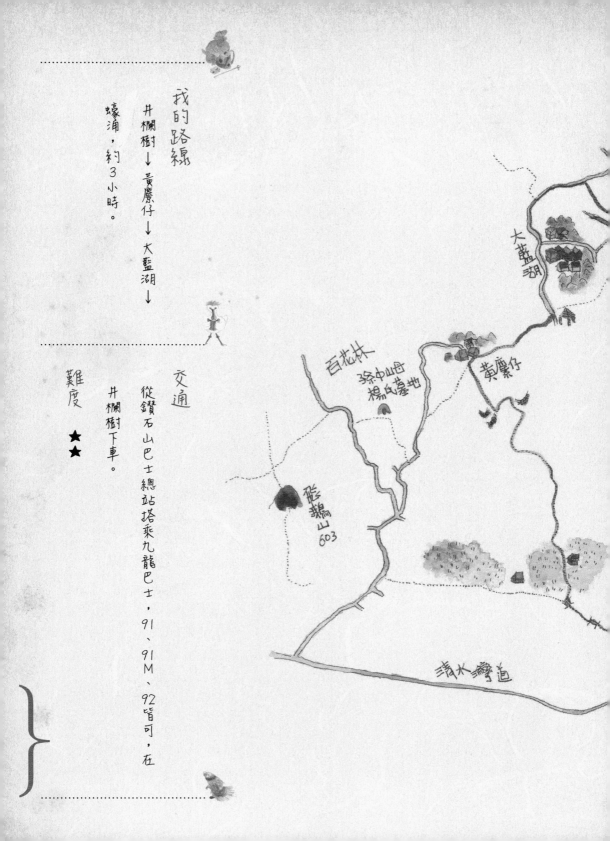

初春時，意欲從井欄樹走到蠔涌，探看昔時西貢到九龍的古道。這條舊路可能只是鄉間小路，不像沙田到九龍，既是村民買賣交易之道，更是沉香運送的山徑。但它橫越的位置剛好居於西貢、九龍和沙田三地之間，自有十足魅力。

在井欄樹找了一陣，方才確定衛奕信徑的可能位置。此地登山路徑標示不清，我甚感困惑。隨行的山友陳旭明告知，山徑步道若要在村裡清楚標示，必須經由村裡認可。

由此事看來，井欄樹當地人顯然對此路徑變成大眾郊遊之道並不歡迎，因而缺乏鮮明的指示牌。確定路線後，微妙地發現，路途只有一個泛黃的衛奕信徑路牌，不明顯地貼在溝壁。

登山口找到，但一開始起步，還是走錯了。我們被一平坦開闊的石階路引領，走向飛鵝山。約莫六七分鐘，步道繼續筆直朝前，並未轉向西貢。查對地圖方知，腳下是通往百花林的步道。百花林葬有孫中山母親楊氏。孫中山後來當了中華民國國父，此一地理便有風水絕佳之說。

在山裡誤走，總是有意外的風景。步道環繞著一開闊的橢圓山谷，濕地草木生機勃勃，蓊鬱的風水林環繞，遂形成郁郁青青的綺麗環境。再仔細檢視裡面的水生植物，數量最豐富的竟是別地少見的水蕨（過貓）族群，可能是我在香港記錄最豐富的地區。野薑花和輪傘草亦分布不少。我猜想，此地過去應該是栽植水稻或魚塘的環境，荒廢形成此一狀態。

折返村尾，經過一處農家叫休悠田園，籬笆掛有牌子，上頭寫著：「歡迎城市人到此當自耕農。」旁邊石階山路即通往西貢古道，循此蹬行，旋即進入一個沒有外來樹種的蔥蘢森林。

過了一個春天的煥發，森林裡的葉子多而稠密，色澤亦轉為暗綠，山徑愈加陰森。不少大樹露出板根的外貌，印象最深刻的是黃桐。它是風水林常見的優勢樹種，樹身筆直粗壯，高立古道旁。此時

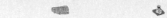

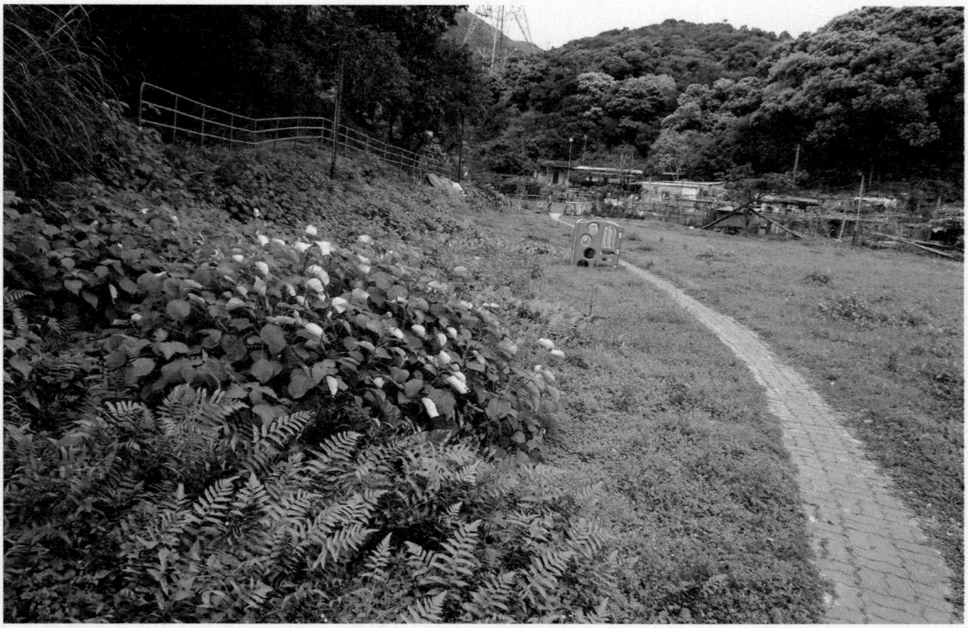

在井欄樹繞了一陣，肇因登山路徑標示不明。

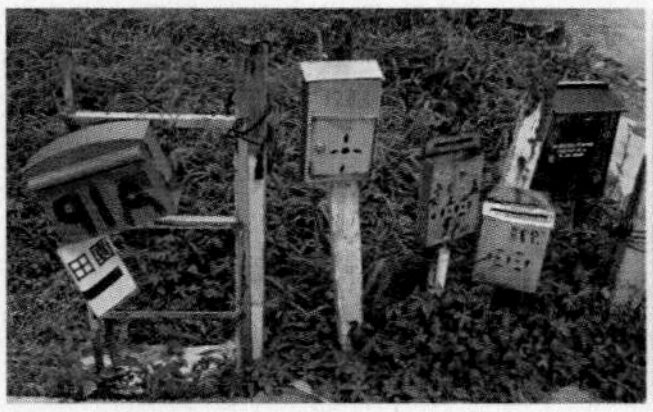

農家信箱集合一處。

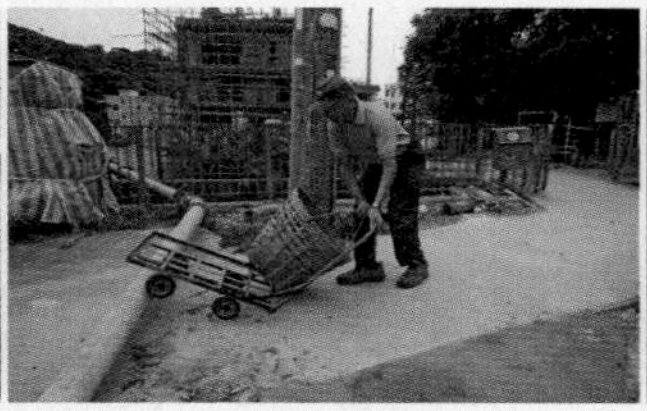

工作中的村人也是風景。

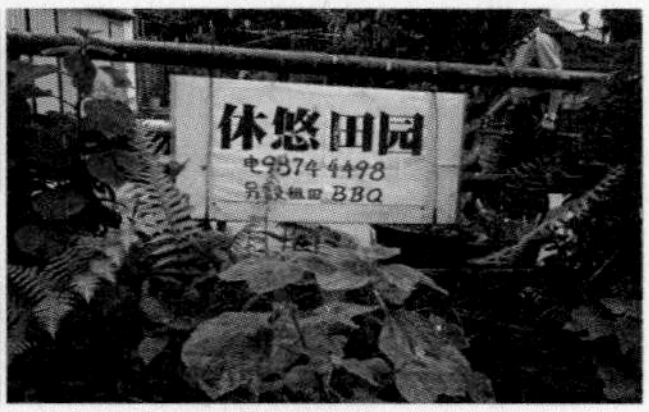

這裡的氛圍確實很休悠。

仍有大片的黃色枯葉，飄搖墜落。另外，黃藤青綠地密生，有一處轉角路旁形成壯觀的灌叢，比台灣所見還要茂盛。

早年漢人在台灣山區，主要工作即抽樟採藤。樟乃樟樹，藤則是黃藤。在香港，甚少聽聞對黃藤的使用，但林子裡還有不少駁坎之跡，顯見當地人早年勢必充分利用林子拓墾，黃藤在旁，應該會取來編織吧？

愉悅地走到黃麖仔時，西貢古道出現了。它連接牛池灣和蠔涌，乃早年西貢村民進出九龍之道。今飛鵝山下百花林附近山路多變為水泥山道，此後段九龍部分，早已不復存在，僅剩這裡殘留著。

路旁有一地界石，清楚標示王麖仔之名。王乃黃之意，此村以前想必赤麂不少，但誤認為黃麖（即黃麂）才有此名。不遠前，尚有住家，也有產業道路通往山下，但廢棄村屋明顯增多。沿古道的開闊石階下行，旁有老舊水管並行，此乃昔時引水道，顯見古道周遭一直有人家在使用。不久便銜接一條石屎山路，通往大藍湖。

端詳大藍湖之名，源自於馬藍（大菁），一種嶺南和台灣都相當常見的染料植物。此地想必是以前出產染料的地方。後來查對文獻，過去村民果真種植過，做為布匹的染料。馬藍多生長在陰濕的環境。我嘗試在周遭森林尋找，可能過於乾旱，並未看到。前些時，走訪鎖羅盆、梧桐寨瀑布等陰濕的林野環境，到處都有密集生長。

隨行學生對此名字並不感陌生，卻非染料之故。而是前些時，一部口碑不惡的獨立製片《大藍湖》，拍攝的背景便是此地。甫獲香港金像獎最佳新晉導演的曾翠珊，選擇自己成長的蠔涌為背景，敘述一名女子在國外因愛情事業兩頭落空，重回蠔涌老家的情境。回鄉後，邂逅了剛好也回來的小時玩伴，

大藍湖的細瘦村徑繼續銜接著山谷沃野。

地界石上的字意有些轉折。

終於走上西貢古道。

兩人目睹鄉村面貌的改變，令他們想尋回昔日的大藍湖。

這一尋找過程更促發他們反思，年輕時大家都急著要到世界其他地方走看，但現代都會愈來愈相似，凡繁華之地盡是知名品牌商家和連鎖餐飲店鋪。反之，對自己的家鄉卻愈為疏離。

如今位於半山坡地的大藍湖，大抵為三層樓丁屋佇立的美麗小村。雖有外環馬路便捷地聯絡外頭，昔時的細瘦村徑仍在村裡，繼續鳥道一線，銜接山谷樹林。進而蜿蜒於沃野，通往山下的蠔涌。循此下行，廢棄的田埂，廣闊地散落著。

這樣廣漠的青山綠野更適合漫遊，遠眺大腦、界咸等美麗的山村。田野到處是春日蔓發的野菜，龍葵、鵝兒腸和昭和草皆有。後來看到小藜茂密生長，終於忍不住，停下來摘採幼苗和嫩莖葉。此野草連類似小米粒的花穗，都能食用。

根據在地學者的考證，蠔涌可能是香港地區最早有人類定居之地。數千年前，因蠔涌河供給了豐沛的淡水水源，同時又具有鹹淡水交雜出來的蠔和其他貝殼類等海產，因而便有先民擇此落戶，拓墾農地。

不久，經過一處掛著「MILK & HONEY」招牌的有機農場。路旁設有鐵絲網柵欄，我和學生怯生生地探頭，很好奇裡面種植什麼蔬果。

一位高大的老外正忙著清理雜草。菜畦另一端，戴著斗笠的婦人看到我們東張西望，乾脆打開菜畦之門，歡迎我們進去參觀。既然這麼好客，為何還要設柵欄？原來不是防人，而是害怕野豬進來胡亂啃噬，把辛苦的栽作全給毀壞。

一群人七嘴八舌，婦人很有耐心地解釋自己農場的種植作物。談不及片刻，知道我們關心有機農

有機農場延續著大藍湖最後的農家景觀。

大藍湖坐落好幾間三層樓的丁屋。

指引大藍湖的立石。

哪一條才是大藍湖的路？

作，旋即走進一間臨時簡便的工作室，取出一本《香港有機農場指南》，贈送我們。在農場裡，有人以書相贈，真是印證了有機農民多半愛讀書，積極涉獵知識的特質。

女主人叫五月。西貢擁有土地田產的常是大地主，或是收租的富二代。原本以為這是她的田，沒想到，五月跟我們一樣是外來者，但以非常便宜的價錢承租農地。

一般客家圍村居民相當排外，她如何租得這畝田？原來，她平日都在此當義工，伴護村內公公婆婆出城看醫生。其中一位婆婆知道她想耕作，便把荒田租讓，她才能在無心插柳下獲得。

自此，她和老外丈夫得以一償心願，嘗試有機田園生活，開墾成現在種了近十多樣農作物的菜畦。我對水源的取得非常好奇，壯碩如熊的老外特別帶我去觀看一條尚存的小水圳，順便描述半百年前此地的農耕風貌。

以前蠔涌谷地多水，以水稻為主的農業耕作面積相當廣大。現在溪水多截取為工業使用，加上人口外流，田園成為幻影。如今若無其腳下的小小水圳，他們根本難以耕作。一對外來夫妻靠著殘存的山谷水源，努力維持此地最後的農家景觀，對照著電影傳遞的失落，我們的震懾更為加深。

繼續往前，蠔涌士多所在的村子靜寂如昔，車公廟在外頭更古樸地坐落。看似尋常鄉野，蠔涌河依舊暢流，其實山谷裡已徹底改變。蠔涌曾是西貢三大稻米產區，如今沒落了，剩下寥寥幾塊地，還栽植著蔬果或園藝植物。荒涼襲滿山谷，教人不唏噓亦難。

電影《大藍湖》也下檔結束了，但它帶來尋找水源的啟示，或許才剛開始。（2012.4）

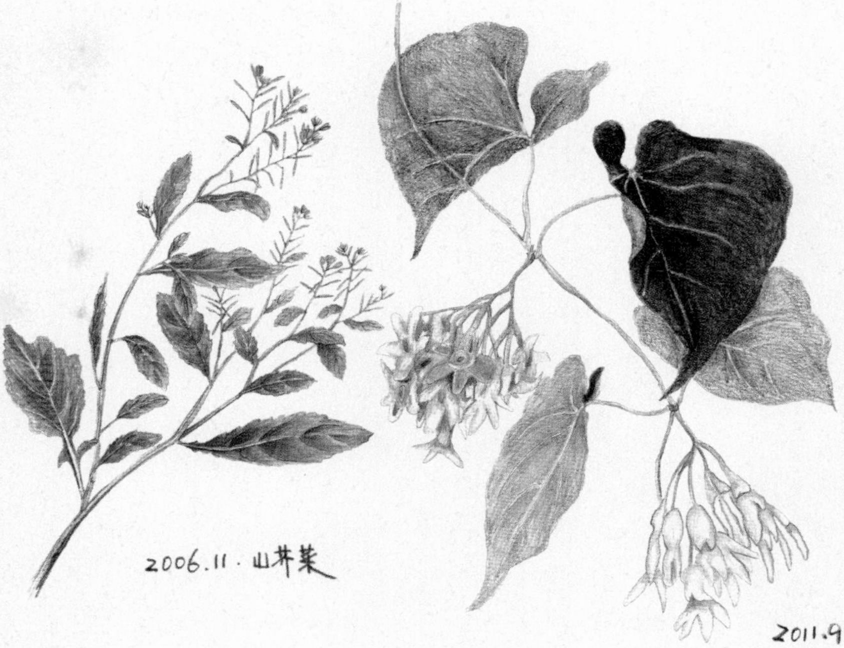

五月的先生。

菜畦裡種了十多樣作物。

有機農場女主人五月。

獅子山

獅子山上看紅塵

新界中部

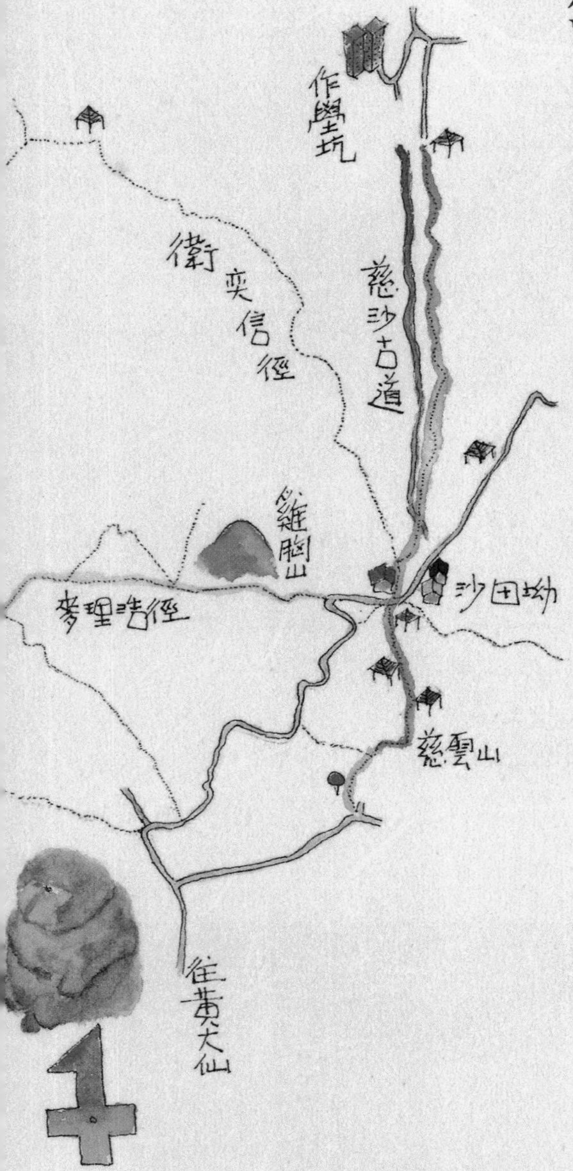

我的路線

慈雲山↓沙田坳↓獅子山↓
望夫石↓獅子山公園，約3.5小時。

交通

港鐵黃大仙站搭乘綠色專線小巴18M，到法藏寺或慈雲
山下車。

難度

★★★

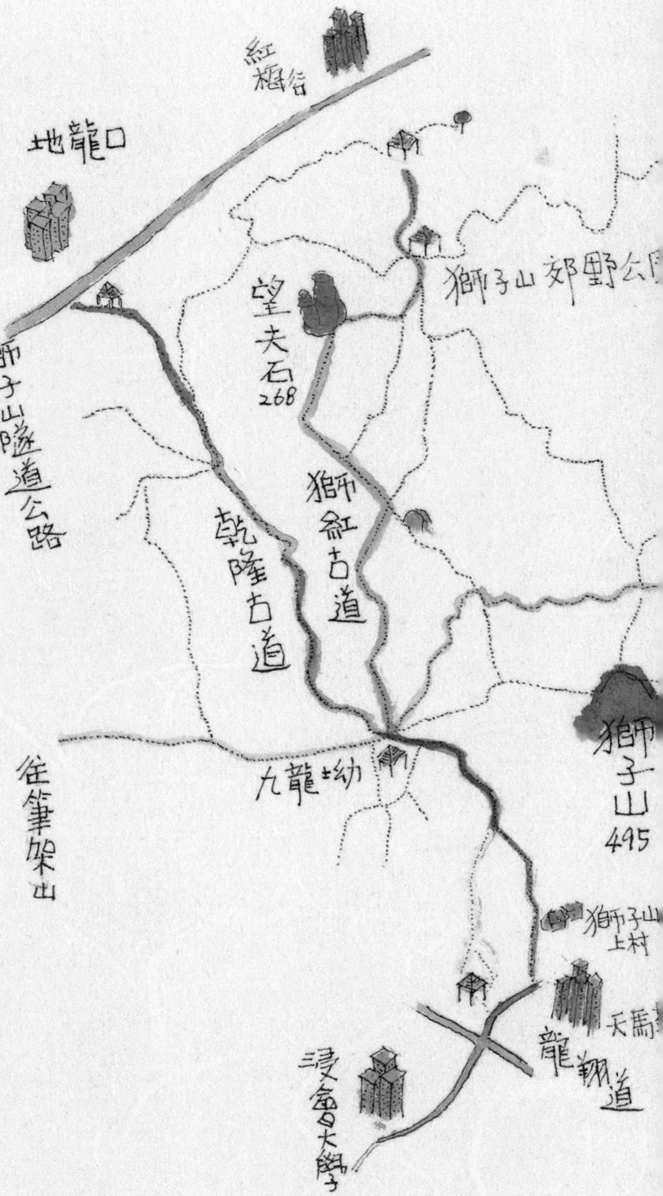

華人地方，凡山頭橫嶺側峰，遠眺如獅者，皆有可能博得獅子山之名。大陸各地便處處可見，連台灣都有十來座，有的甚而成為重要的觀光景點。但再怎麼名勝，都不若香港這座來得非凡。

我哋大家在獅子山下相遇上
總算是歡笑多於唏噓

——黃霑

黃霑的歌詞道出港人的本土意識，更點繪出瞻望前途的心聲。但做為香港地標，獅子山並不高，海拔僅及五百公尺。惟處於地理中心，從九龍黃大山、鑽石山等南面角度就近觀之，最具氣宇威嚴。從沙田紅梅谷一角仰望，那等獅子的雄偉，以及鎮守香江之氣勢更是渾然天成。許多位置皆可仰望時，其意義於焉加大，登山向隅者更是眾多，也殊少只是一遭。

我便走訪過三四回，古道橫越、縱走迴繞和登頂鳥目皆有，每次的情趣亦不同，姑且分享之。

論及古道，最富人文意義。馬鞍山連結到獅子山之稜線，乃一清楚地理分界。此一連綿山頭，共有古道六七條，橫跨其山坳、地緩之處，連結著九龍、西貢和沙田等地。獅子山居於沙田和九龍間，乃南北交通往來磴路，東西兩側的獅紅、慈沙和乾隆等愈發重要。

這幾條古道也與沙田的發展息息相關。昔時沙田叫瀝源，意為水源清澈之地。其北臨吐露港，有一城門河則開闊地通往沙田海。城門河道南岸的幾個小村，諸如多石、插桅桿、小瀝源、大水坑，以迄烏溪沙一帶，多為淺灘，設有渡頭，水上交通方便。當地居民務農，周遭缺乏墟集下，多半乘舟艇外出。近至大埔墟市，遠到珠江海域，甚而北上中國沿岸。

除水路外出，購買生活物品，或出售物產，陸路也分擔一些輸送功能。獅紅等古道便由此衍生，但東西兩側還是有些許不同。

獅紅古道提供了一條捷徑，讓山區的居民有一便利出入之道。此路可從大圍、田心村出發，穿過紅梅谷，經望夫石腳，上抵九龍坳。這段路程全用石塊砌成，乃當地村民於乾隆壬子（一七九二年）集資修築而成，故又稱「乾隆壬子古道」。

獅子山西側還有一乾隆古道較少人知，此路和獅紅古道近乎並行，為白石地區居民提供了捷徑。先經九沙坑，在九龍坳和獅紅古道會合。二路再合體，一併下抵廢棄的獅子山上村至樂富，輾轉運到尖沙頭，時間或可溯及至明朝末年。昔時沙田附近出產沉香，兩條古道都是運送的必經之路。

文獻上另有一說，從九龍坳還可繞獅子山北側，東行至沙田坳，再下九龍城。

今人循此獅紅、乾隆二路來去休閒，昔時古道風貌尚可見一些，只是缺乏明確訊息。我查看兩地山腳的公共設施，更未見隻字片語涉及。做為一個觀光旅遊之大城，竟如此荒疏地方歷史，頗教人不解。相關旅遊單位實應在此立牌闡述，搭配望夫石的相關傳說，宣揚其意義，提供更具體撫今追昔的元素。

慈沙古道更為活絡，城門河道南岸諸小村的農民，大抵倚賴此路，從多石、插桅桿出發者，每天破曉時分即背負薪柴、藥草和甘薯等貨物。翻越沙田坳，再行至黃大仙、九龍城。以九龍城市集昔時規模之繁華，不難想像當年那些從沙田來的農民，挑負物產抵達街坊的熱鬧情境。

五六年前在九龍塘旅居，我由慈雲山出發，蹬上一陡峭的林蔭階梯，發現沿途設有亭閣、牌坊、小祠，最後是咸豐年間的觀音廟。據說此廟乃信眾為祈求行旅平安而蓋。古道有廟祠等人工元素，在香港畢竟不多，唯大路有之，可見慈沙古道的重要。

穿過此廟即農民翻山中途休息的沙田坳，現今仍是登山客最常集聚的地方。廟祠、士多和公共廁所，在此圍成一個小小的熱鬧市集。偶有小販在此，不知從何冒出，擺售藥草、蔬菜和糕粿，頗似台灣登山口。尋常日子，登山者亦愛成群結隊，來此的人多半是附近社區的老嫗老漢。到了假日，全家出遊，或者年輕人結夥快樂外出的畫面才會增多。

由沙田坳下行的古道，石階鋪設猶完整存在，旁有豐沛小溪並行，誠乃香港歷史要道之幸。但此路線一如乾隆古道，缺乏標示和解說，古道歷史儼然不存在。台灣行山的公共設施雖不若香港完備，對重要古道的尊重和認知早已強化，形成吸引眾多旅客到來的新內涵。

這幾條南北縱向古道的沒落，遠或可溯及九廣鐵路的出現，近則以七〇年代初，沙田大規模進行填海造鎮，以及打通獅子山隧道有關。等整個沙田交通網絡建立，烏溪沙、大水坑、小瀝源、插桅桿諸小村搖身一變，成為沙田市中心區。值此之際，城門河渡頭的生活風景和經濟活動便消失無蹤了。

再說縱走迴繞，可能是目前行山者最愛的活動，尤其是例假日。

沙田坳不只有慈沙古道，也是獅子山和馬鞍山郊野公園分界點，麥理浩徑和衛奕信徑交會處，誠為香港山徑第一關。

獅子山稜線即麥理浩徑一段，也是縱走的良好山路。兩邊林相隨山勢起伏清楚表露。南面山勢陡峭，疏林雜陳。若從慈雲山山腳走上沙田坳，林木稀疏，外來樹種經多年植林已成既定風景，紅膠木、象牙花、相思樹等彷彿內化了，交雜地混生在對葉榕、山指甲和血桐等本地樹種間。

北面地勢明顯平緩，森林蔥蘢。若從山腳細數到山頭，香港代表性植物大抵可記錄，沒有一種特別明顯。大頭茶是少數例外，放眼望去，整片林子以鏽紅斑駁之樹幹為主。

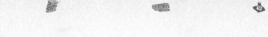

我們大家住在獅子山下，條條古道通往它的嶙峋。

乾隆古道又稱九沙古道。

九龍坳有一涼亭，這裡是諸多山徑交會處。

慈沙古道以前是活絡的要道，連接九龍和沙田。

稜線上普遍常見的山棯，或也值得提出。有回秋初，循郊野公園上行，一路踩著沙質明顯的土階。未幾，遇見二三位婦人一邊行山，一邊還津津細嚐，讓人想依樣畫葫蘆。山棯不過小指頭一截大小的果肉，略帶甜味，適合半途解饞。

凡短矮灌木之香港山頭，山棯幾乎是優勢植物。不論大小離島，各個山區幾乎可見，若要舉一香港普遍代表性的植物，無疑也是最佳物種。如此以在地山棯為樣本，我更想表述，獅子山不只是地標山，彷彿集香港植物之大全於一山，不分外來或本地，更是香港植物的代表山頭，這便是占了地理中心位置之便。

獅子山林野保護良好，晚近獼猴活動的區域，更從城門水塘蔓衍至此，南北山頭皆有出沒。有回走訪慈沙古道便遇見十來隻，我行我素地逛遊。人群迎面而來，照樣毫不畏懼地穿梭而過，儼然旺角街頭的遊客。獼猴並非本地哺乳類，據說是為抑止馬錢過度蔓發而引進。如今獼猴增多，絕非山路開闊之故，可能跟登山者餵食較有關聯。

香港郊野山區還有一迷人之處，在於開闊好爬。有些山徑，尋常人便罷，不良於行的人也頗適合。獅子山緊鄰市區，當然提供了此一接觸自然的場域。有回，我便見到好些山友，頗有愛心地牽著一個個盲胞走過。

獅子山更是地理險要之區，山腰部分依然殘留有軍事遺跡，可能是二次世界大戰遺留的殘骸，包括座標石和機槍堡。縱走時，不難在中途遇見。

因為是明星之山，說來好笑，有陣子竟也成為現今山賊出沒的地方。非典（ＳＡＲＳ）之後行山者多了，宵小亦相對猖狂。但誰上山會帶大筆錢財？大概只有笨賊才會上山找行搶對象，付出如此大

獅子山的獼猴毫不懼人。

的勞動。晚近行山，便也甚少聽聞了。

縱走者不一定想勞心費力，冒險攀上獅子山最高點，滿足登地標山的心願。北邊的望夫石，常是順繞之點。此景大抵是幾塊巨型花崗岩，經由百萬年的風化，詭異地堆疊，從蒼翠森林中龐然拔出。五〇年代時，望夫石周遭幾無林木，只見頑石獨立。如今蔥蘢之貌，乃因造林的結果，加上長年維護的斐然成績。

想觀此景，縱走中途即有一開闊地，適合遠眺那背子望夫的等候形容。乍看時，如台灣石雕藝術大家朱銘的風格。不，或許更該反過來說，大自然早就以此手法創作，後來再被聰慧的藝術家擷取其精華。

此一塊壘的孤獨存在，難以解釋當年造山運動如何形成。除了傳說還是傳說，最能解釋此一有型的岩塊。等接近望夫石，略帶神奇的自然瞻仰，敬畏之心更加油然。站得近，雖看不到望夫情景，但眺望隧道收費站，鳥目下方消失的古道，更見沙田一帶的急劇變遷。

至於登頂，那又是另一番生命情境。

麥理浩徑中途，有一岔路可拾級陡上。獅子山頭部最高點在西面，走過一「懸崖危險，切勿前進」警告牌，便是獅尾峰。南面一帶盡是懸崖峭壁，常讓登頂者恐懼之心升到高點。

緊接著，一條狹小土路，繼續彎曲到獅頭。此時兩旁懸空，左右彷彿無人世界，唯此路通往天堂。此一臨百丈深淵的感受，縱使有欄杆扶助，行者還是驚心膽顫。等氣定心穩，望向獅頭，磊磊巨石被青綠的草木和歲月徐徐浸入，又是一番蒼涼。

接近時，只見它老態龍鍾的俯瞰紅塵，我總有錯覺，彷彿略微歪頭在沉思著什麼。

唯有傳說方是望夫石最美的注解。

接近望夫石，不見望夫身影，
卻能俯瞰地景。

停棲望夫石的報喜斑粉蝶彷彿也在
等待什麼。

從獅子山鳥瞰紅塵人間，吹徐徐涼風。

由此一覽九龍全景，彷彿也實踐了旅居最大的心願。那不只是登頂享受，而是看到香港的一個階段。你彷彿走過一段艱辛歲月，眼前的紅塵充滿現在和未來的氣息。

晚近城市汙染嚴重，天色少有藍天。城市街道霾靄愈來愈厚，視野也愈加混沌。如今運氣好時，還可清楚望見下方一些近況。譬如，方興未艾建築中的舊機場跑道，車輛川流不息的黃大仙龍翔道。還有，最早興建的公共屋邨彩虹邨，以及獅子山隧道的從容迴繞，香港繼續在下頭活絡地變動著。

更遠，就不容易看見。以前那種清明開目，早已遠去了。由此再想像百年前的古道，沙田的農夫翻山越嶺走下去的情景。緬懷中，就算不唏噓，也會感慨不已。

但時代真的回不來了，所謂獅子山上看紅塵，獅子山下渡人間。現實一點，何妨就閉目享受，讓清風徐來，吹一陣清涼，吹一時清醒。接下的明天，繼續為混沌的日子幹活。（2012.3）

獅子山上有一大石，漆著近似中華民國國旗的圖案，頗堪玩味。

這頭石獅似乎正歪頭沉思。

獅子山山頂巨石磊磊。

針山到草山

睥睨一切的尖峭

新界中部

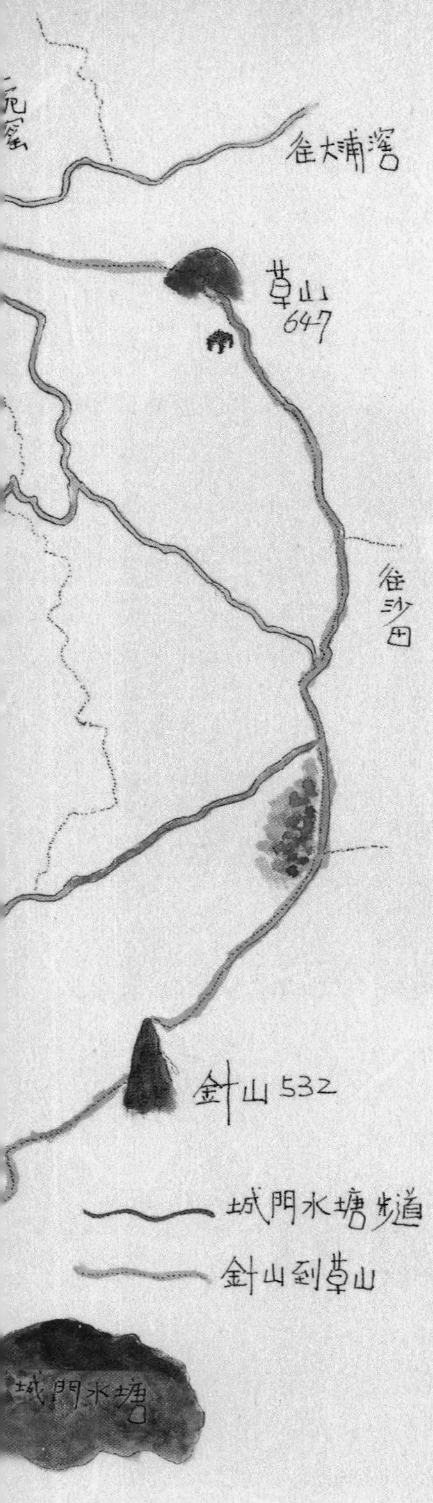

我的路線

城門水塘↓針山↓草山↓鉛礦坳↓大埔滘，約3.5小時。

交通

從荃灣兆和街總站搭乘綠色專線小巴82，終點城門水塘站下車。

難度

★★

香港有好些山頭，以尖聞名，蚺蛇尖和針山更是尖中之獨孤者。蚺蛇尖在遙遠之邊陲，傲岸佇立，收束眾小丘於一頭。針山則在嵱嵷山巒間，以睥睨一切的尖峭赫然聳峙於香港山林的核心。

若欲前往針山多在荃灣集合，搭乘小巴於遊客中心（城門水塘西面主壩）下車，沿林務車路步行，經過城門水塘東邊主壩。其中一條貫穿香港山巒核心的山路，直奔針山，乃麥理浩徑第七段。

由此走石屎路，即攀爬之門。在香港談攀說爬，多半只是行山，無須如此費盡腳力，針山則因其形其勢，才讓人有此聯想。嚴格說來，唯大刀屻、馬鞍山北坡之類，用得著此一準確字眼。

一起始就是吃力地爬坡，若是太陽當頭，恐有中暑之虞，我和友人才選擇冬日暖溫之日到訪。氣象預報今天是多雲遮天，怎知半途了，卻是晴日炎炎。拾級而上又皆為寬敞石階，幾無遮蔭。

一路舉目，盡是慘綠的鱗子莎，此一山火後的先驅植物，大概是香港最容易邂逅的莎草科。或有矮林，則是白花殘留的大頭茶，茂密地生長。接著盡是外來種，或一棵大葉相思醒目的佇立，或濕地松針葉粗大的冷漠垂擺。

辛苦地翻越一些稜縣後，針山才現身遠方，孤單地高聳著。心志虛弱者此時難免有些氣餒，兀自埋怨，它竟還有這麼大段距離，且仍是傲岸矗立。剛剛的攀爬彷彿只是暖身，現在才要開始見真章。但也因如此遙遠的錯覺，針山更形成迷人的山勢，那是我在台灣諸多郊山不曾體驗的情境，唯高山才能醞釀。

針山，客家話原名尖山。「尖」與「針」讀音相似，遂有此名。海拔五百多公尺相較其他著名山頭，並不高大。但周遭缺乏山頭並立，其清瘦蒼勁，因而顯得突出，乃沙田和荃灣兩地之分界。

城門水塘因九龍市區人口劇增而闢建，周遭林木蔥蘢。

針山步道一路都是寬敞的石階。

過了城門水塘東壩，開始攀登漫漫長路。

我們選擇晚冬到來，不意還撞著烈日當頭，唯有認命撐過。但冬日豔陽也有好處，一路上，無數瑰麗的報喜斑粉蝶，活潑而柔弱地低飛，翩翩接近我們，帶來早春的氣息。當牠們停駐時，其肩翼之金黃和橘紅，淡定地渾然露出。此一典雅鮮豔的斑爛之美，縱使是世界最昂貴品牌的水彩，想必都調和不出來。

我因此色澤，加上數量眾多，不免留神觀察牠們停棲的地點。有陣子，牠們都在大頭茶周遭飛繞，我一度以為那是食草。大頭茶在香港可是山頭和山腹都普遍的優勢植物，多風的稜線或者稀疏森林，幾乎都能見到它們的身影。往山坡瞧，白花點點即是。隨便往一座香港茂密的森林邊緣掃瞄，也很容易找到它們鏽紅斑駁的樹身。

報喜斑粉蝶正在針山舉行一年一度的嘉年華會。有些一邊交配，一邊緩慢飛舞，彷若編織著雙人舞曲。但更多是單獨飄來飄去，一棵換過一棵，一葉停過一葉，猶如逛街買貨，掂量著何者適合產卵。但我差點失察，再仔細瞧，才恍然發現，牠們徘徊的位置多半接近森林外圍，那兒是灌叢最易茂發的位置。葉面油亮的寄生藤，經常在附近活絡地攀附在各種植物旁。現在正是寄生藤花期，山徑旁到處可見，相信報喜斑粉蝶也清楚感知了。

原來，寄生藤才是真正目標。它是幼蟲的食草，旁邊的大頭茶花朵只是像珍珠奶茶般的蜜源植物。這種環境往往也是最多蝶類來去的地方。唯冬天時，還是報喜斑粉蝶先出來活動。牠們策略性地趁此時大量繁殖，一來避開春天各類昆蟲的競逐，二則幼蟲孵化時正好嫩葉長出。再過一陣行山，尋視寄生藤葉背，相信會有不少排列整齊的黃卵，或者黑色的幼蟲蠕蠕漫行了。

報喜斑粉蝶台灣也有，又稱紅肩粉蝶。有趣的是，台灣無寄生藤，報喜斑粉蝶的食草變得多樣，

報喜斑粉蝶在冬天就開始活動。

針山在望，路途遙遙。

針山山頂，豎立著地政總署設置的三角測量站。

俯瞰城門水塘與荃灣。

主要以桑寄生一屬為主。廣東人喜愛喝桑寄生之飲品，可能還不知桑寄生和冬天最常見的蝴蝶，竟有此一輾轉之淵源。

我也是，平常看到一點也不覺得稀奇，怎到了香港山徑，撞見牠們成千上百的翻飛，倍覺新鮮。再想及有些桑寄生，綠意盎然地高掛大樹枯枝上，竟萌生了難以敘述的親切之感。

行山時，最歡喜半途了然了某一這樣的情境，今天報喜斑粉蝶為我捎來美好冬日的啟發。在香港，每堂野外行山，我常有如此二三意外的生活收穫，自是樂此不疲，彷彿遇到了人生中最好的良師。

山凡爬得吃力，周遭都有大好視野，針山亦如此回饋登頂者。沙田外的吐露港呈現蔚藍風光，平時即常俯瞰自不用說，另一頭的大帽山，便值得多加幾筆敘述。

它正以最高山頭的優柔迤邐，龐然地呈現東麓的葳蕤林貌，且維護著如翡翠般的城門水塘。但這一風景，並非最早的原始林。至少在兩三百年前，原先的居民拓墾植田就砍伐過一回。後來港府設了城門水塘，再度於水庫周遭積極造林，才有現下的林相。悉心鳥瞰此林，單一如梳理整齊的頭髮，少有青森多變之色澤。

東面林相如是綠意潔淨，但大帽山西面卻是禿裸的貧脊山頭，泛有赭紅之色。以前遠眺時，隱隱感覺有梯田之跡殘留，猜想那就是百年前的茶圃。

儘管晴空萬里，香港市街、郊野和我，盡暴露於紫外線下。奇的是，大帽山山頭始終被雲霧繚繞，甚而愈來愈濃。此一地景在在證明，大帽山早年何以有石圍的茶圃梯田存在。當時的茶農種植野茶樹，稱為雲霧茶，今日遠眺更加明白了。

看到大帽山，想及歷史產業，再回頭仰望前路。一條孤瘦的石階，工整陡上。只見針山繼續尖挺，

城門水塘的造林成果是傳頌的典範。

走過針山，內心洋溢簡單的滿足和快樂。

如ＩＦＣ（國際金融中心）高聳入天，傲岸一切。蚺蛇尖在西貢地區的孤高或可比擬，但總是郊野之氣，上抵針山卻有這種上抵城市最高樓的氛圍。因而一到頂，啃著幾塊雞仔餅，喝口保溫杯的鴛鴦，即有簡單之登高望遠，那樣的滿足和快樂了。

再往北邊的草山方向看，植物林相一樣低矮如草原，卻不是大頭茶和莎草類的內容，而是某一種矢竹之海盡覆山頭，偶爾有吊鐘花和杜鵑在其間隱約綻露。

過此竹海，西面山坡森林，吊鐘花特別多。一連好幾株，盛開著淡紅之花。彷彿告訴我，這種年節之花最愛生長的位置，長得最合宜的地點，就是現在的地理環境。

隨即我又驚奇地發現，林徑上還有種大紅花朵跟它競豔，更加奇美，整個山頭因它的存在而鮮亮不已。以前不曾看過此花，若不是走到此一山區，同時是這一季節，恐怕難以想像。

它們叫紅苞木，另外有個名字更絕，吊鐘王。猜想當初取名的人，一定跟我有同樣心境，先遇著吊鐘花驚其秀美，不意又遇著更加華麗碩大的紅苞木，只好給予更高的讚賞。

紅苞木是常綠喬木，早春開花，成齡樹高可達十公尺。我想，這合該也是它會被稱王的因由，如今香港更列為保護植物。

草山無大型喬木，山棯不少，春天開花或許亮眼一些。如今山麓一帶仍在鋪草植林，果然不負此名。只是一徑都是石屎，方便了漁護署或護理相關單位的公務車來去。行山者走在其上，不舒服便罷，卻有虧麥理浩徑之美名。日後再爬此山，恐怕都會抄小道，從沙田的蔥蘢林徑下山了。

如此單調，無從美好想像，也只好再回首針山，目送它的孤獨高大，一邊欣慰著自己總算橫越過。

（2012.3）

吊鐘花的花朵太出色，名字也被冠上「花」。

吊鐘王華麗碩大。

川龍到甲龍

拜訪花崗岩舊路

新界西部

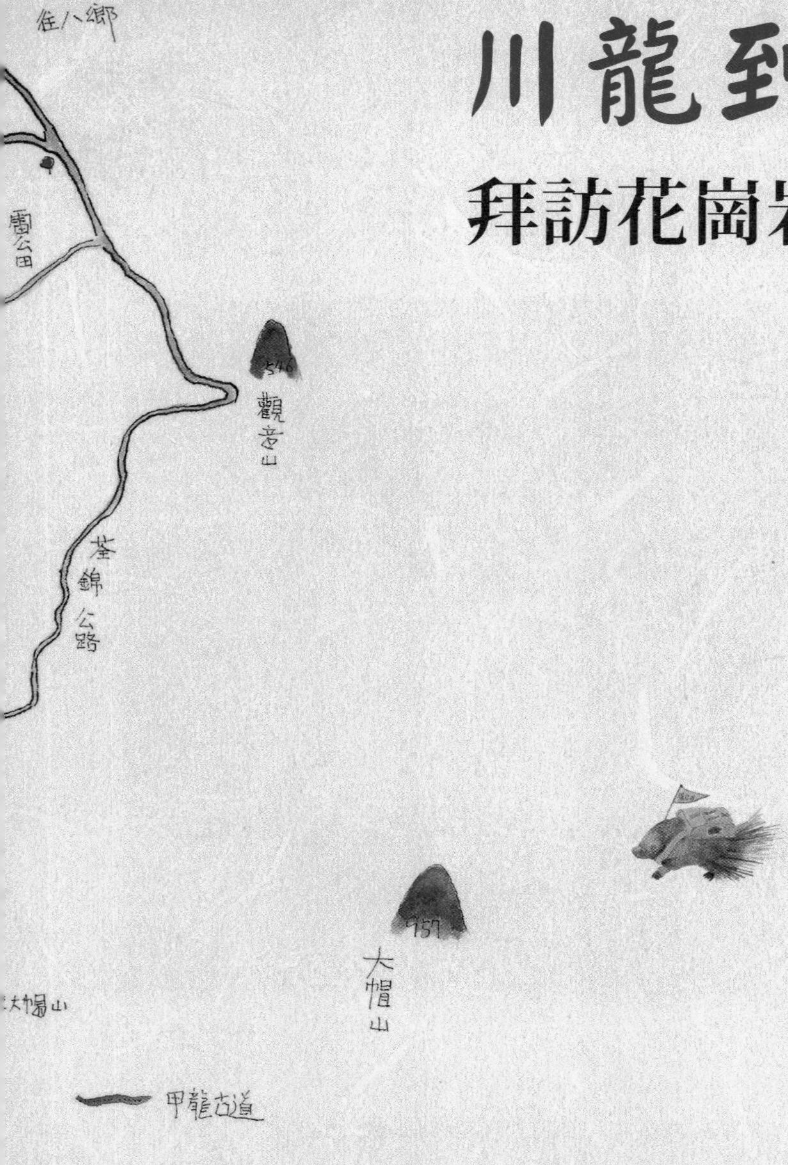

我的路線

川龍↓荃錦坳↓道場↓雷公田，約3.5小時。

交通

在港鐵荃灣站上蓋（即大河道北行車天橋）搭乘往錦田的51號九龍巴士，或在荃灣川龍街搭乘80號綠色專線小巴，至川龍村。

難度

★★

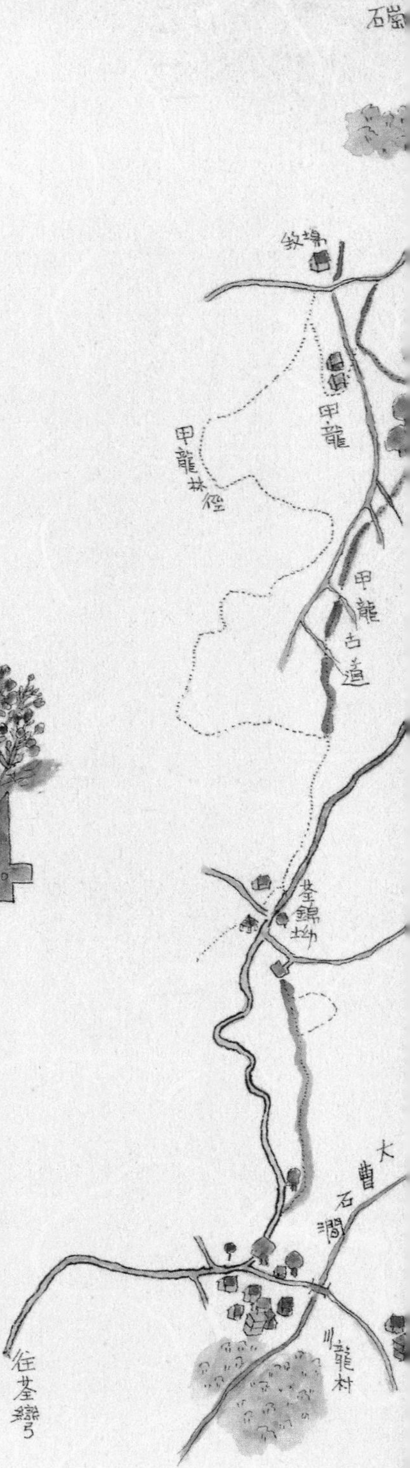

展開現今地圖，觀看香港最高的大帽山（957m）西南側，雖有荃錦公路蜿蜒，但昔時八鄉一帶和荃灣地區如何往來，還是引發人好奇。

早在荃錦公路出現前，有回閱讀英國人行山香港的路線，在一張一九三〇年代的簡圖裡，看到一條虛線標示的山路，從荃灣至八鄉，清楚地告知，這是條重要的連絡道。

只可惜，現今公路交通發達，過去的舊徑損毀不少，尤其是平野地區。目前除了荃錦坳到甲龍尚有一段保存，多數都已消逝，或者未被人整理出來。我和友人試著從川龍走往甲龍，除了重訪這段猶保存的昔時古道。在前段，也嘗試走一段川龍家樂徑（川龍到荃錦坳）做為比較。

從港鐵荃灣站，搭乘 80 號小巴前往川龍。小巴迅快離開市區，蛇行於荃錦公路。荃錦公路是英軍在五〇年代初鋪設的，狹窄彎曲，約莫十一公里。當初開闢，主要係希望，在大帽山西麓，有條便捷往來南北的軍用道路，讓駐紮在石岡的軍隊可以快速移動。

此路開通後，並未允准民間進出。後來時局變遷，公路才開放。只是車輛種類仍有管制，因為山路斜陡，大型巴士來去較易傾覆，遂只容單層巴士進出。以前我來此行山，多搭乘此車。

川龍海拔兩百公尺左右，係一山谷的客家小村，村人以曾姓為主。山村旁有寬闊的大曹石澗流經，溪岸為菜畦環境。此一小溪和鄉野構成的自然美景，特別吸引港人前來遊玩，周遭諸多山徑也可由此徜徉。山村裡的二三茶樓，假日更常高朋滿座。而其中，鮮灼西洋菜，乃必嚐的清淡美食。因此水生蔬菜，乃在地盛產之物。

抵達川龍後，我們經過端記茶樓，準備下行去觀看西洋菜田。一位中年大嬸在停車場擺了小菜檔，雖無西洋菜，卻有不少瓜果。還有些外來的乾貨。我們探問一些藥草和西洋菜之事，她一時興起，主

川龍就是端記茶樓最搶眼。

我們搭小巴來到川龍。

荒廢的公立學校。

動引領我們見識她的菜畦。

原來，她的家宅和農園就在大曹石澗邊。溪岸到處是一個個小水塘，栽種於上的西洋菜，猶若稻田般分布。除了西洋菜，還有其他蔬果和中藥草，諸如益母草、石上柏、涼粉草、野葛菜和鑽地老鼠等。不及三十來坪的菜園環境，儼然是個豐饒的蔬果博物館。以她為例，好幾戶附近的小農，都以如此菜園自力耕作，自足生活，延續三四百年來此一客家村的淳樸風味。

中年大嬸姓李，十多年前自廣東茂名嫁到此，育有一對就讀中學的孩子。聊得興起，她還高興地展示手機裡一位知名影星的相片，原來周潤發曾到此飲茶，徜徉山水，還跟她合照。除此，我們聊的盡是藥草和西洋菜的知識。

十月是西洋菜開始栽種的最佳時節，我們來得正是時候。此菜乃廣東人常吃的葉菜，質地是否上乘，嘴饞成精者，嚐鮮一口即能判斷。川龍能夠脫穎，探究之，跟水有關。此地多栽種於水流不息的水塘，水質又來自大帽山，清澈冷涼，浸透了西洋菜的梗莖。此外，海拔較高，日照充裕，都符合西洋菜的偏好。

相較於香港其他平野環境，川龍一帶遂能提早於白露時節割取。直到隔年五月還能採收，此一尾季又比山下其他地區遲晚，環境之得天獨厚，特別教人欽羨。海拔稍高所帶來的冷涼，更讓這兒的西洋菜容易發紫，此時匍匐之葉莖更散發辛辣清甜的風味。有識者以為，西洋菜質地最佳者當如是。

西洋菜盛產時，在川龍村口的巴士站，還有小菜檔擺售。很多遊客到此行山，總要買幾把回家，生意因而特好，加上旁邊即有茶館。在地種在地吃，根本輪不到運送山下的份。

五月後，菜味略苦了，就不宜再栽作。此時，屯門一帶郊野散步，我看到不少池子是荒廢的，也

上：抱南瓜的種菜大嬸對藥草非常嫻熟。
下：大嬸種的西洋菜田。

有些勉強改栽適合夏日的空心菜。川龍一帶可是充分利用，先將山泉排走，轉以乾鬆的肥土栽種茄子、翠玉瓜或青皮大冬瓜等瓜果。但也有講究者，堅持休耕晒田，晒得菜畦雪白空蕩。唯母莖在旁邊一角潛伏，等待新芽抽長。八月過後，水泉慢慢再注入。白露之際，便又煥發上市。

此乃川龍一帶，我對西洋菜之見聞。雖是小地小物，或可為嶺南一帶認識西洋菜的標準。

循荃錦公路往上行，經過一廢棄的鄉野小學，隨即抵達家樂徑登山口。從這裡仍可仰望大帽山，清楚眺及山頂的衛星電台，以及山腹梯田層層的舊跡。這一頭的川龍村也有不少菜園分布，但已無溪澗相伴。

緩坡上行，隨即進入五〇年代造林地環境。從登山口到荃錦坳約莫一小時，一路都有解說牌。第一站介紹「浙江潤楠」，牌子前即有一棵粗壯的老樹，或許是此一家樂徑最大的一棵。此樹乃香港常見樹種，春天時紅色嫩葉蓬勃煥發，山坡地到處滋生，最為奪目。只可惜解說牌並未提及，只是一般常識描述。

此後，一路的解說牌都有重要植物介紹，唯敘述過於死板。妙的是，一些代表性的昆蟲和鳥類也有解說，諸如紅耳鵯、鍬形蟲和人面蜘蛛等，但這些動物根本不會停留在現場。這一解說便顯得荒謬，無法切合實際情形。相對地，最重要的在地代表樹種，如鱉蒴錐四處可見，更說是晚近造林的主角，頗具生態保育意義，卻未見立牌，甚而給予隻字片語了。

一路上的樹種還算豐富，最上層大抵為外來的相思樹和桉樹，本地樹種如大頭茶、山蒼樹也生長不少。循階梯拾級，抵一開闊之高地，回首可見荃灣市區風景和海岸，展望尚可。

出口設有一香港郊野常見的燒烤場，假日時節總有中小學生集聚。再循公路抵達荃錦坳，此地是諸多山徑的交會地，譬如麥理浩徑、大欖山道、甲龍林徑和大帽山道等。這些路線看似一等餐廳的美食菜單，各具地景特色，難以一回全攬。香港做為一個綠色城市，多樣的郊野山徑內涵，更在此扎實地展現。

此行的目的是探訪甲龍古道，於是繼續北行。從古道了解周遭山區，遠比從新設的林道更易親近一處森林區塊。那層次猶若從生活歷史的角度切入，除了發現更多原始林木外，跟當地人拓墾有關的風物也較易接觸。

我對甲龍古道的來龍去脈，過去即有耳聞。舊徑路線大抵沿大帽山西麓，在蓊鬱的林間彎曲。郊野公園規劃的甲龍林徑，初時和古道有些重疊。此一遊憩路線平坦緩下，橫繞山腹，需時較長。腳力佳者或可先繞此路，抵達雷公田，再循引水道入口，由古道折返。

話說古道，荃錦公路未開通前，早年八鄉石崗、雷公田和黃竹園一帶務農人士，挑物產往來荃灣市集買賣，都得經由此路上下。荃錦坳到荃灣的路段，以前蜿蜒哪裡，並未被踏查出來。也或許，因公路開闢多處路段消失了。目前較為完整的部分從荃錦坳到甲龍一段，即今之甲龍古道。

此段最迷人部分當在砌石成路，不時與山溪並行，或交會，或沿山谷貼山壁而立。整段路長達兩公里，老舊的花崗岩石磴猶保持完整，瘦長地蜿蜒而下。只是兩旁土徑因雨水長年浸蝕，形成微微凹陷的山溝，古道愈見清瘦。

仔細瞧，偶有郊野公園鋪設的新石階，水泥混摻著石塊，難看地和它並行。這些新石階是近十來年鋪設，並未顧及古道應以在地石材為要。所幸不長，未礙著舊路的美感。昔時挑石鋪路的修築年代沒人特別考證，但合理猜想，應當比英軍開闢的公路還久。

從荃錦坳下行，下層植物以九節為多，港府在此山區也有局部植林，如同家樂徑，檸檬桉和相思樹等混雜於森林裡，但原始氣味更加濃厚。中途經過三四處溪水豐沛的溪段，常有豁然開朗的感覺。此古道一如川龍一帶，被視為香港觀蝶重要區域，想必跟森林蓊蘢，溪水沛然都有關係。

我來此兩回，秋天時的蝶類明顯和春天不同，數量都會非常可觀，古道亦是蝶之大道。一路上不少黃牛木如電線桿般碩大，隱隱告知此地是成熟的次生林。倒是土沉香未見幾棵。以前見過一棵被砍倒，遺棄在地，研判為許久之前的砍伐之跡。接近山村雷公田時，鵯科叫聲不少，一如平常郊野。

此段山徑最大隱憂，當在越野單車的出現。以前來此，半途撞見不少越野單車玩家，在此橫衝直撞。甲龍古道入口有柵欄限制，但他們從別地山徑竄進，違法地恣意享受個人體驗。港府似乎對越野單車活動，缺乏嚴格管制。或者山高皇帝遠，喜愛此一活動的人，根本無視法律存在。

單車越野並非不好，但以古道為冒險的挑戰路徑委實不當。長久以往，勢必造成古道石磴的鬆脫崩壞。他們穿著安全帽，裝備良好。第一回時，我不斷看見越野單車快速衝下山，骨碌骨碌地橫過古道，好像有人以木槌大力敲擊背部的骨頭。人走過不留痕跡，但越野車以重力加速度，壓土傷根，森林地表加速硬化。

末段林路，走在高大的尤加利和紅膠木樹林下，周遭的下層喬木仍以九節為主。山路開闊非常舒適，因為林相簡單，彷彿中歐一帶的森林平原，不太像熱帶城市的郊野。

即將抵達雷公田村時，左邊林子露出一處開闊空間，竟是一道場。木板釘成的道場中央，坐落一瘦骨嶙峋的苦行僧佛像。其閉目尋思，怡然自得的神態造型，跟背後蒼綠大樹出奇地配合，孕育出莊嚴的肅然情境。

鋪排典雅的甲龍古道。

越野單車從我們身旁迅速經過。

旁邊還有一寶塔和石碑，不遠的林子更有六七間綠色帳篷，紮營多時，似乎常有人來此修禪論學。細讀旁邊的碑銘內容，乃堪輿學家蔡伯勵撰寫之文。這是一個森林裡的靈修道場，當地佛教領袖衍空法師所創立。道場之地原屬於皇仁書院某一校友所擁有。六七年前慨然捐贈，做為覺醒心靈的成長中心，如今闢建「禪悅阿蘭若」道場。

此名甚有佛意。禪悅，乃禪修的喜悅。阿蘭若，蓋指寂靜之地，一般為距村落不遠的林蔭樹下，類似曠野、森林和灘地等。道場開光以來，多番遭到外人投訴，就不知是否有違法？前次來石碑完好，不過半年已被敲斷了。

我對自然靈修一直抱持很大好奇。像我這樣不斷縱走郊野，嘗試以自然科學知識理解森林，時而又以生活價值和其對話的人，面對這樣去科學和消理性的自然修行，不時都會好奇。反躬此一背後所觸及的人心，到底能扣緊生命的哪一個層次？又或者，我能否從理性思維和生活嗔痴裡明辨，進而觸及這一信念所了然的境界？

雷公田村還有一青年協會有機農莊。前些時，在屯門看到自然學校，此地再見靈修道場和此一農場。這些都是城市邊緣的弱勢團體，或體制外生活者，如今多樣集中在山腳森林邊的小村，無疑是城市和自然間緊張互動下的產物。它們都在香港出現，更顯示這個高度經濟掛帥的城市，反省自然和人群的關係，遠比其他地方更是頻繁。

由道場旁邊林徑續行，經過一小廟祠，下抵引水道馬路，研判係過去的舊路。循左邊馬路信步，未幾，邂逅一間石屋，乃一農場的鮮奶小食亭，園內有羊隻飼養，供應自製的薑汁撞奶和鮮奶咖啡等，常有遊客聞香遠道而來，農場對面即甲龍林徑。

撞見禪悅阿蘭若道場時，整個人頓然靜寂下來。

此一瘦骨嶙峋的菩薩更讓我印象深刻。

道場附近搭設好幾頂綠色帳篷。

循右往山下行，雷公田村係一乾淨小村。不少深宅大院，種植良好的園藝植物，但也有昔時農家比鄰錯落。在附近的低窪郊野闢地植菜，或種大蕉。

去年冬日幾個巷道的蜿蜒，散步到村頭。有母女三人，從村旁菜畦摘菜回來。兩位小女生抬著一桶子大葉的蔬菜，滿心喜悅地走著。

菜葉如此大，並不尋常。我心生敏感，注意瞧，果真是市區裡不多見的茄茉菜。但此稱呼太文雅，冬日香港鄉野常有人食用，生動地稱為豬乸菜，台灣也是大剌剌地喚為豬菜。由此對照，相信兩地過去都視為賤菜，主要飼養豬隻。

村邊即石崗軍營，占地相當遼闊，偶有軍人現身，但跟村子一樣安靜。不遠前，有一聳立的觀音山，海拔約莫五百公尺，山勢高聳，彷彿神祇佇立般，俯瞰著也守護著八鄉的千里沃野。（2012.11）

雷公田有一著名的販賣鮮奶農場。

遠遠地走來摘菜的婦女檔。

屯門徑

香港人最陌生的郊野

新界西部

我的路線

兆康↓嶺南大學側門↓涼亭登山口↓山頂小涼亭↓井頭上村↓屯門，約3小時。

交通

港鐵兆康站（西鐵線）下車。

難度

★★

香港新界山區，大山之頂多禿裸環境，屯門周遭山區尤為明顯。自然地景以礫岩、安山岩和凝灰岩為主的泥土風化，貧瘠而遼闊地橫陳著。論及香港自然郊野，此新界西陲，最少人論述，彷若不毛之地。或許也是港人最陌生、疏離的環境。

此地少有良好的步道規畫，屯門徑是最完備的一條，或可權充為了解新界西面山區環境的指標。嶺南大學側門即通往屯門徑的入口。啟程不久，左邊即岔出一條不顯眼的小村徑，與小溪並行。遁徑而入，那是一隱逸的村子，虎地上村。不少民宅散落，兼而有果園產業。多數為黃皮和龍眼老樹，還有數量較少的蒲桃、芒果、荔枝，以及大蕉，均為香港常見果樹種類。但在屯門，我的印象更加深刻，因為山頭樹林稀少，不得不側目。

小村進出的人不多，彷彿不存在般地存在著。旅居虎地時，我常在附近散步，住戶很少出來照面，因而不禁懷疑，是否每間都有人住。一路看似沒什麼產業價值的老果樹，恐怕亦乏人照顧了。山腳還有這幾絲人氣，沿石屎路繼續往上，真的就荒涼了。若開玩笑形容，這山根本活在自己的困苦裡。除了早年有錢人家往生，僱請民工幫忙抬棺上山，擇一良地安葬，這是一個很少跟山下互動的地方。

山腰山腹的樹多半不高，只有經過刻意栽種，耐火的外來種，諸如相思樹和桉樹家族較為突出。近半世紀前，港府在此即有造林計畫，藉著這些適應力強大的外來種，做好水土保持。同時，在虎地下村的山上，興建一了灌溉用途的藍地水塘。

相較於此，穿插其間的本地原生植物，明顯地矮小許多。凹谷處往往有幾株長得不甚好看的山油柑，仍結著秋末的果實。毛菍、烏毛蕨、芒萁等，一副長得很委屈的形容。崗松也無法形成大片灌木

隱密於虎山後的藍地灌溉水塘。

大蕉是香港特產果物。

土地貧瘠的屯門徑。

走在屯門徑稜線，特別有千山鳥飛絕之感。

林存在，倒是寄生藤攀附在其他灌木和喬木上，活絡地生長著。

遠望山脊稜線，也唯有外來的濕地松高瘦地生長，一根根像電線桿般佇立。再細觀，山脊好些地方都有火災過後的黝黑之景，草木稀疏地襯托著這等荒蕪。一條或數條禿裸的小路，在山頭清瘦蜿蜒，像極了北京八達嶺的風景，有種華北高原孤獨又落寞的況味。若是炎夏走路，想必極為艱辛，那時只適合登山界蟻行者的寂寂苦行。

冬日在此漫遊，除了濕地松的清癯，還有少數本地樹種，教人印象深刻。其中之一是嶺南最具代表性的小喬木，吊鐘花。隆冬時，正是花期。數朵小花點綴著，各個以小莖下垂，小巧地展現淺紅或深紅色澤。

初次登訪，接近山頭時，遠遠望去，其他植物貧乏，只它外表亮麗典雅，便牢牢記住。未幾，我再來訪，彎入藍地水塘的山道。在山谷林木蓊鬱的地方，又發現兩棵華麗地綻放。滿山荒涼，吊鐘花突來溫潤，印象自是極好。只是一趟長時健行，唯有三四株，可見吊鐘花在此數量並不多。

清朝末年，英國人來到香港，隆冬時看見漢人採摘吊鐘花回家插枝裝飾，稱其為農曆新年花。吊鐘花不只是年花，它的花朵生長在枝頂上，頗有高中科舉之喻。此一野生花草，以前在香港到處可見，如今逐漸稀少。近年來政府下達摘採禁令，才又逐漸回穩。我的經驗裡，大浪徑下行西灣村的山谷，分布最是密集。

另外一種是山蒼樹，我們就不陌生了。在台灣，中文名為山胡椒，泰雅族則稱其為馬告。晚近在追尋傳統生活的智慧裡，馬告被視為重要的香料產業。如今進一步研發為肥皂、咖啡等配料。

香港友人楊宏通，有回跟熟悉草藥的中醫師行山，學習辨識藥用植物。印象裡，這種植物在地人

上：山脊稜線唯有濕地松佇立。
下：山蒼樹開黃花特別搶眼。

叫「豆豉薑」，具有藥用價值，只是不知有無廣泛利用。除港島外，其他貧瘠山區相當常見，此地更是顯著。

何以如此呢？原來隆冬時節，只有它不畏風寒，像炮仗迎春般，盛開著黃花。舉目望去，凡山頭枝椏暖黃亮麗的，合該都是它們。時而像朵朵梅花般綻放，或者集聚成柱，成為此一荒地最溫煦的色澤。

小毛氈苔亦是一奇。有時望下山谷，不見密林，只有乾涸之溪溝，磊磊石塊之景，夾雜草叢。在一些略有水灘和小溪的陰濕山溝，常附生著一團暗紅。其海星狀的詭異形容，還有粉紅色長梗小花伸出，都讓人過目不忘。儘管周遭表土大量流失，都是嚴重風化的酸性劣地，它們卻充分利用此一難得陰濕的土壤環境，不斷繁衍。

若貼近觀看，放射性排列的小小葉子，長滿附有晶瑩小水珠的短毛。這是強力的膠水陷阱，具有致命的黏性。若有昆蟲被香味吸引而來，不小心碰觸到，黏住了，往往成為它的食物。小毛氈苔會分泌酵素，把昆蟲軟化，添補泥土養分的不足。

在此一環境，我亦到處探看有無豬籠草。以前中學課本介紹奇花異草的捕食行為，都以此二種著名食蟲植物為例。可惜此地遍尋不著，只有往西，走到更惡劣的青山地區，在一些溪溝位置，才有普遍生長。

幾次登頂，都邂逅一美髯飄逸的中年人，在山頂吹笛子。寒風清靜之山，只見他渾身運氣，吹奏了好幾首清雅的曲目。吹者有心，聽者亦動容。就像書法家藉飲酒之氣，即席揮毫狂草。像畫家背負畫架山上，描摩自然情境。在苦山貧地登頂吹簫，乃在尋求一生活意境。

2004.5 小毛氈苔

上：這個吹簫人幾乎每次登山都會遇到，在同處吹簫。
下：凡有一點濕潤之地便有小毛氈苔。

山頂有一五條岔路的小涼亭。初回，我隨友人選擇一條，通往大欖郊遊徑，往井頭上村行去。

井頭上村有小溪伴舊徑，山谷周遭也有些森林常見的黃牛木，林相尚稱多樣。接近屯門了，溪岸邊不少大蕉、黃皮、龍眼等果園產業，比虎地上村豐富。只是小溪髒亂，乏人管理，到處可見家用廢棄物被隨意拋棄。

循溪而下，看到一白色布條鮮明懸掛，野人區紀復手寫的「鄉師自然學校」牌子，強調「自然、人本、自主」。區紀復是創辦校董，四年前開辦，由旁邊小徑上去。其教育宗旨清楚地反體制，香港的家長若不希望孩子受到現行教育折磨，或可循此學習另一接近自然的管道。四年了，如是另類，不知招生如何？

二十年前，區先生定居台灣東海岸鹽寮，後來輾轉流離。目前蟄居香港，但未有固定居住場所。他曾借用大嶼山神學院、聖母神樂院等地興辦自然協會，如今正等待西貢海島鹽田梓的居民借出地方，做為永久會址。那是一處沒人住的廢村，原住民都搬到西貢，祖屋和多間教堂都空置。

自然學校主張小班教學，將大自然融入課程和遊戲內，提供親近自然的學習環境。如今更設立有機耕種區，讓師生和家長接近泥土，栽種蔬食、以及各類植物。當然除了學習成為農夫，他們也研發一套數學和美術教育。

區紀復在台灣過清貧生活，我去參訪過。五年前在香港行山，更邂逅兩回，不意今日在此巧遇。看其理念落腳在此屯門小山之下，猶兀自堅持，心裡慨嘆自是良多。如今背著寒山，面對紅塵人間，擇此地為家，莫非也是一種天命。

還有一回，從藍地水塘下山，因為多半沿溪邊走路，林相較為豐富，大頭茶等大型喬木集中於此，

香港也有反體制的自然學校。

從學校標語即可知他們的自然信念。

但多數仍是造林之木，遠不若西貢等地森林的蓊鬱。此一灌溉水塘乏人嚴格監看，常有人偷偷地釣魚，製造髒亂。而半途，邂逅一塊「1958 年」的造林石碑，彷彿更認識了此地造林的緣由和歷史。

水塘下方的虎地下村，則有一香火鼎盛之廟，藍地南安宮。附近有廣闊多樣的自耕農菜園，切割成好幾塊，種植著各種蔬果，更有大片西洋菜園的產銷機制。循此村徑出，可接富泰邨社區，不少自耕農由此到來。但住在富泰邨社區蜂窩般大樓的住戶，知道後頭山區，還有此一精彩菜園的，恐怕還是不多。

不小心邂逅此一美好地方後，有空時，我常到此。嘗試著更深度地認識，香港愈來愈稀少而珍貴的小農菜園。（2012.5）

西洋菜田是此地農家最愛。

虎地下村整齊的菜畦。

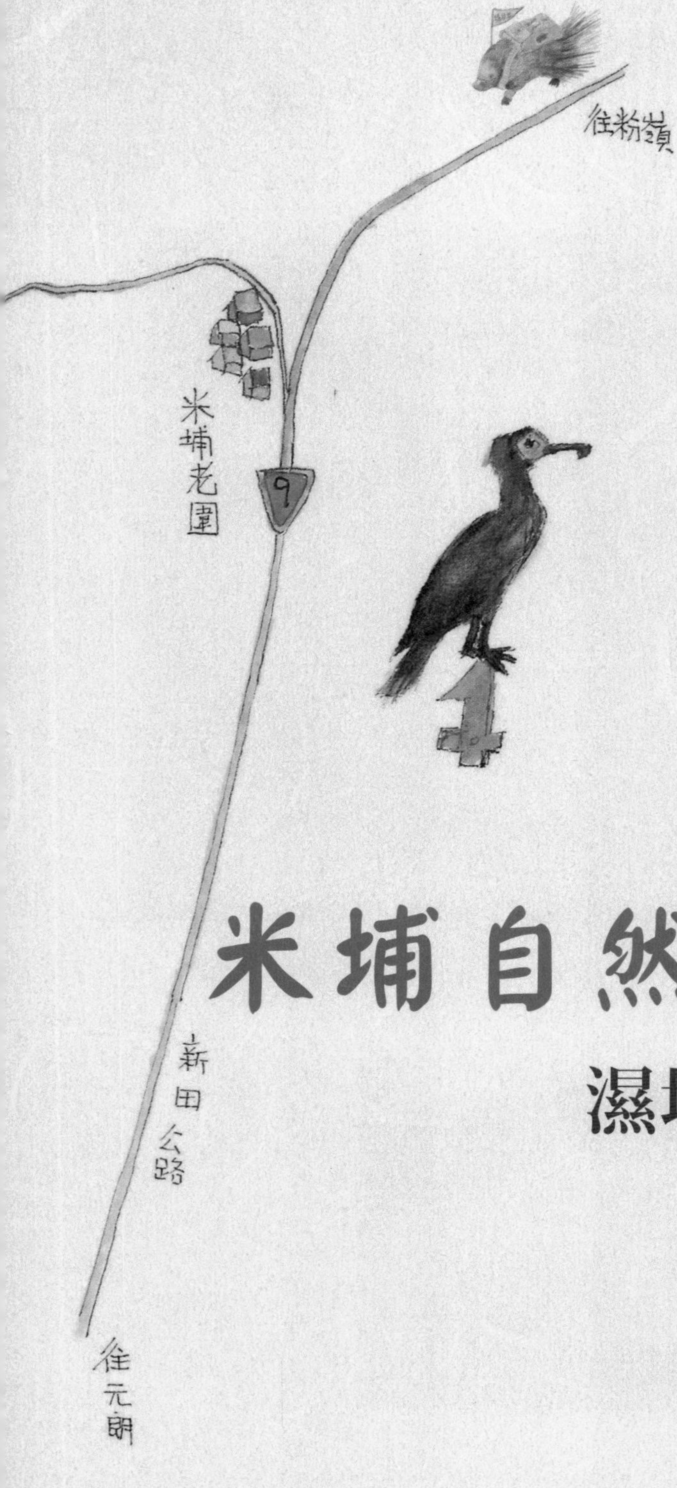

米埔自然護理區

濕地保育的典範

新界西部

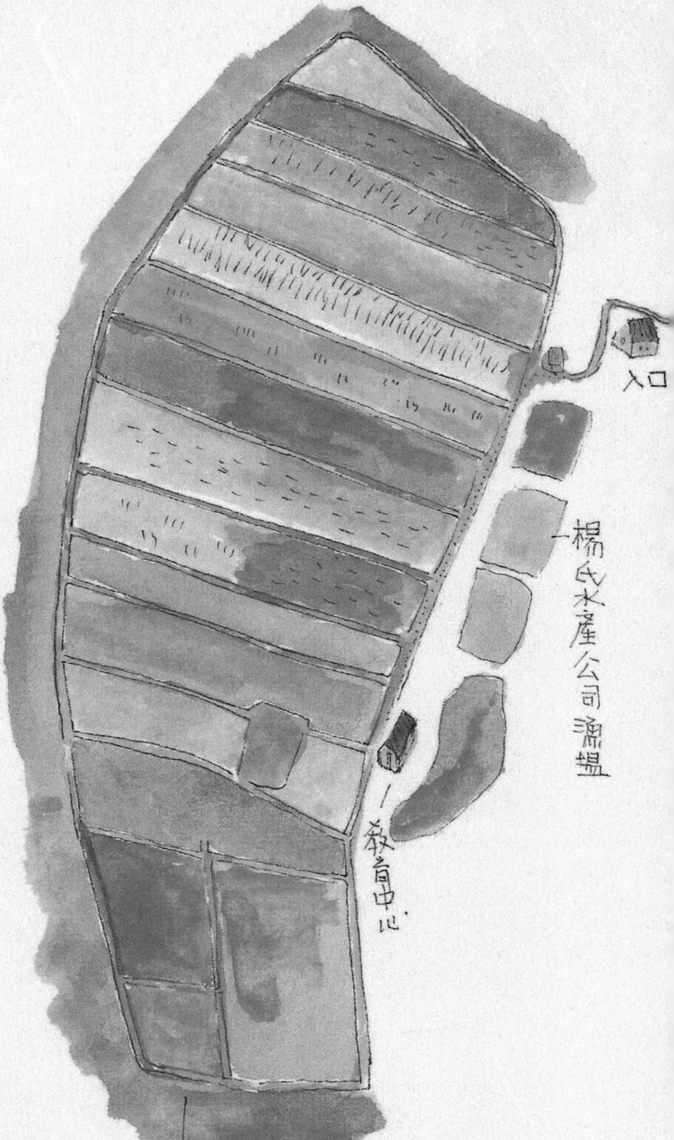

我的路線

進入米埔自然護理區需先申請，每週六日及假期均有辦理公眾導賞團，時間3~6小時，收費港幣90~350元，各有年齡限制，可上網查詢及報名。

交通

元朗港鐵站F或H出口，步行至青山公路元朗段「新時代廣場」巴士站，乘九龍巴士76K，米埔站下車，沿担竿洲路步行20分鐘，至米埔訪客中心。

難度

★

半甲子前，我在台北關渡潛心於鳥類觀察時，米埔是最嚮往的濕地典範。當時一直期待，有朝一日台北也能夠掙出一塊遼闊的濕地，圈出像米埔一樣的保育環境。有回過境香港，便抽空前往。怎知未事前申請，到得門口卻無法進入。只能乾巴巴在周遭魚塘徘徊，匆匆觀望後鎩羽而返。

今年冬末應港旅局之邀，方有機會深入。以前未進去，光是在米埔老圍周遭的魚塘觀察，水鳥的豐富已夠讓人驚奇。這回依然，大群鸕鶿在電線桿和苦楝枯樹上，壯觀地佇立或起落。那種活潑的野性，隨飛羽之展合，囂張又放肆，乃自然生命之繁榮，許久許久未在北台灣的濕地目睹了。

米埔濕地目前由世界自然基金會香港分會經營。該會在濕地外圍的村前，設有一辦公大樓和服務中心。從一九八三年迄今，長年豐富的濕地規畫經驗，遠遠超出亞洲各國。我們抵達時，解說員張詩敏已等候多時。

她個頭不高，扛著不亞於身高的單筒望遠鏡，上衣口袋插著賞鳥人必備的《香港及華南鳥類指南》。走沒幾步路，旋即專業地發現天空有隻白肩鵰盤飛。我生平第一回看到白肩鵰，吃驚地微微張口。

旋即，又有一隻，站在電線桿上，慢慢地享用剛剛捕捉到的大魚。一隻鸕鶿飛來，佇立電線上頭，不及兩公尺處，視而不見，毫無畏懼之意。我卻如《侏儸紀公園》裡那位古生物學家，看到恐龍再生般地驚喜。

一小段路後，抵達大門入口，先在小木屋登記。眼前只有一條一公尺寬的村徑，讓人通行。在裡面上班的保育員，只能由此騎單車進出。此徑尋常，跟保育區的赫赫之名彷彿搭不上邊。但這樣的不起眼，或許才更符合實際需要。

隱密而低矮，米埔自然護理區教育中心合乎我想像中的濕地公共空間。

入口解說牌資訊豐富。

引領我賞鳥的志工張詩敏。

為了防止疾病散播傳染，入口處設有一四方小水坑，鞋子須踩進這一水坑消毒。想到香港限制養雞，才能了然為何有此一嚴格管制。踏過小水坑後，彷彿進入另一個國度。

這條不顯眼的村徑，筆直進入沼澤區。村徑左邊是魚塭養殖池，屬於楊氏水產公司，右邊是米埔的基圍濕地。基圍是過去的魚塭，廢棄後在濕地基金會的維護和經營下，栽種了不少紅樹林和海岸的多樣植物。或者刻意空曠，讓它成為更多樣的水鳥棲息空間。

魚塭周圍，許多昔時架設防鳥網的鐵桿，仍整齊地孤立。以前，在此從事魚塭養殖的人，相當憎惡鸕鶿族群。牠們和鷺鷥科鳥類偏好到魚塭捉魚，造成不小的損失。魚塭主人為了保護自己辛苦養殖的魚種，只好架設防鳥網保護。現今接手的老闆觀點迥異，行事亦友善。他覺得鸕鶿是這塊濕地的主人，應該共同享有此地的食物資源。此後，不僅未進行驅離，鐵桿也未拆除。

魚塭旁邊繼續杵著鐵桿，做什麼呢？他讓鸕鶿在此享有飛降、捕魚的休息位置。這樣包容鳥類的老闆，從事魚塭生意居然未虧本，也算老天有庇佑了。

時間接近中午，一群香港中學生在前方聆聽解說員導覽濕地。台灣的青少年少有機會如此到戶外活動。泰半是不會使用望遠鏡的小學生，快樂而天真地走進關渡自然公園。真不知他們會看到什麼？

村徑旁有水翁、山蒲桃、細葉榕、木麻黃、黃槿、苦楝和朴樹等等防風樹種，除了前兩種，其他在台灣都相當常見。一路都立有解說牌，也有分岔的村徑，引領觀鳥者，走進一間間隱蔽的賞鳥小木屋，或者通往海岸。米埔南邊天水圍的濕地公園屬於觀光性質，此地卻有人數限制。偌大的保育區，今天除了這批學生和我們，沒什麼遊客了。偶爾有一二工作人員，騎單車經過。

不同的基圍，吸引不同的鳥類。鸕鶿群繼續在沼澤裡外來去，多數水鳥則集中在淺水灘的環境。

進入護理區的主要小徑並不搶眼。

為了鸕鶿棲息，漁塭的鐵桿依舊豎立。

我熱切渴望，邂逅全身雪白帶著黑斑的大型翠鳥，斑翡翠。看牠飛挺天空，鳥目水中獵物。或者俯衝入塘，銜魚而出。那是我在台灣不曾邂逅，遠到金門亦尚未目睹的稀有鳥種。米埔或許最可能邂逅，但撞見幾個秀麗的水泊水湄，景致落落大開後，似乎任何鳥類出現都很有看頭，便不再強求了。

其他水鳥集聚淺灘的喧囂，再次吸引了我的注意。鸕鶿群飛，帶來如非洲羚羊群的狂野奔騰。眾水鳥的辛勤走動則像忙碌的上班族，湧動於街頭。這是關渡沼澤目前最為欠缺的熱鬧。當地因周遭緩衝地減少，整塊沼澤和基隆河紅樹林間，又有寬闊的自行車道切割，嚴重影響水鳥群飛進內陸沼澤的意願。

我看得樂開懷，笑不攏嘴。解說員提醒我，「冬天時，候鳥南遷，最為忙碌。」

「像赤鱲角機場？」我開玩笑地比擬。她可是認真地點頭。

走進一間賞鳥小屋遠眺，前方水灘再度出現不同水鳥集體覓食的盛況。後頭更是熱鬧，一排枯樹上，數以百計的鸕鶿羅列其間。但後頭的後頭，更有興騰的風景。遠遠的邊際，深圳的商業大樓，高聳如大山般矗立。半甲子前，從此一位置眺望，只有青山綠野。如此強烈的城鄉對比，教人對此地的保育更感到窩心，但也對都會文明的發展更加驚怵。

據說深圳那頭也有塊福田保育濕地在規劃，面積比米埔更遼闊。整個珠江三角洲未來將有四大濕地保育區。果真如此，大陸的海岸環境維護，算是踏出一步。未來很期待這些濕地，都在珠江河口扮演好養護功能。

抵達保育中心時，出現一隻黑色型的棕背伯勞。解說員說日本觀鳥者來香港賞鳥，聞黑色變。只要是黑色鳥類現身，往往驚喜若狂。她的描述一點也不誇張，因為日本沒有烏秋，香港也不常見。小

梳理過的基圍一景。

另一基圍正在整地中。

這不搶眼的倉庫正是賞鳥小屋。

鸕鶿棲滿枯枝，形成一道風景。

白鷺和蒼鷺便普遍了，好像哪裡都會出現。只可惜，我還是未看到斑翡翠，連尋常的翠鳥聲都未聽聞。

保育中心是間密園綠色植物的矮房，隱密地坐落著，不跟周遭環境牴觸。後頭魚塘，許多鸕鶿和其他水鳥棲滿樹枝頭，離房子很近。我們走出去，鳥群並不畏生，顯見人為干擾在此很少，水鳥群習慣了周遭。

整個保育中心簡單樸素，主要做為研究和調查。目前的負責人是文賢繼教授，來自內地。我和他交換心得，沒聊幾句，發現好多台灣觀鳥專家都和他成為莫逆之交。賞鳥這件事，其實難有疆界和習性之分。凡關心者都容易結識成好友，我們一下子便談得熱絡。文教授十年前加入世界自然基金會，負責此區的培訓項目，具備豐富的濕地知識和經驗。

米埔現有三百八十公頃，約莫關渡自然公園或香港濕地公園的六倍大。加上緩衝區濕地則有一千五百公頃。就規模而論，或許不夠遼闊，但以一個國際大都會來講，已經相當扎實而令人欽羨了。

如今它面臨的最大問題是周遭汙染，珠江三角洲帶來的泥沙陸化非常嚴重，必須不斷疏濬。不過，米埔現在也是大陸生態保育者取經的聖地，畢竟這兒已有四五十年的多元經驗，失敗和成功的案例相對豐富，足以做為各地海岸的參考，或者以此為借鏡，避免再重蹈覆轍。

文教授跟我對話時，特別提到此一狀態。他很客氣，稱讚台北關渡自然公園的解說教育很成功，很值得他們學習。但整體的保育，台北有比較良善嗎？我尷尬地低頭，應該學人家的，恐怕更多吧？

往回走時，繞了一段濕地的小徑。沿著枕木走進蜿蜒的蘆葦叢或紅樹林，風景完整而別致，每個區塊彷彿都有自己的主題，足見此地雖未人為干擾，還是隱然有整理，保持濕地的良好運作。只是未邂逅斑翡翠，多少有些遺憾。只好期待擇日再來，有一驚見大團白雪掠過沼澤綠林的機會。（2011.2）

護理區的觀鳥枕木步道。

與文賢繼教授討論濕地問題收穫良多。

我在這裡還是沒等到斑翡翠。

南生圍

涌地盈盈的美好驛站

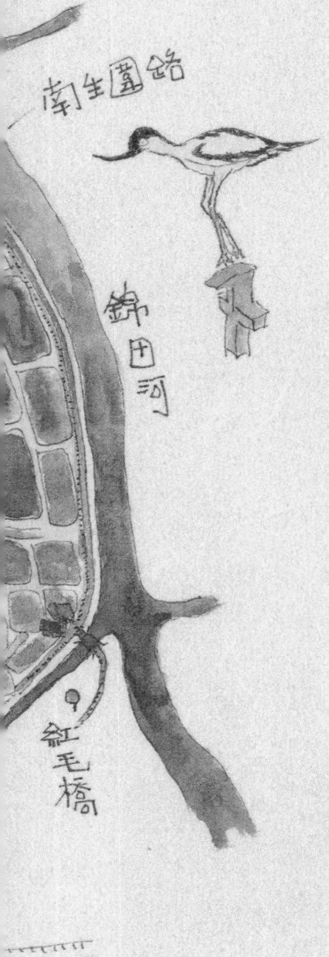

我的路線

紅毛橋站↓山貝河與錦田河交會口↓漁民新村↓山貝村↓港鐵元朗站，約3小時。

交通

港鐵元朗站搭九龍巴士76K路線，至紅毛橋。

難度

★

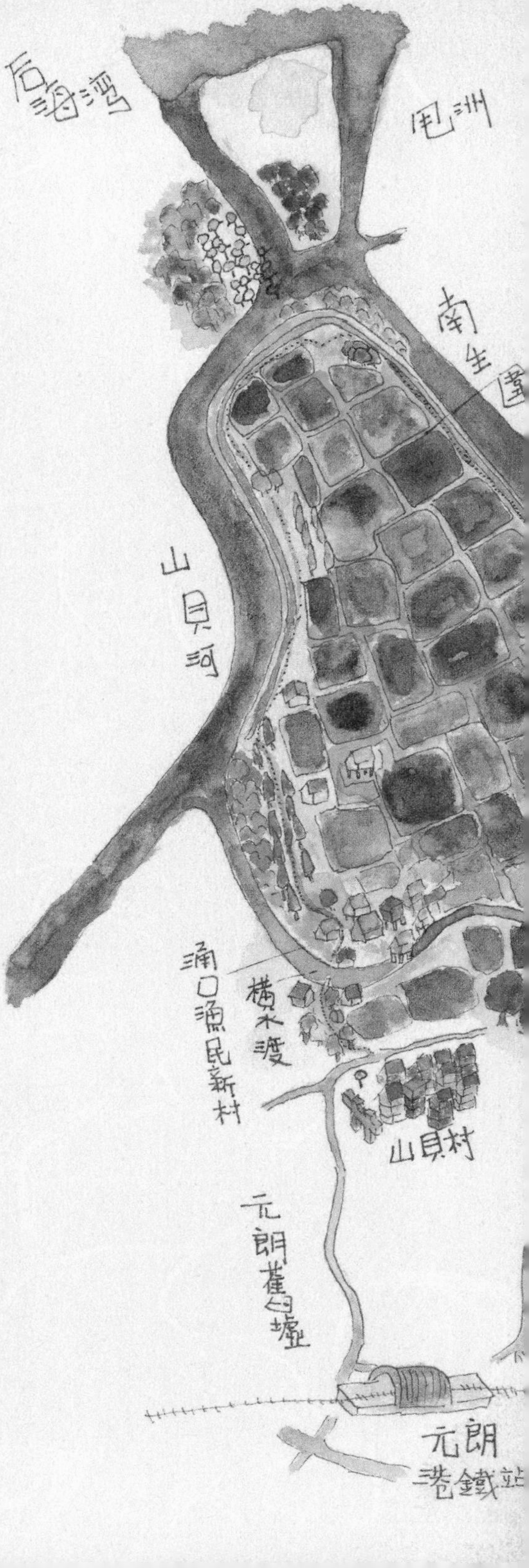

約莫四年前，詩人也斯引領一群文友到元朗踏青，後來從山貝村匆匆掠過南生圍邊緣。當時我即驚豔，香港仍有草原和魚塭之廣闊地貌，更訝異河上人家猶坐落其間。

好友楊宏通家住元朗，回憶年輕時，南生圍主要河道錦田河還未整治，大雨傾瀉而下，河水屢屢溢出，流進南生圍周遭的魚塭和溝渠。此一涌地盈盈的環境，乃水鳥棲息的優質家園，更是過境或度冬鳥類的美好驛站。

等錦田河排水道鋪設後，南生圍不易淹水了，土地開發的覬覦者隨之出現。港府更期待藉由這片看似毫無價值的濕地招商建樓，做為紓解住宅問題的空間。九〇年代，某一財團建商便巧立購地名目，跟在地養殖業者低價收購，準備日後興建豪宅樓市。此事紙包不住火，新聞爆發後，引發生態團體抗議，繼而帶起市民反彈的軒然大波。遠在台北的我，都時有耳聞。

這塊緊鄰米埔和香港濕地公園的地點，到底情況如何了？暖冬時，楊宏通和我相約，準備沿河徒步，清楚探看一番。我們搭乘大巴，在紅毛橋站落車。此地只有一條狹小的南生圍路，與寬直如大排水溝的錦田河並行。

入口有一戶破落士多，居於低矮民宅聚落間，應該都是此地原居民。聚落對面一排蒲桃，約莫八九棵，盛開著淡黃花朵，有些已結出果實。蒲桃乃失落的老果樹，市面無人聞問，也少有人當作重要水果。我們探問當地大嬸，得知這排蒲桃生長年歲不小。他們以前常食用，且摘去菜墟販售。其後有排芒果樹，看來都是早年的地方產業。

從入口進去，外圍濕地幾乎都是私人產業，如今用籬笆圍起。或有基圍仍在養蝦，泰半已荒廢多時。一路遇見不少騎單車者，輕裝休閒來去。夏日在此徒步，若無樹林遮蔭，猶處荒漠，暖冬則心曠神怡。

河畔樹林小徑讓人想起德國柏林。

中途又遇二三十多，搭棚立帳，提供民眾休憩的空間。

初時只能沿河邊，與車並行。一般市民都是從元朗港鐵站過來，繞一大圈。若是走路，約莫二三小時後，抵涌口漁民新村。由此可搭木板船橫渡，再從山貝村走出去。不少汽車駛進，惟道路窄小，只能原路來回，常有會車的困擾。

一路上的大喬木都是外來的赤桉和相思樹家族，偶有在地的苦楝和黃槿。苦楝落葉了，僅存暗黃果實懸掛著，襯著藍天，甚是秀麗。中途豎立有賞鳥牆，但像我這樣帶望遠鏡觀鳥者不多，多半攜帶數位相機。

走了一陣，道路旁邊出現適合散步的林徑，狹長地蜿蜒。我隨即轉換路線，避開車道上的車輛和單車。走進陰涼而鬆軟的泥土路，整個人頓時愉快，更能專注地聆聽鳥聲。

我約略記錄了在地鶇科、噪鶥和八哥熱絡的喧囂，鷸鴴科候鳥的高遠清亮，以及鶲科南來度冬所發出的清寂鳴叫。鳥聲此起彼落，展現自然的不同曲目，從草原陣陣傳來，誠乃最美妙的走路伴奏，任何樂團都無法取代。

此一綺麗時光，不禁讓人回想，兩年前在柏林城郊森林的長程徒步。那是這輩子最享受的都會平地健行，背包裡有雜糧麵包當中餐，一路遇到休閒散步的市民，以及徜徉在林間看書的人。

我強烈感覺，今天也有這等風情。但出發前，委實難以想像，香港還有這樣的自然場域。直覺上，這是歐洲城市郊野才有的地貌。我不免估忖，這兒若有更多樹林存在，形成林蔭小徑，想必更能避開暑熱。

未幾，錦田河上出現琵嘴鴨在泅泳、打盹，鸕鶿和蒼鷺偶爾掠過。又過一陣，還有漂亮優雅的大

台灣賞鳥人若看到這麼多反嘴鴴想必都要瞠目結舌。

魚塘的每一區塊都有風景，好像豐富的畫冊。

琵嘴鴨是這兒的優勢族群。

型水鳥，以強烈黑白對比的羽色三兩出現。牠們是久違的反嘴鴴，竟在河上走路覓食，顯見河道之水並不深。反嘴鴴在台灣相當罕見，我許久未邂逅，如今看到不禁雀躍萬分。但這歡喜十分可笑，沒過多久，牠們在魚塭集聚的數量，遠遠超過我的想像。

印象最深刻的一景，乾涸的魚塘旁，苦楝枯枝上，幾十集鸕鶿大剌剌地棲滿，彷彿觀眾。魚塘裡則巧趣地分成兩個集團。其中一隊，集聚了數百隻琵嘴鴨、高蹺鴴和蒼鷺等水鳥，全部望向東邊。另一群在對岸，清一色是反嘴鴴，高達上千隻，兩團隱然對峙著。

不論是各類水鳥的雜牌隊伍，或者是單一的反嘴鴴族群，我在台灣都許久未見，如此驚人的數量。以前去香港濕地公園三四回，漲潮時，水鳥群飛進來棲息，也未見如此熱絡。

這兒簡直是香港水鳥集聚的旺角。牠們的選擇不在米埔，也不在天水圍，而是南生圍。一塊被財團收購，政府默許興建樓市，即將消失的濕地。一塊讓人想起綠色之都，柏林城郊美好森林的涌口環境。此地未刻意經營管理，自然生態就如此蓬勃，如今卻要在環保意識高漲的年代，執行不符土地正義的開發，實在教人憤恨難平。

我才被魚塘和基圍的環境所震懾，宏通卻提醒我，河口還有更精彩的畫面。後頭有什麼呢？我帶著狐疑的揣測再往前，紅樹林愈來愈多，天空不時有燕鷗飛竄，猜想新風景真要出現了。

果然，抵達山貝河和錦田河匯合處，再次被自然奇景所震撼。這回換數以千計的鷗科海鳥當主角。牠們形成皚皚雪花，彷彿一夜之間，鋪蓋在一座小島旁邊的河心灘地。還有些水鳥如小白鷺、反嘴鴴、高蹺鴴等，陸續飛來穿插其間。這兒不在米埔保育區範圍內，鳥類卻集聚更多。米埔經營三四十年，河口地貌改變許多，實在該重新評估，擴大保育範圍，將此一小島灘地全部涵蓋在內。

優美的魚塘風景讓人不禁想多駐足。

大草原是港民拍婚照的熱點。

此一小渡頭最多人愛拍照。

隱密不知終點的幽深小徑。

不同的濕地環境，吸引了不同種類的鳥群，接連幾塊魚塘、基圍和河口的風景正好告知了此一狀態，且提示濕地寬廣的必要和多樣。先前所見若是鳥類棲息的旺角和油麻地，河口之處合該是中環這樣的街心，集聚不同生活的族群。

當然，此地不只是水鳥川流不息地往來，河堤上也有不少人在觀望，持相機拍攝的更不在少數。數位相機的發明，讓香港添增了不少追逐自然風光的族群。他們不盡然是男性，也不是傳統的賞鳥人。透過現代科技，他們對自然有一都會新情境的體驗。

過了兩河匯流口，騎單車和年輕的遊客族群愈為增多。大部分係從山貝村渡河而來。人潮集聚最多的地方，集中在半途一片大草原，旁有桉樹成排。天氣好不容易放晴，很多市民攜家帶眷，學生也集體出遊。幾對新人在此拍攝婚紗照，最受矚目。

以前南生圍是香港攝影的天堂，許多影視節目也在此拍攝，結婚伴侶以此當背景自可理解。再試想看看，尋常小市民把此地當成生命的重要風景，顯見這兒有一公共的美好，不是金錢可以取代的。若把這一底層生活的精彩記憶抹滅，誰該負責任呢？

大草原邊有不少餐廳，都是多角經營。什麼扒艇仔、釣魚，以及吃喝玩樂等等，規模都比先前進來的簡陋士多豐富，顯見平常遊客不少。

山貝河和錦田河一樣，因排水施工，闢為疏洪道後，魚塘大片荒廢。許多地方還逐漸乾涸，陸化為大黍高壯生長的草原。只見一些大喬木稀疏林立其間，勉強露出傘型樹冠，深黃淺綠不一。此等冬日草原景觀，乍看如非洲草原。若不是一二魚塘仍有殘存的廢棄舊宅，荒涼地坐落其間，恐怕難以猜測何地。這些蕭索之屋，離堤岸近的，都演變為遊客探幽懷舊的熱門去處。

例假日常常人潮眾多的漁民新村渡輪。

河上人家猶有五〇年代香港的漁村風景。

橫水渡碼頭。

經常都是阿婆坐鎮碼頭收錢。

我觀看地圖，除了南生圍路和河堤並行，魚塘和基圍間還有好些錯綜的小徑和土路連結，不少單車族騎進去探險。若規劃為徒步小徑，簡單地整理動線，形成單車和走路的平野公園，整個城市的休閒品質勢必會更加提升。

南生圍若興建豪宅、闢設高爾夫球場，只能招納有錢人居住，享受濕地破壞後的郊野，但它若形成市民的自然公園，那是整個香港都增值。它不僅維護了濕地，都會生態旅遊的內涵也相對豐富。柏林之所以吸引人，不只是人文藝術的豐厚，自然環境形成的綠色郊野團團包圍，更讓它加分許多。香港山水層層相連，加上所處的河口地理位置，絕對可以扮演類似的亞熱帶綠都指標。

堤岸道路到了大草原就結束，此後都是泥土小徑，此地情境更像都會森林公園。沿著魚塘的林蔭土路，抵達了橫水渡。此處叫漁民新村，水上人家綺麗地存在。有位畫家曾以此主題作畫，在銅鑼灣展覽，我因而印象深刻。

漁民新村的舊宅小屋，零星散落在草原般風景下，傍河生存，儼然大澳的縮小版。只是河道淤積，村宅荒廢，僅存幾戶人家簡單生活。有靠渡河划小船賺活的，也有其他不知何以度日的，繼續住在此地苟延殘喘，形成涌口人家的慢活歲月。一顰一笑彷彿都流露了，淒美風光的最後一瞥。

遊客都在此排隊等候橫渡，一個人五元。例假日或許擁塞，但平常應該是比較寂寥的。板舟晃盪，雙船對渡，不過二三分鐘即過河。情境似古人搭舟遊湖，更如唐詩某一紅塵擺渡的小小情境。

過了河，通往山貝村，有一小廟，以卵石為神，裸露於地面。汙泥之地，得石不易。這一象徵頗濃，我理解為原始簡單的意思。此地仍保持民風淳樸，不曾更改多少，因而小廟繼續老樣的風貌。多麼期待南生圍亦然，繼續今日和過去的風景。（2012.3）

這一幅河上人家畫面不知還能存在多久？

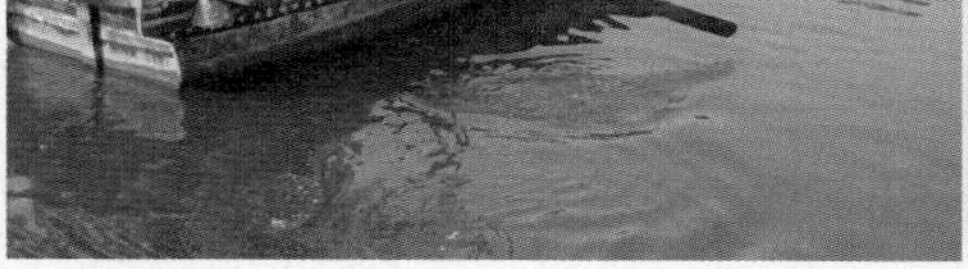

橫水渡每天在山貝河來來回回。

人工划槳的橫水渡，一趟港幣五元。

芝麻灣

濱海浪行

大嶼山

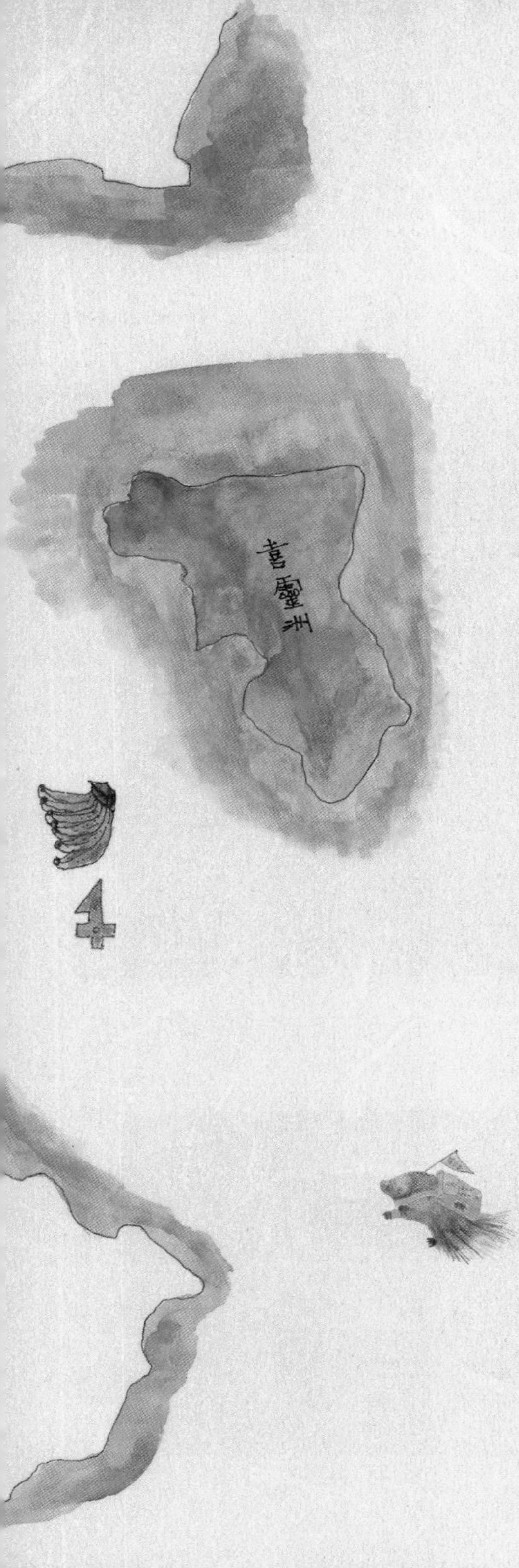

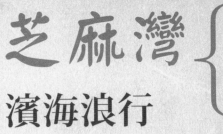

我的路線

芝麻灣↓十塱新村↓牛牯灣↓梅窩，約2.5小時。

交通

在中環碼頭搭乘渡輪，經長洲抵芝麻灣。

難度

★★

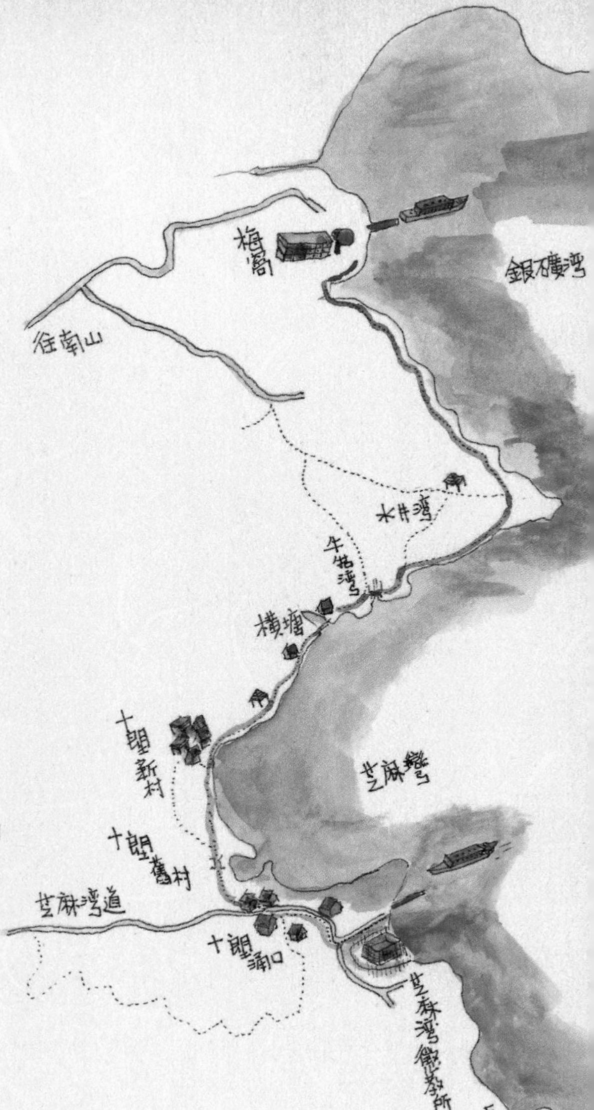

大清早，在長洲喧囂的市集前搭乘渡輪，準備前往大嶼山。從一座離島到另一座，香港特有的海上交通，讓初體驗的人總有壓抑不住的旅行興奮。更何況，意欲前往的地點，還是較無人的海灣。

原來，我選擇的這一班離開長洲後，並未如常直駛梅窩，而是先繞到芝麻灣。每天總有三四班，是這麼落寞、疏離地迂迴。

渡輪徐徐曳航，約莫二十分鐘，經過少人居住，帶有神祕感的喜靈洲，靠抵芝麻灣。一座碼頭孤獨伸出，有位看似東南亞來的外勞拎著麻袋佇候。他的背後是鐵絲網架設、高牆聳立的龐大灰色監獄，就無其他了。

下船的旅客只有三位，分別是老婦人、中年男子，還有我。老婦人拎著小包裹，中年男子拉著小推車。碼頭後方的監獄，全名乃芝麻灣懲教所，據說關的都是女性受刑人。

初始，沿著獄所旁邊的公路上行，我好奇地俯瞰左側的監獄，森嚴的鐵絲網設了兩道，層層隔開，裡面無半點人影，彷彿空城般。

我為何選擇這兒靠岸行山，因由有二。一來，當初研究地圖時，發現航班殊少，便莫名地滿懷美好的想像。再者，行山的地圖裡，有條模糊不清的虛線從那兒繪出，連接著梅窩。我更樂觀地猜想，沿著海岸線，說不定以前也有條村民往返的老路吧！

旋即，趕上中年男子探問究竟。他指點我，只要沿著一條黑色水管散步過去，確實可以抵達梅窩，但他很少去。隨便閒聊下，這才知老婦人是他母親。他們緩步而行，一前一後。

片刻後，抵達十塱舊村。前方有一開闊的小海灣，擁有平坦腹地，寂靜的風景瑰麗如十九世紀的田園寫實畫。比對地圖，此地才是真正的芝麻灣，先前碼頭只是隱密的小灣澳。芝麻灣以前據說有水

一座小小之島，長洲人口稠密生活機能豐富，教人吃驚。

長洲碼頭停靠許多老式漁船。

長洲最常見食物——扁魚。

街市以長者為多，彷彿老人之島。

牛放養，我四下搜尋卻未發現。兀自走下海灘，大榕樹旁坐落一小小天后廟，仍有嶄新的香燭和對聯，顯見香火不熄。旁邊坐落一間石頭厝，一名老嫗帶著小狗出來。跟她請安問路，試著用簡單的廣東話探問梅窩的方向。小狗凶惡地對我吠叫，很可能從我的語言，機伶地察覺出我是外來者。

雖然語言不通，她比手畫腳，示意我沿著芝麻灣的柏油路往前，不要再走村徑。村徑不長，沒多久即抵海岸盡頭。龍眼樹下停著好幾輛腳踏車。男子趕上我，牽了其中一輛。原來一大早，他騎腳踏車到此擺放，搭船去長洲買菜，再跟母親回來。

我問他為何不到北邊的梅窩採買？他說那兒比較遠，而且沒長洲蔬果的豐富。再者，還要翻山越嶺，上上下下一個多小時。從芝麻灣去長洲只要二十來分。他們的世界素來是芝麻灣老屋跟長洲小鎮的互動。一個星期去一二趟，購買食物回來，便足以度日。

我們並肩緩行，經過一處平坦開闊的草原地。其母親先是落後一大段，最後坐在一條長椅休息，遠眺海景。如此來去，想必她已觀看多回。片刻後，再緩緩起步。

此地為十塱新村，設有村校和鄉公所。平房二三十間，隱密地偎集在半山坡的樹林裡。村校早已廢棄，只剩大榕樹一棵孤垂。村頭一條寬闊的公路銜接至貝澳，乃芝麻灣半島唯一可駛車子的公路。一位年輕男子看到我們走來，從海岸邊的小屋中探頭，跟中年男子寒暄。

中年男子停下腳步，等候母親。我先告辭，迎頭趕路。寬闊路徑消失，僅剩一公尺寬的村徑。這寬度是香港離島最常見的山路內涵，中途有一二木造涼亭，供登山客休息，旁邊配有山火拍，防止山火突發。

翻了好幾個彎道，抵達果樹栽種不少的橫塘，乃一擁有小小水源的山谷。谷間坐落二三戶人家，

芝麻灣沙灘以前據說水牛不少。

一對在地的母子檔跟我一起上岸。

十塱舊村靜處於一角，不見人影，連唐狗都未出現。

房子維護得當，周遭生長不少大蕉、龍眼和黃皮等。這對母子便在此長居，與世隔絕，也跟其他地區少有往來。屋前小路，他們設了一個牌子，不希望登山客進去打擾。

前頭有一條泥土山路引導，繼續銜接村徑。再踏上村徑後，旋即撞見一戶杏花盛開的人家，三間簡陋的舊房子零星散落。上了坡，水泥村徑消失，泥土路漸出。

片刻不到，下抵山谷遼闊的牛牯灣，一條開闊清澈的河流，從山谷裡緩緩流出。沿小河有一村徑可上抵嶺頂，通往南山。村徑迤邐上山，山谷地形如淺碟般開闊，再次教人想歇腳。我迷戀地眺望時，意外地發現小溪對岸，一隻水牛赫然現身。

以前看到的都是頸胸黧黑的黃牛，頭一回在香港鄉野遇見水牛，我倍感興奮。水牛在窪地，專注地埋頭吃草。剛剛一路信行，看到不少糞便，猜想都是牠的排遺。我起身整理背包，牠遠遠凝望著，有些狐疑，卻沒什麼警戒，大概熟諳我這種登山客吧。

猜想這隻就是芝麻灣的水牛，農夫無田可耕了，便任其遨遊山谷的濕地。香港到底剩下多少水牛，不知有無統計？前些年，港府相關單位曾把一隻水牛放養在濕地公園，讓牠在那兒和其他動物棲息。這一共生概念甚佳，應該放入生態環境的教材。

其實水牛不只是濕地的成員，更是農耕文化的活遺跡，繼續以其緩慢地啃草徜徉，告知著早年某一香港鄉野風景。山行間能夠邂逅，彷彿在非洲遇見大象那般幸福呢！我陪伴水牛好一段時間，分享山中的悠閒，以及只有鳥聲的靜寂。

繼續沿海岸邁步，此後大抵是好行的泥土路，旁邊繼續有黑色大水管伴行。繞了一個大U道，遠眺來時路。芝麻灣遺世般地坐落著，獨走異國村徑的感動再次湧升。

走了多回郊野，終於看到一頭水牛。

一路繼續邂逅大蕉，在山谷凹地生長。大蕉果園形成兩大區塊，旁邊都有老舊房子伴護，顯見是此地的重要物產。在傳統農漁耕牧消退後，大蕉成為對外銷售的物產，其實也告知此地泥土沒什麼肥沃，種不出好果物了。

抵達水井灣時，周遭雖有隱密森林，但面積不大。翻上一小高地，遇一岔路，立有 L136 標距柱，銜接著名的鳳凰徑。往前俯瞰海灣，一艘從中環來的渡輪抵達梅窩碼頭，來不及趕上它的再出發了。

走下山徑，出口為一不明顯的小石階路，繼續有一標距柱 L139。香港山路的特色，便是到處有此清楚的標距柱，確切知道自己的位置，想要迷路走失還真不容易。

我看時間還從容，不理渡輪，決定再走往梅窩的鄉野探看。（2011.3）

蜿蜒上山的牛牯灣村徑。

水井灣高地豎立多樣的登山告示。

海岸和水管步道一路並行。

東梅古道

悠邈的生活細道

大嶼山

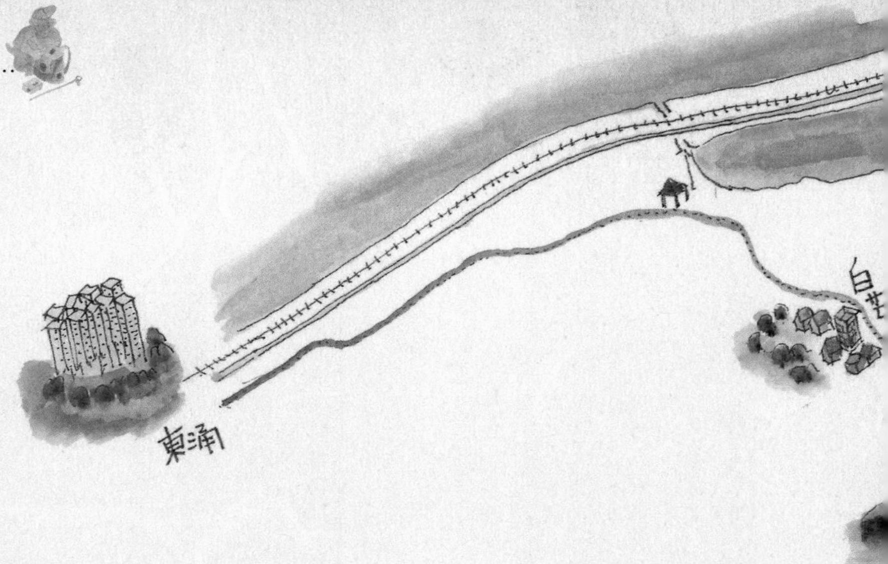

我的路線

梅窩↓銀礦洞↓望波坳↓牛牯塱↓白芒↓東涌，約3.5小時。

交通

中環碼頭搭渡輪抵梅窩。

難度

★★

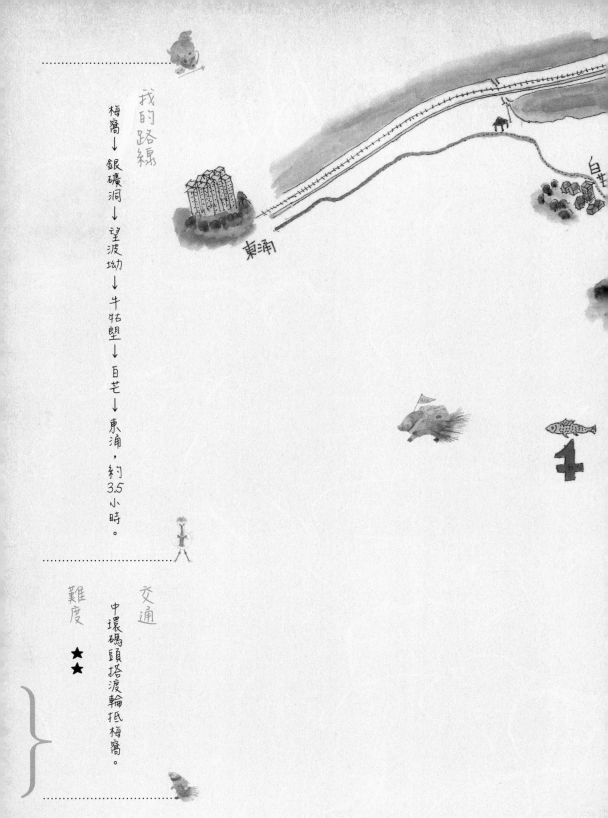

現今世界各地著名景點，凡郊野鄉間常保留古道或舊路，供旅人健走旅遊，認識在地文史風物。香港古道少說還有三四十條，尚保持完整，且又古意盎然。只是這些舊路多為生活的細道，少有戰爭、遷移等路線。不知是否此因，古道的重要性才減弱，並未形成重要的旅遊山徑。香港日後受到重視，規劃為良好步道內涵的，多為稜線縱走，視野開闊的路線。外人熟知的麥理浩徑、衛奕信徑和鳳凰徑等，咸是此一休閒類型。

東梅古道便是細道之類，難以大氣的山路。一山兩側山腳皆有村圍，以此瘦小交通微弱地聯繫著。此山路看似可有可無，亦不影響重大生活經濟。再者，兩邊皆有港灣，方便通向海洋。

顧名思義，此一古道當是東涌到梅窩的舊路，因為聯繫兩地，遂有此名。而山上因有二三舊村散居，行走其間必須穿村越嶺，古道之實遂有了生活的強力佐證。

友人楊宏通曾告知，二十年多年前，他回港在漁護署工作，前往大蠔河調查魚類資源，曾邂逅大蠔村婦女，肩挑海灣挖出的蜆（台灣稱為蛤仔），翻山到梅窩去販售。此一場景透露了，早年附近村落的某一生活型態。咸信當地人應最常利用東梅古道，來往於梅窩和東涌。

如今通往赤鱲角的機場快線和鐵道、公路等橫阻在河口，嚴重影響大蠔灣和大蠔河域的生態。許多洄游生物和海岸植被受到波及，昔時村人挖蜆到梅窩買賣的美好時光也宣告消失。

夏初時，我決定探訪此一大東山北邊的古道。清早搭乘渡輪抵梅窩後，意外逢上大雷雨。初時撐傘為躲雨，走沒片刻，雨勢頓歇，陽光露臉後轉為炙熱天氣。若無一傘遮陽，在山頭恐燠熱難挨。

穿過梅窩老村，沿路好行。經過好幾間廢棄的古厝，二三種高昂的鳥聲變化不斷，從秀美的田疇間傳來。清新亮麗的錯落鳴啼，搭配著梅窩淳樸的鄉間風味，譜出了一曲大都會的田園奏鳴樂章。猜

東梅古道幾乎都是水泥村徑，讓人有些失望。

老式的木料裝潢公司在村子裡營業，
不知生意如何？

有趣的路徑標示。

梅窩多為丁屋，並無公寓大樓，風情淳樸，
日後因而特別愛去。

想是尋常的鵲鴝，還有畫眉、黑臉噪鶥也在旁湊興吧。

迂迴繞過蒼翠的蝴蝶山，雷雨過後的銀礦灣瀑布煥然一新。我幸運地瞧見驚人的水勢，如山洪爆發。再往上有一銀礦洞，百年前，據說香港英人曾有採銀之計畫。後因礦脈不多，草草了事，留下開採的洞跡。此事不脛而走，遂取此名。

一路上地面都有港府署名「香港奧運徑」的標幟，此徑係紀念北京主辦奧運而設。沿水泥石階辛苦地拾級，登上稜線的望渡坳，設有一遮日避雨的觀望亭。過去若無此亭，翻山至此，逢上烈日，中暑者恐不少。

回望梅窩，風景小可，此後皆為平順的下山路。一路無泥土沾染，總覺得少了踩踏的況味。相較於西貢和船灣等地的行山，甭說古道，自然原野的粗獷都稀薄了。

接下，古道上坐落著三個小村，依序為大蠔、牛牯塱和白芒。它們合稱為三鄉，都是兩百多年歷史，隱匿山野的老聚落。

大蠔村祖先來自廣東，極盛時有十戶人家。最初開墾之地，位居阿婆塱和鴨腳瀝兩條溪流交會處，後來才移至此一地勢較高的山坳。如今人去樓空，幾無人煙。

大蠔至牛牯塱村間的濕地，毗連大蠔河的自然環境。以前曾有一交通規畫，意圖興建大嶼山南北通道，橫越此間，連接梅窩東涌兩地，後來遭到否決。當地村民甚為不滿，傳聞暗地破壞山林表示抗議。此一狀況在世界各地皆有發生。香港面積小，這類議題若未處理得宜，很容易兩敗俱傷。

接近牛牯塱時，望見兩座林氏家祠，想必此村以林姓為主。它原本有一防盜更樓，可惜八〇年代時倒塌。如今最迷人的風景當是背後，鴨腳瀝山的蓊鬱風水林。山路到此地變得開闊，可通小車，村

上：雷雨後，銀礦洞瀑布聲勢喧譁。
下：廢棄的銀礦洞。

2007. 4. 鵲鴝

子亦明顯地住了不少人家。

村口前又有二路分岔。

駐足停望好一陣，想及在地一些歷史環境的變遷，還有風水林的可能意義。當下，我毫無詩人佛洛斯特的感性喟嘆，掙扎著接下往哪個方向前去，而是決絕地先踅進村裡探看了。

隨即被一株老樹吸引。一般村口的老樹，大抵為白蘭、朴樹等吉祥帶福的樹種，或黃皮、龍眼這類果樹，容易結果纍纍，供村人食用。

這棵是樹幹斑駁龍鍾的龍眼，我不禁心生親切。台灣農村的果樹裡，最容易在老舊房宅邊邂逅的，往往也是它。原因不外龍眼果實可食用，吃不完的晒成龍眼肉乾，還可當中藥。木柴還能當上好的燃料，價值遠勝相思樹。

龍眼四處可見，猜想昔時香港農家也有視為薪材的認知。至於黃皮，更是香港鄉野重要的指標樹種。家有黃皮和龍眼，想必是安康常居之地，一如台灣農家，周遭栽種著龍眼、楊桃。

如是美好懷念著，夏日時在香港街攤，看到小鋪擺出水果，若有黃皮，我都會毫不考慮地買一串，帶在身邊。旅居時日，更常當零嘴不斷嚼咀。藉它的酸甜，舔食它的籽粒，揣想此地鄉野風情。

在龍眼樹下納涼時，一位阿婆倘僂現身，我脫帽跟她致意。走在香港鬧區的街道，城市的老太太講話吱喳嘰哩，迅快如雀鳥，不太搭理人。阿婆見我一人，慢慢喃唸了幾句。後來發現我，只會客套的「唔該」、「雷猴」，倒是很好心，示意我進房子裡喝水。我從背包取出水壺，表示自己有準備，再向她道謝。一如世界各地，香港偏遠村子的阿婆，總是比城市的淳樸親切。

阿婆後來在屋子前的草地摘藥草，我接近細看，原來是崩大碗。當下興奮地比手畫腳，表示自己

牛牯塱林家村想必都姓林。

白蘭是許多村子入口的地標樹。

林家村坐落在鴨腳瀝山下。

認識這藥草。阿婆也很歡心，竟又嘟囔了幾句，好像稱讚此藥草對身體很好。崩大碗在香港街頭也有販售，通常打汁混合其他藥草鮮飲，在台灣則當做小孩轉大人的補藥，熬煮雞湯喝。

我跟牛牯塱的接觸就這麼簡單，不見其他村人，也未見著任何遊客。一位言語不通的阿婆，一個遠離世俗的山谷小村，還有村後的風水林，連結出一處甚少被認知的香港。

從牛牯塱，若不轉彎去白芒，直接前行，經過兩間未營業的士多，再過一鐵橋即大蠔灣。大蠔河匯集眾小山溪，在此注入河灣。一條古道有緊密的三座小村，形成魚米之鄉，跟大蠔河流域的存在有著密切關聯。

大蠔灣提供了紅樹林生態的多樣生長，香港現有的八種紅樹林種類，在此都可記錄。大蠔河銜接之，創造了淡水魚棲息的美好空間。香港淡水河魚類一百五十多種，光是這條低地河流即占有三分之一，生態資源的豐富，堪稱香港淡水河之冠。想要認識香港淡水河域動物，勢必得走訪此地。

沿著大蠔河觀察，除了貝類，我最感興趣的是香魚。古人烤吃香魚，氣味清甜有餘，自古留傳。台灣仍沿習此風，以小火炭烤料理，我偶爾享用，常一邊感傷。

何以傷心？原來香魚是洄游型魚類，在台灣的河域已消失半世紀。以淡水河為例，往昔秋天白露時分，牠們從上游下抵卵石灘區產卵。戰後因工業汙染和濫捕，頓時絕跡。後來不得不以日本陸封型的香魚，繫放於淡水河上游。我一直期待著他日俟河之清，香魚能夠回來。

有回請教香港魚類專家莊棣華，根據他的經驗，香魚在珠江算是常見，但偶爾也會游進大蠔河產卵。不過，根據一些報紙的描述，公路和地鐵等出現後，香魚好像也絕跡了。站在大蠔河，想及環境汙染不斷複製和重蹈覆轍，難免慨嘆。

2012.3 香魚

牛牯塱村甚為安靜，彷若全村都搬遷了。

從古道遠眺大蠔灣。

從牛牯塱走往白芒，右邊陰森的隱密林子裡，潛藏著一間廢棄的大教室。仔細瞧，壁上大字：白望學校，感覺廢棄有二三十年之久。人口往都會集中，此類郊野廢校到處可見，乃香港常見景觀。

白芒位置最低，清代時據聞即有駐軍防守，顯見位置重要。如今村內有一防盜更樓，高大矗立，彷彿仍在執行某一抵禦任務。我驚其村圍仍保持完整，步道和村子以石牆隔開。前後有東西兩門，西門為主，門口鋪有石階，榕樹在旁倚伴。不遠處，接近更樓的位置，還有一試劍石。村後路旁一間廢置建築物，乃三鄉之聯合村校。村內士多懸掛大蕉，還有白花蛇舌草涼茶販售。

出了白芒，走往東涌。一時興起，並未沿古道續行，轉而選擇海岸的水泥道。一路如荒漠，不見任何人影，意外地邂逅了荒地的通天草（即九尾草），盛開著如火炬的紫花。原本預估是漫長單調的海邊走路，竟因而有了小小的慰藉。（2011.7）

白芒圍村完整，連西門都還存在。

白芒更樓。

東澳古道

高腳棚屋的家園

大嶼山

我的路線

東涌↓繖頭村↓鱟殼灣↓沙螺灣↓深石↓深屈↓大澳，約4.5小時。

交通

搭乘港鐵至東涌站。

難度

★★

很少港鐵站一出來即有綿長的古道，東澳古道如今仍完整地存在，當然更值得珍惜。海上天候惡劣時，此路是昔時大澳人走到東涌的海岸山路，中途小村居民亦常循此來去，如今更是踏青最佳之處。時間充裕，腳力豪健者，從東涌走到大澳，遠比坐巴士去那小漁村，或者搭乘纜車登上昂坪更教人愉悅。

出了東涌站，往西過馬路，登上一水泥覆蓋甚多的小山崙。此丘雖矮，可不能小覷。山頂昔時乃軍事要津，清初時設有一小炮台居高臨下，如今可遠眺昂坪纜車站及逸東邨。

隨即下馬路，抵寧靜的馬灣涌。此一小小涌口，擁有典型大嶼山小漁村風光。近水邊，幾間高腳棚屋，彷彿大澳縮小版，歷史卻更久。大澳的棚屋早些年因大火幾乎毀盡，現存的多為火災後重建。更前方，街巷彎彎曲曲，盡是兩三層高的老舊村屋，強烈對照著近鄰高樓林立的逸東邨。村內因設有蝦醬海味攤檔，彷彿也還保留著，一點昔日漁村的閒淡風情。

經過村子前的水塘，鹵蕨和紅樹林到處青綠著。水泥小徑彎繞，沼澤之後又一村，復一涌地。風景如是綺麗宜人，好不快哉。

接下幾處農宅，周遭栽種了不少龍眼、黃皮。其次為木瓜、香蕉，也有荔枝和釋迦等。還有一些蘋婆夾混其間，說不定是香港此果物最多的路線。

再過一港灣，循公路右彎，穿過迂迴的村路後，四周豁然開朗。前方坐落一座乾隆年間的古廟侯王宮，廟裡供奉了南宋名臣楊亮節。據傳他曾保護宋帝與元軍在東涌灣外海作戰。香港地區供奉楊氏之舊廟不少，大多祭禱鎮瘟疫保平安。隔一水道，不遠處，赤鱲角機場跑道，大大小小飛機的升降盡在眼裡。

侯王宮附近農宅，前有黃皮一棵鮮明佇立。

馬灣有一個一九五九年老石碑，告知此地的滄桑。

過了橋，逸東邨和馬灣村屋的高矮對照，教人驚愕。

繼續前行，沿傍海的山腰小徑走至礅頭村。村前豎立多處警告牌，提醒遊人必須依主徑行進，不得隨便跨入村內其他地方。古道一出名，遊客多了，近旁村子對待遊客不出二種態度。想做生意的，星期日掛牌成茶檔。為了賺取微薄的餐飲費用，比過往殷勤，若能踅入，歡迎都來不及。但不想做生意的，生怕干擾，冷漠便罷，甚而有敵視之態度出現。

春天時，一路有各種野花相伴，經過此自是怡然悅目。縱算不識種類，光是多樣豔麗的色澤便教人欣喜。冬天時，古道風景雖較肅殺，細瞧之，卻也有另一番枯枝萌發的新綠氣派。

繼續上路，步過鱟殼灣。有此名，過去想必有鱟到訪過，如今只剩靜寂的海灘。翻過一略微高突的小山，下行抵人口集聚較多的沙螺灣。初抵甚是幽靜，但這是幻象，旋即便聽到飛機轟隆起降之聲。

我才驚覺，機場就在對面，僅隔著一小小水道。當地村民掛起白布條，抗議飛機起落的吵雜，更抗議即將興建的第三跑道，但這些反對都如蚍蜉撼樹。為了香港的發展，偏遠而少人知悉的沙螺灣，注定要被犧牲。

除了機場，還有一條港珠澳跨海大橋，即將興建橫跨此地到東涌。此橋會是最後一擊，把這個毫無反擊能力的弱勢小村更加摧殘。

有一回，帶學生行走東澳古道，從屯門碼頭搭渡輪到來，特別在此村多停留一點時間，觀察地方風物。一上碼頭講解時，還提醒他們，現在看到的景象，或許是這一客家老村最後的淳樸。

古道旁係一圍村，昔日渾厚石牆猶存在。入口則有一大血桐，形成傘狀的陰涼空間，常有老人閒坐聊天。圍村排屋後則有傳說近千年的大樟樹，少說四人抱的樹身，形容和軀幹之碩大，不下於荔枝窩村後的老樟樹，皆有神樹之氣勢和儀態。我去拜訪時，發現中途有棵一人抱的土沉香被砍倒。盜伐

若建大橋，不知沙螺灣還有無此美好沙岸？

從屯門可搭渡輪到沙螺灣。

海邊的鄉公所和天后廟。

村人以標語抗議機場擴增和興建大橋。

地點離村子不遠，似乎告知，此村人丁寥落，風水林乏人看顧了。

旁有岔路通碼頭，海邊也有不少住家。早年黃槿樹形成天然藩籬，擋住海風，保護了內陸的諸多果園和耕地，一如台灣的海岸。附近還有一座乾隆年間興建的天后廟，老舊器物已有古董之味，仍在使用。

數隻麻鷹在低空盤飛。冬末的原野，朴樹枯枝開始冒出嫩葉和小花，形成新綠的風景。遠瞧時，山坡盡是朴樹發芽之姿，秀麗田園如詩畫。

出了沙螺灣，旋即抵達醃石灣的三山國王廟，再彎繞一段斜坡，抵深石村，旁有荒廢的深石學校。此地因無士多，常被人忽略其存在。其實這村落散居著不少住戶，果園茂密。荔枝、枇杷和黃皮最多，次為龍眼、大蕉，也有楊桃、桃子和蘋婆等，一路還可見編織用的竹叢廣泛散布，類似長枝竹。後來接近大澳時，亦有不少竹林，高大的莿竹也有幾叢。

穿過諸多果園，上抵深石和深屈分界。嶺上有涼亭、伯公廟和水圳紀念碑坐落著。涼亭和伯公廟乃地理分界常有的文物，碑石就不可小覷。趨前探看，碑文上記述著引水至深石灌溉的事由。此間難得看到水圳，只可惜溪水乾涸，改為水管了。

越過山坳分界，一路下到海岸盡頭，就是深屈了。深屈村附近有三間士多，販售內容大同小異，都是公仔麵、汽水和白花蛇舌草之類。唯第一家的楊桃飲料，乃當地自家種植的土楊桃，全係新鮮榨汁。還有別地古道少見的蠔餅，內餡之蠔，全挖自海邊，價錢自是不菲。

第二戶士多，主人乃一精瘦老翁，八十出頭，身子甚是硬朗，人稱九叔。隨行山友陳旭明跟他閒聊，得知其年輕時在不遠北邊谷地耕種，一年二期稻作。除了稻作也捕魚，以前在海邊礁石突出地，曾以

走了一半再回首，遠眺深屈海岸。

深屈為中途重要休息站。

士多賣的食物。

大蕉掛著販售，風味更佳。

罯棚作業。如今都停擺，只在宅前和老婆經營小生意。

我們遇到時，他正在劈木頭，主要是荔枝幹。我說荔枝柴是上好的燃料，他甚為興奮，彷彿遇見知音。他在後院種了茄茉菜，籬笆種有一奇怪的豆科，可以採收黑豆食用。村旁馬路，當地人正在晒製盛產期的柑桔，準備醃漬鹹柑桔，做為治咳潤喉的良藥。

深屈全村都姓吳，旭明後來提供了一則寶貴的經驗，我簡略抄錄如下：

有一朋友的外公是深屈村民，住在近大澳方向最後一家，叫吳傍坤，七十多歲。很久以前也種水稻，後來改為種菜植蕉，蔬果採收後，挑上寶蓮寺販售。以前還會網魚，開船送到大澳兜售，也有養蜜蜂賣蜜糖，如今都荒廢了。

寶蓮寺在山上的昂坪，深屈有山路可通。深屈一地住的都是粵人，熱情主動，樂於做生意，積極拉攏客人。新界的客家族群比較含蓄害羞，不易主動笑臉迎人。我有如是行山心得。

再前行不遠，抵達一處海崖分岔處，往左通往大澳，右下茜草灣。往右，經過田野，下抵海水盡頭，岩石嫣紅，紋理詭異滿布，間有白色花紋，猶如一幅幅中世紀古地圖。海岸雖瑰麗，除了經驗豐富的山友，實不宜再往前。

循原路走回古道，踏上水泥小徑，繼續向大澳方向推進。

數隻麻鷹在天空盤飛。水泥小徑變成泥土路，昔時古道的石塊仍有保留，或重新整修，算是維修很好的磴道。沿著山腰小徑，看著山下海濱驚濤拍岸，遠一點海水深藍近墨，再偶爾抬頭看那象山，山勢雄偉，不免想及台灣東海岸清水斷崖的風景。

下抵海岸，穿過竹林叢，突然看到廢棄的石頭厝三四間偎集。我正疑惑這一情景，旭明注意到海

冬末初春之交，當地人都會晒柑桔。

我們到達深屈時，九叔方才砍了一堆荔枝樹枝幹。

岸突出的位置，尚有一豎立的木頭殘骸。他提示我，那就是剛剛九叔提到的罾棚，如今遺棄多時，早已敗損。陸上的石頭厝想必是荒廢的漁寮，以前是就近煮食生活的簡易住宅，隨著罾棚毀棄而傾圮。

罾棚大抵以竹枝舉著漁網於海上，竹枝有巧妙設計，可讓漁網沉於水中。岸邊再另以木頭架設一轆轤，用繩索控制海中漁網的升降。捕魚時，先沉網於水中，等待魚類游入，再定時轉動轆轤，拉起漁網看看是否有漁獲。若有，再以舢舨划到那兒取魚。

此一昔時捕魚舊器物，還有如何捕捉的技巧，合該加以保存，同時口述整理，做為重要的地方文化資產。目前，沙螺灣西側海岸仍存在此一傳統作業。只可惜，我兩回經過都太匆促，未及拜訪。

過了此一舊時捕魚小澳，大澳便浮現於盡頭的海平線。

仍有麻鷹在天空盤飛。站在象山山腹俯瞰漁村，沼澤紅樹林以及荒廢的田野皆清晰可見。最迷人的風景，合該是那櫛比鱗次的棚屋。通體銀白如魚身，亮麗地坐落在低窪之河道，明顯是大火後重建的。遠看淳樸，近瞧卻是觀光化濃厚的河港。尤其是舊渡河兩岸，儼然如尋常的商業小鎮。很多攤檔的海產食品，都非在地物了。

初次走訪大澳，係由作家蔡珠兒引領，見識如何購買當地漁民捕獲的新鮮魚產。後來隻身去，不懂門路訣竅，只能走馬看花。買一個隱姑賣的雞屎藤粿，吃阿婆做的山水豆腐花，或是排隊嚐那炭烤功夫的雞蛋仔。

但拜訪多了，總想離開人群，放慢腳步，在棚屋間流連，看看有無在地特有的風物。譬如晒鹽、晒鹹魚和製作鹹鴨蛋等傳統生活特產，猶在棚間的空地悄然進行著。還有「鹽工之家」、「大澳文史工作室」，在此支撐著某一蜑民文化的延續。某家很台灣咖啡店的人文藝術店面，竟也居間嘗試營業，

看到寶珠潭，大澳就不遠了。

大澳街景，商業氣息濃厚。

虎山海豚徑，可觀看白海豚。

鹽工之家的出現，讓大澳沒那麼商業化。

大澳的高腳棚屋。

廣東海岸昔時常見的罾棚。（陳旭明 提供）

大澳的棚屋常有鹹魚曝晒的風景。

大澳棚屋一戶接一戶倚河而立，特殊的蜑民文化吸引觀光客前來。

6219 P41071C

更讓人眼睛一亮。

這些都讓充斥俗媚觀光的大澳，彷彿有一新的可能，只是力量還嫌單薄。新興的創意產業跟過去的大澳緊密連接，明顯地才開始起步，遠遠追不上商業利益掛帥的浪潮。

跋涉長遠的東澳古道，回想著此路面臨種種開發的危機，再看到大澳如此流於商業化。回途時，不論搭乘大巴回東涌，或者坐渡輪到屯門，心情難免比平常沮喪，也疲憊許多。（2013.3）

隱姑做的雞屎藤粿，比其他地方的都好吃！

棚屋旁正在曝晒鹹鴨蛋。

紫羅蘭山徑

認識港島森林的最佳路線

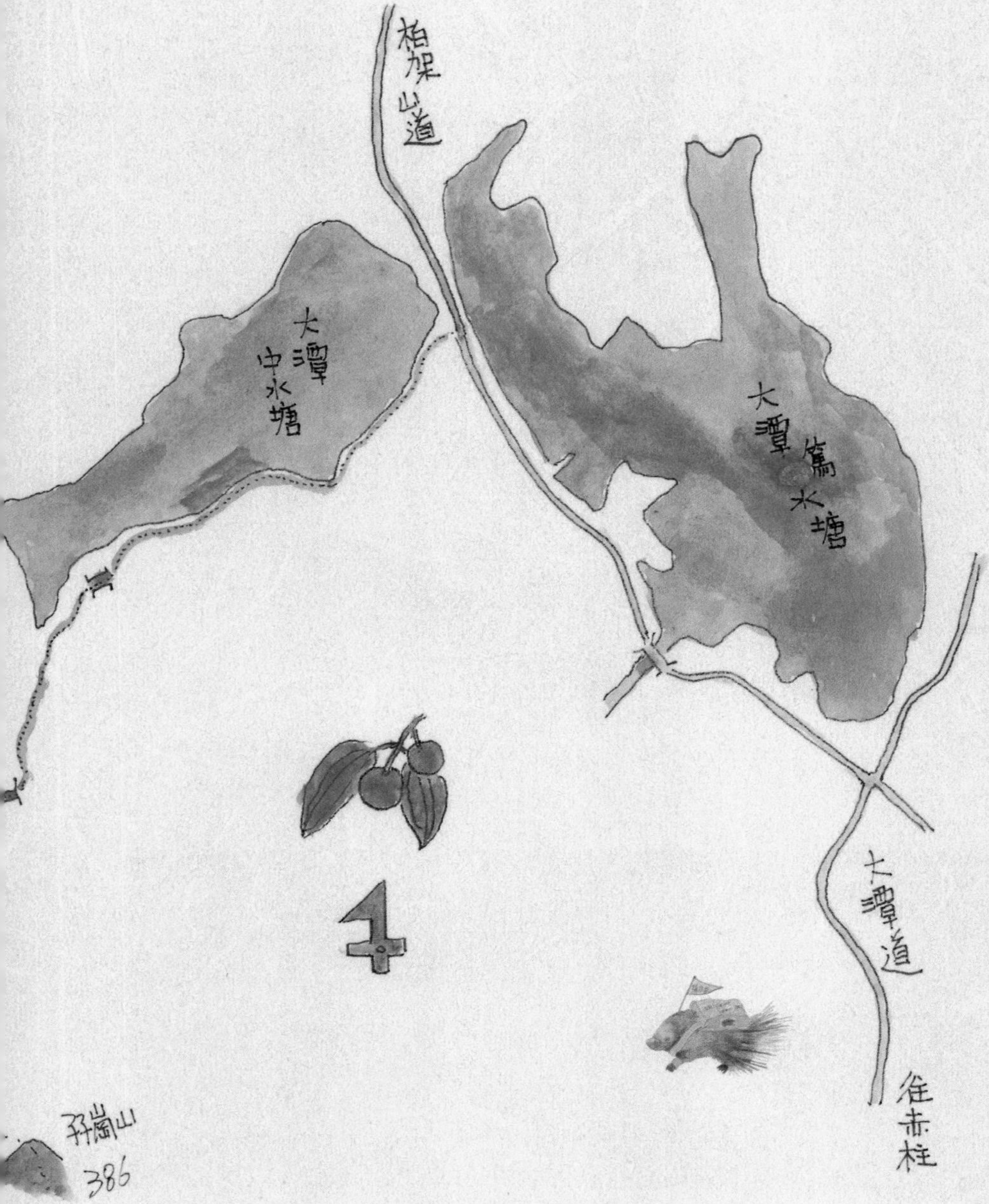

我的路線

黃泥涌水塘↓淺水灣坳↓大潭道，約3小時。

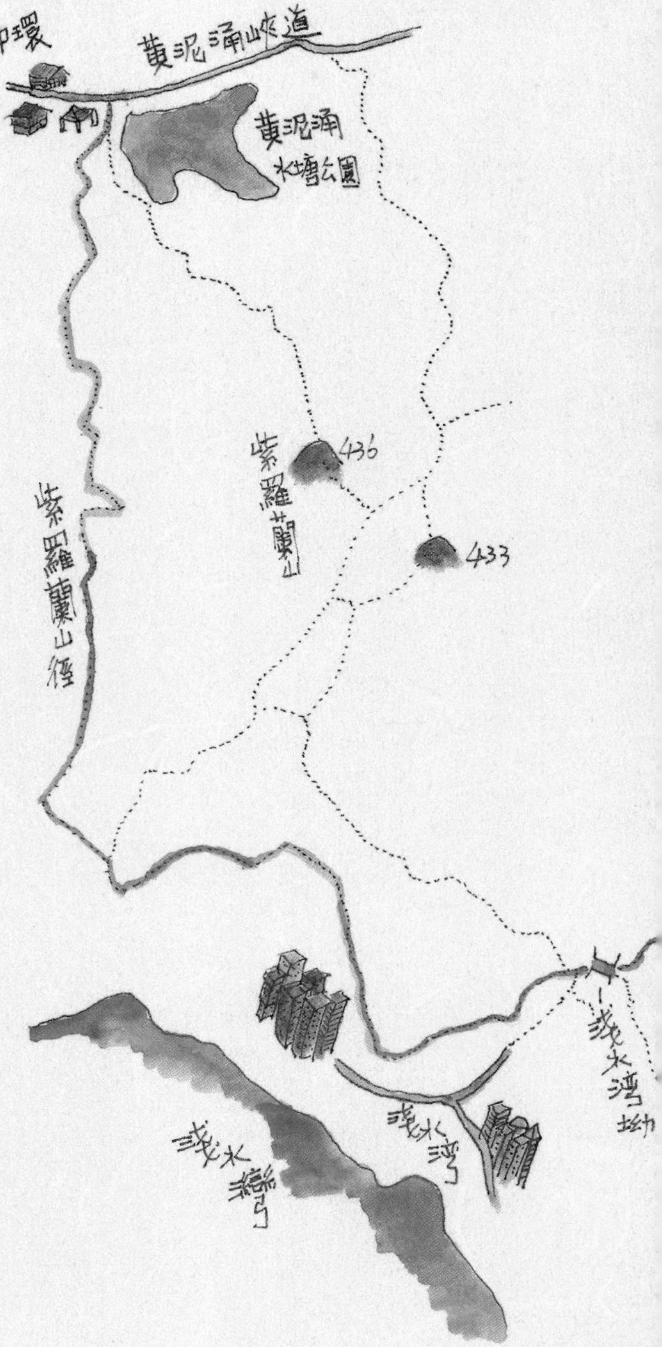

交通

港島巴士路線6、41A、63、66、76於黃泥涌水塘公園站下車。

難度

★★

紫羅蘭山徑位居港島中央，或許名氣沒東邊的龍脊響亮，更不像山頂盧吉道冠有觀光勝地的頭銜，但其沿著山腹的平緩迤邐，或者突然峙險，變化起落甚大，彷彿瞬間走進異地。

再者，此徑一路多為碧綠蒼翠的林子，且銜續連接大潭中水塘和大潭篤水塘。走過的感覺，猶若剖開一顆瓜果，取其核心之肉，試嚐其甜度。香港島森林蔥蘢之概貌，由此更可了然。

我行進的路線很普羅，從黃泥涌水塘公園旁的山徑，下抵淺水灣坳，再左轉進入大潭的這兩座開闊水塘。當天是例假日，一路常有摩肩接踵的登山客，老外比例勝過蘭桂坊。

喜好自然風光者，行走此路線最偏愛的，或許是中途的俯瞰。佇立岩壁高崖，俯瞰淺水灣山水相連的綺麗，或眺望下弦月之美的白淨沙灘，當是視野的一大享受。天開地闊，縱算成排高樓無我一間小窩，似乎亦可暫時紓解煩憂。

我則偏好森林的瀏覽，從這兒如常見的麻鷹盤旋，居高臨下鳥目。森林好像許多西蘭花（綠花椰）的濃密偎集。有的又好像依著山谷地形，時而如大海之深沉，綿密地起落。接近山巔時，林相則以波浪沖岸，稀疏地碎裂在岩壁旁。

香港島較諸北邊新界的山區狹小，為何多蓊鬱林相，可能跟香港島山勢瞬間拔起的島嶼型環境有關。十九世紀中葉時《香港植物誌》（一八六一年）作者，英國人 George Bentham 曾有一段迷人的描述，我一直深記腦海。大意是說，從植物分類分布地理線，香港島的位置是中國大陸北方的終點，一方面又是南方熱帶的起點，因此可以蒐集到植物種類範圍便很廣了。當時英國的統治還包括九龍等地，但若循此觀點，光是集中在此島的植物採集，似乎就可盡信。

當然，今日香港島會擁有隱密森林，恐怕還有一不得不然的考量。畢竟一座島嶼的資源有限，英國人治理時，為了保護水塘和自然環境，唯有採取更為嚴格的管制，同時積極造林，這些也都是重要因由。

中秋過後，大頭茶白花逐漸盛開，由上往下俯瞰，可以清楚細數，到底山頭擁有多少面積的大頭茶。這一優勢植物廣泛分布嶺南和台灣諸地，但最早被西方植物學者發現和命名的地點在此，想來也最符合其歷史殖民地的身分。如今它仍然是香港島的優勢族群，在土壤貧脊之地強健生長，不讓人工栽植的相思樹僭越，更證明了此地林相的原始和成熟。

在北台灣山徑，大頭茶幾乎不見脫皮現象。此島一路上的大頭茶，卻幾乎以脫皮的鏽紅樹幹迎接登山者的視覺。樹幹裸露者，當然不只是大頭茶，好些樹種都有此特質，唯它最是醒目。

但我最想記述的，應該是山果的大量迸發和成熟。才走進去沒多久，兩種山果已展現豔麗的色澤，點綴了秋涼之意。一為黃牙果，一為小葉買麻藤。這兩種山果，在本島的密集度，都比新界和九龍的森林高，想必跟林相成熟的發展有著密切的關係。

黃牙果長得像一顆金黃的橘子，接近街市賣的軟柿大小。此區野地生長許多，縱使不懂植物者，看到樹上結著黃色的碩大果實，大抵就八九不離十了。它們彷彿柑橘的大量迸發，醒目地以金黃色澤點綴在綠葉間。或者，我們隨興走著走著，只見地面常有成熟或腐敗的黃果掉落，八成也是它們。惟其他時日，不長果實時，尋常的喬木外型並不容易辨認，還得從樹枝近乎直角的橫向生長，遠遠地盯瞧，方好確定身分。

試吃成熟方掉落的，果皮微酸。但別忘了，它的別名，嶺南山竹子。吃得更進去，種子外一層細皮膜乃果肉，帶點甜味，只可惜沒山竹的肥厚。這果實也只能試吃，在野外有趣地淺嚐，不宜多食。

雅致的大潭篤水潭石橋。

顧名思義，牙齒真容易染上黃漬色澤，有時還會腹瀉。

小葉買麻藤更是久違了。上回邂逅在龍脊，走下山徑時，在密林下看到一串如枇杷般大粒的果實纍纍垂掛，紅黃青綠皆有。試著碰觸，手上染了一堆果皮的銀粉，不免心驚。小心剝開果皮，試食一顆紅熟的，果肉多汁，甜度高，看似不錯的野果。但才試食，即有些不對勁。果肉內似乎隱藏著某些肉眼難以察覺的毛刺。不過吮一小口，嘴巴內彷彿有數百支小針在點鑽著，雖不傷舌。其麻如刺，委實不宜多吃。

其實我接觸的部分是假種皮。端詳一些掉落地面發黑的果實表面，再去其皮，裡面硬核有黃色的果仁，富有蛋白質。香港山友稱山白果，果實用水煮滾，剝去外皮後，據說可以炒食。香脆而硬，很耐嚼，但略帶苦味。不少買麻藤屬都可製作質地良好的繩索，或成為編織素材。我研判此種應該也有可能。

一路上，到處都是這種碩大的果實成熟地懸垂下來。最初以為，它只在矮藤灌叢林附生。豈知，愈是成熟的林間愈多。有些還從接近二樓高度的幽暗林冠上層，粗大地低垂下來，且依靠著旁邊的大喬木，支撐著果實過度肥胖的重量。古藤老樹的林相，一串串鮮豔的果實，或青亦橘也紅的亮麗綻放，彷彿整個森林皆在豐收。認識了這種植物，也儼然才參透了香港森林最底層的情境。

轉換另一個角度，林子裡被其附生的大喬木，恐怕不會喜歡它的攀爬。但被它龐大地依靠，顯見樹木本身又是多麼強健。那是多麼榮寵，彷彿身經百戰的勇士，身上到處都有代表著戰功彪炳的傷痕和舊疾。

除了這兩種食用型山果，還有兩種屬於香港四大毒草，此時也豐碩地結果，卻不宜隨便試食了。

大潭中水塘如一枚藍寶石鑲在森林裡。

這一季節到處可見黃牙果。

大頭茶因樹皮脫落而醒目。

紫羅蘭山徑時而險峙。

小葉買麻藤果實。

其中一種，現今在台灣眾人知曉，叫馬錢。為何出名？原來，台灣前些時有四位原民意外中毒死亡，死相離奇地角弓反張，因而造成社會震驚。初時報導，傳媒根據一位醫生的研判以訛傳訛，可能係誤食一種叫馬錢子（馬錢的種子）的藥材。

此新聞一爆發，大家都好奇馬錢子為何？其實，這類植物台灣森林裡並不多見，更不易尋獲。一些電視名嘴竟言之鑿鑿，好像台灣郊野到處可摘。後來查證四人係被農藥害死，跟此物無關，但大家對馬錢子卻有了初步的認知。

馬錢在紫羅蘭山徑可是土生土長的優勢植物。一路上，接近山頂陽光充裕照射的灌叢總會遇著，尤其是牛眼馬錢。一如黃牙果明亮地長在喬木上，它們在灌叢頂端的環境，以接近小金桔的外貌，搶眼地結果。在嶺南各地，它還有一些美好的別稱，諸如牛眼珠、牛眼球、牛眼睛。這些在地小名，都告知了其形容特質。不知者因其形容漂亮，恐怕會採食。若仔細瞧，果皮光滑，絕非柑桔的內涵。

此山不只有牛眼，還有果實像一對羊角形狀的攀藤植物，叫羊角拗。初訪時，偶爾在其他乾旱的山徑上會發現，但邂逅最多的地方也是此間山區。有時那對像山羊角般的果實，肥大如秋葵，碧綠似青椒。但若以此想像為蔬果，汆燙而食，那簡直是開自己生命玩笑了。

秋天原本就是果實成熟的季節，不同的山區都有各類山果煥發。多以觀賞的角度享受自然的禮讚，收穫想必更為豐富。我謹以此紫羅蘭山徑的內涵，推想香港島山林九月的華美。十月時，應該還有山油柑、南酸棗，等著粉墨登場。（2012.12）

此一山徑適合鳥瞰淺水灣。

紫羅蘭山裡的小溪谷。

牛眼馬錢果實如小柑桔。

柏架山道

老人徜徉的林徑

香港島&南丫島

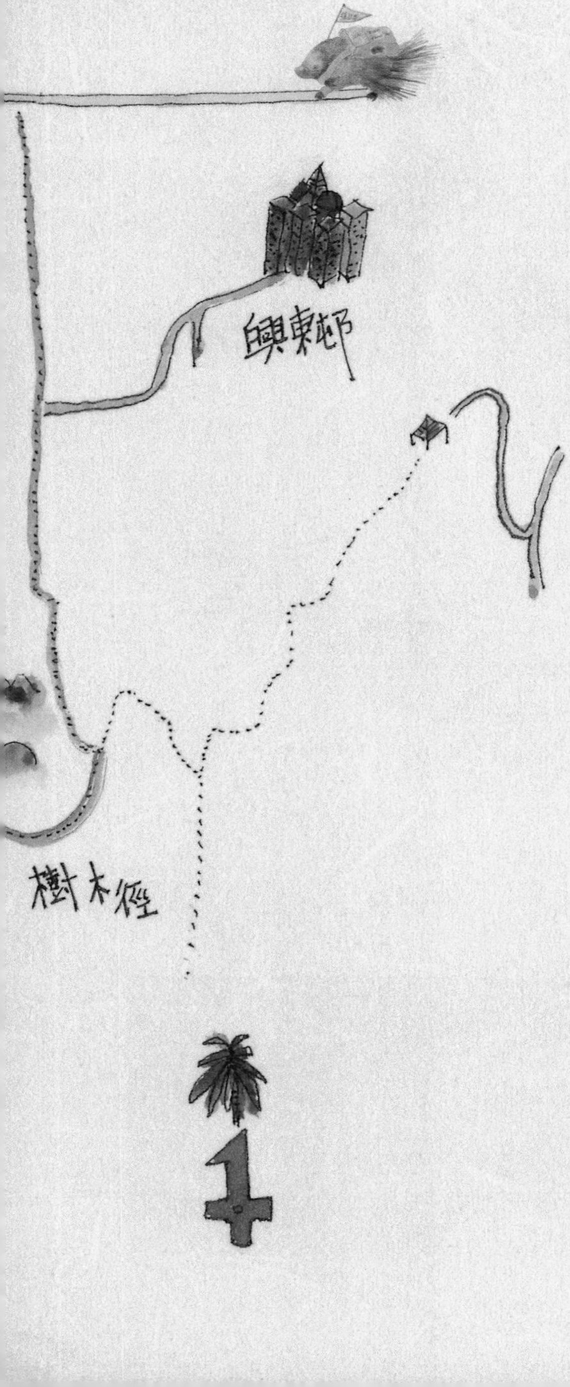

我的路線

鰂魚涌站↓柏架山道↓衛奕信徑↓柏架山道↓樹木教育徑。

交通

港鐵鰂魚涌站出口，過馬路即柏架山道。

難度

★

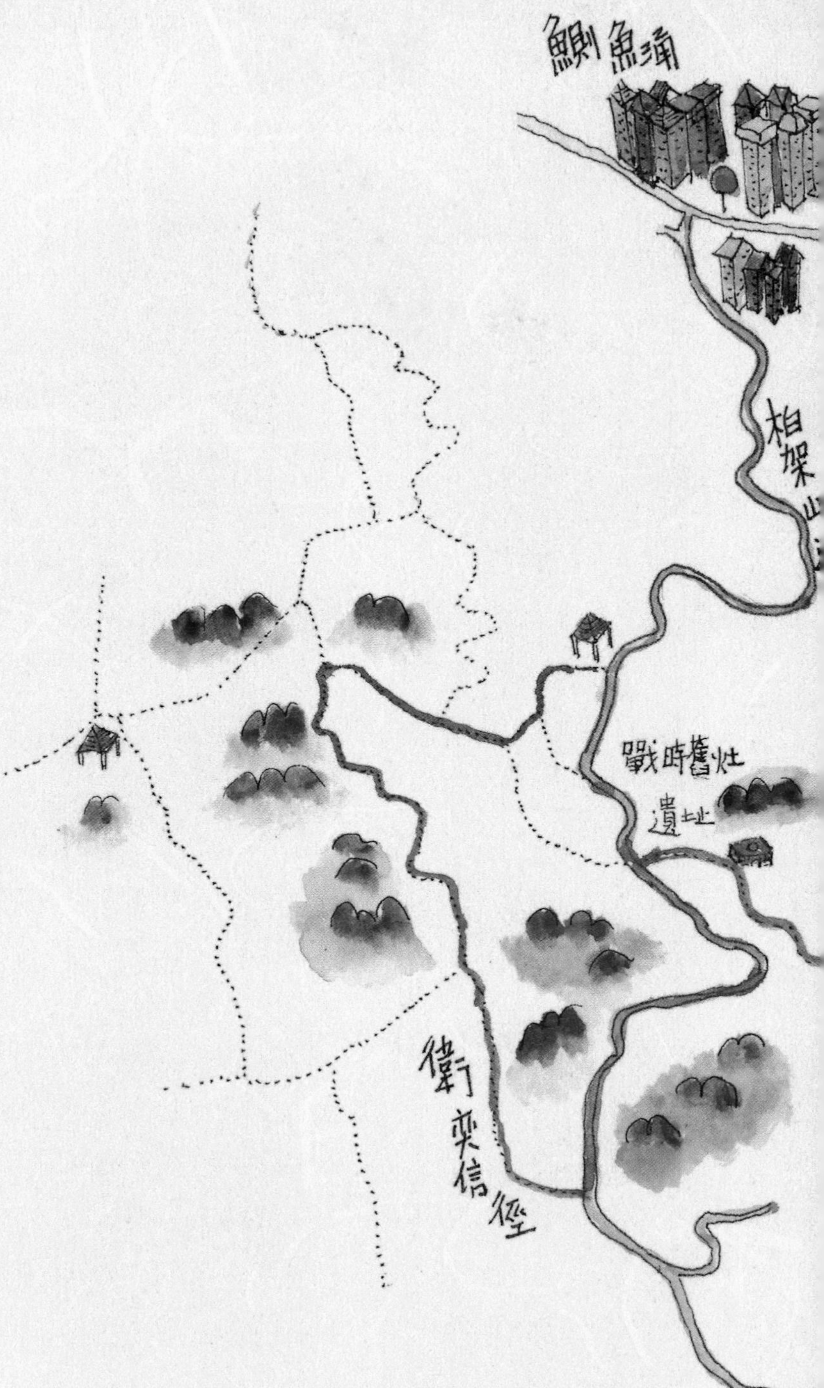

搭港鐵港島線，出鰂魚涌站，過了街即可森林健行。這一便捷的走山條件，縱使在多山環繞的香港，還是不多見。較允當美好的山徑，多半都還要再轉個小巴，或搭的士。

循柏架山道緩上，大清早，旁邊山友以老嫗老漢為多。山道者，香港之定義，大抵路面頗寬，多可通小車。惟車輛行駛有時間限制，好讓行人安心去來。老人頻繁地上山做運動，或者循此健行，華人都會環境常有此景。我隨即想到台北虎山、劍潭山等近郊著名山頭，都有類似的產業道路。

這一季在香港走山，偏好找著名山頭攀爬，遇到老人的機會都沒今天多。都會老人的出沒，提醒我另一貼近自然的龐大族群。郊山走路其實是城市不可或缺的重要休閒，但年輕人喜歡過夜生活，不愛清早出來透氣。老人可不一樣，接近市區的郊山森林，不僅方便晨起運動，還能呼吸新鮮空氣。只要膝蓋承受得住，他們樂於日日報到，鍛鍊身子。怎奈銀髮族和郊山的關係，一直未受重視。

凡山道鋪設的郊山，香港和台北幾無差別，林子間大抵亦相似，市民都愛在山腹林下空曠地，蓋些休息空間。地靈之處，興建廟祠祭拜等行為便隨處可見。東一座小寺，西一間大庵，在這種接近都會的環境很容易出現，水泥石階也延伸到更裡面的林子。相對地，園藝花草的植物增加許多，人工化的情形也嚴重了。除了周遭是廣東話的聲音，活像在台北郊區，譬如四獸山。

柏架山道一路也有自然解說牌，觀點和敘述內容都很接近台灣的。惟知識性偏強，很懷疑有多少人會駐足。偏遠的香港郊野公園，很少看到如此資訊豐富的告示。在鬧區之郊，港府明顯地在積極推廣，希望大家多認識郊山植物，就不知民眾有幾人領情。

老人都是邊上山邊聊天，遇有一空地，便集聚三四人，就算沒運動，上了山，好像筋骨都會自動鬆開，活絡不少。台灣亦然，惟台灣山友還喜好在山中煮餐泡茶，甚而有卡拉ＯＫ之類的娛樂。這等

港人多住在石屎森林大樓。

良好平坦的泥土山徑離城市並不遠。

柏架山道有不少老人運動。

開功夫，香港並不時興。大概山下城市隨處有茶樓，在森林周遭，只要跳個土風舞或運動就滿足了。郊山成為街景的延伸，提供了老人接近山林的機會，絕對是有益健康的好事。只是水泥或柏油路過度鋪設，常讓人覺得不妥。

後來，我往衛奕信徑前去，在石階邂逅一位廣東阿婆。原本一前一後，但一路拍照、記錄，沒多久竟被阿婆趕上。我雖不懂廣東話，但看阿婆精神奕奕，待人親切，遂過去比手畫腳地攀談。

她只有一個人，穿著尼龍運動褲，手持木棍，腳套簡單涼鞋。看來是上了年紀，因而試著探問貴庚？不想，阿婆竟已八十有五。驚得我忙不迭地稱讚她上山輕鬆，動如脫兔。

妙的是，她不太聽得懂普通話，卻似乎知曉我的意思。或者，以為我聽得懂，隨即苦笑地拉起褲管，展示腿上之護膝。看來膝蓋不頂好了，但尚能走路登山。這等膝蓋問題，年過半百者多有，但接近米壽之齡，還能上山者幾希？她這一露腿，我豈敢同情，直呼這腿簡直如斑馬之矯健有力。

阿婆搭港鐵從一個附近什麼站前來，常走訪此地，路線熟如自家廚房。我從背包取出昨天才買的黃皮，想請她吃。廣東老人偏好此味，視為消暑水果。最近也才上市，昨日在離島，還看到不少老嫗特別喜愛購買。她卻忙不迭揮手謝絕，大概是說走路時，並不適合吃。好個潔身自愛的阿婆！

一起爬上石階，走上衛奕信徑後，平坦開闊的泥土路出現。阿婆停駐不走，留在岔路休息。我動身往前時，她隨即做了一個讓我吃驚的動作。只見她雙手緊捉一樹枝，身子騰空，接著不斷擺動，遠看如老猴吊樹，一點也不擔心墜落。看來她經常以此樹為槓，勤做這一動作強身。

跟她道別，獨自上路，往前繞到對山。隔了一個山谷，忽地聽見她中氣十足地朝對岸呼喊。連續好幾聲，洪亮地傳到我這頭。喊聲結束，山谷恢復寧靜。我卻感覺仍有滿滿的生命力量，在山谷裡巨

八十多歲的阿婆在吊樹。

一群老人在散步。

阿婆又要追上我了。

大地回響，好像在跟我打招呼。猜想阿婆以此呼喊，練習丹田之氣吧。但沒人呼應，總嫌寂寞，於是我也努力地回吼。我喊過後，山谷俱寂。但只瞬間，又聽見她愈發興奮，更大聲地吼叫傳來。

我委實難以想像，八十五歲的廣東老太太竟有電影《功夫》裡的獅吼功，隔著山谷，還能如此熱情跟我對應。以前總錯覺，廣東阿婆都是蹲在茶館，或者聚在街市吱喳閒聊，怎知竟有這等勇健身影的。背駝了，骨子仍硬挺，堅持爬到山頂吊樹幹，真是感人啊。

後來我繞回柏架山道，繼續遇到不少老人，多半三兩集聚，或有一孤獨行走，卻未再見如此接近米壽之齡的長者。

接近山下時，看到一條樹木教育徑斜岔而出，明顯地告知，這是條自然知識小徑。很好奇港人如何生態教育解說，遂循那兒下山。居間仍有老人在運動，或者休息於林間。跟我一樣願意仔細閱讀解說者，卻未見到。

一路解說牌的描述相當細膩，但囿於喬木的知識，未及山區環境的綜觀描述。這一系列樹木，有些並非尋常，今人容易辨認的。我繼續懷疑有多少人觀看，卻也驚喜感知，香港人對自然的好奇，跟台北一樣，都在積極宣導。只是老人如何享受自然環境，並未特別被規劃。

以前在柏林旅居，此城擁有大片的郊外森林，平時常看到德國老夫婦，拄著手杖並行，平靜中隱然有愜意之情。他們喜愛在森林走路，政府也提供了平穩好走的林道和休息的公共空間。

香港有廣闊的郊野綠地，應可提供相似的環境，鼓勵老人多走路散心。比如赤足走路，其實對身體非常有益。香港不少平緩的原始山徑，都是泥土路，何妨規劃為裸腳之徑，鼓勵老人不著鞋散步。

多數老人若樂於到森林徜徉，這個城市的郊野環境，無疑就更臻成熟了。（2012.10）

昔時英軍煮飯之磚灶。

香港的解說牌內容往往很生硬。

我走入樹木研習徑觀看。

解說牌訴說歷史。

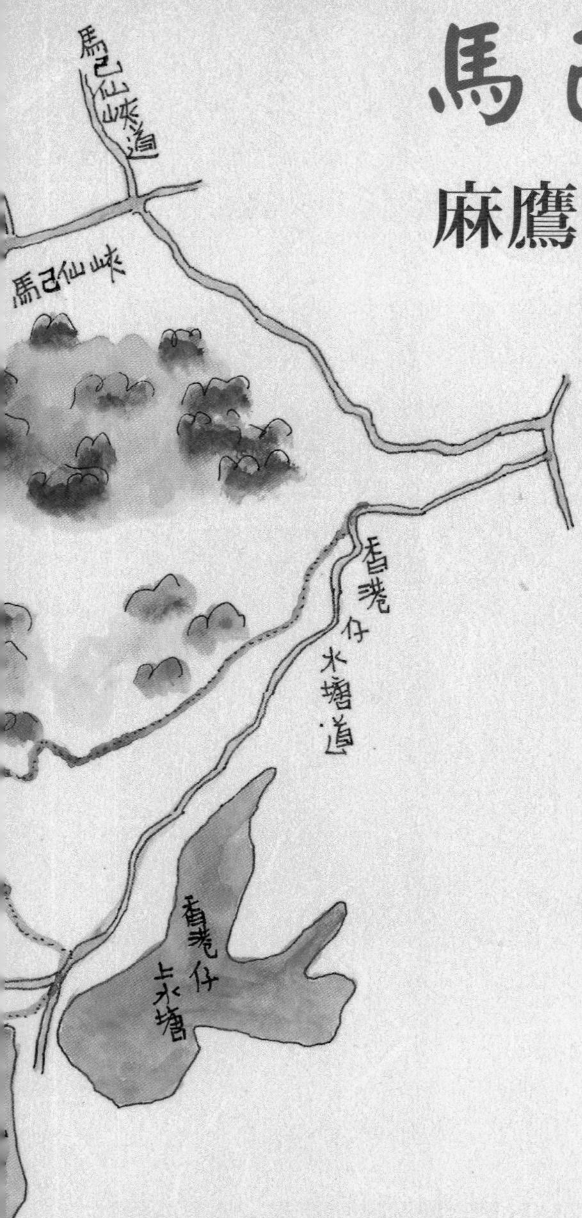

馬己仙峽

麻鷹青睞的城市綠野

我的路線

香港仔水塘公園↓山頂道馬己仙峽。

交通

前往香港仔公園交通方便，不及備載。或直接搭乘往山頂的巴士，在馬己仙峽下車皆可。

難度

★

黃昏到來前，我和一群鳥友在香港仔水塘公園繞了整個下午，心頭始終盤旋著一個老問題。冬天時，六七百隻麻鷹，為何選擇這兒的山谷過夜，而非其他森林？

若跟西貢、船灣等郊野公園相較，這兒的森林面積比例明顯地縮小，城市味超過鄉村風景。林中的自然步道石屎路亦偏多，遠比石澳或薄扶林更少泥土徑。講白了，都會公園的氣息明顯地浸染整個山頭。山不遼闊，路不泥土，從我的行山角度，絕非上選。

但換從麻鷹過夜的需求，或許就不一樣了。那是什麼差異呢？

有個關鍵先得點出。早年殖民政府擔心自然資源有限，對香港郊野森林保護不遺餘力，這座島的山區得以保有寬廣的原貌。石屎路雖讓人討厭，但山勢陡峭，路邊的樹林並未遭到大面積破壞。高大的樹木佇立其間，下面有多樣樹種密生，林子變得陰森、黝黯。仔細觀察，不乏茄冬、梭羅木、木荷、黃牙果和樟樹等年歲蒼老的本地樹種，少有外來樹種干擾。麻鷹像識貨的購屋者，知道這等森林的底蘊，可以召來大量族群，安全地停棲。

四點左右，我們抵達山頂道馬己仙峽前的路段，一處三路交會的要衝。那兒是香港視野最好的觀鷹區。所謂最好，其實只是一處緊促、狹長的行人道，我們後頭不斷有駛往山頂觀光的遊覽車，還有大小巴士轟隆經過。但為了等候六七百隻麻鷹回來，這一切都值得忍受。

眼前馬己仙峽開闊地橫陳，森林蓊籠而葳蕤，彷彿一塊豐厚的綠色大海綿。周邊有不少公寓大樓，白亮醒目地矗立在森林邊緣。香港富裕人家的別墅，沿著山腹好幾十戶門禁森嚴地坐落著，儼然另一大千世界。而山谷開口，遠方的海岸交接處，泛著一片銀光，間有高大的奇特建築，那是著名的海洋世界。人為開發重重環伺下，這塊森林的完整存在簡直是奇蹟。麻鷹族群想必也看得很清楚。

很難想像緊鄰都會旁的森林就是六百隻麻鷹冬日過夜之處。

近午在森林走路時，抬頭眺望天空，偶爾會看到兩三隻麻鷹低飛而過。或者聽到，一串細弱抖顫的低鳴。四點初頭，抵達山頂道，角度不一樣了，彷彿有機會跟牠們並肩，甚至居高臨下地俯瞰。這時只有六七隻麻鷹，在森林邊緣或遠遠的山頭滑行，尚未有集聚，或者回到馬己仙峽上空。

根據香港觀鳥會的核算，每年冬天，渡冬和原本滯留的麻鷹大約有二千多隻。除了馬己仙峽，昂船洲、大澳和羊洲島等海岸森林也有一些。香港早是東亞地區麻鷹集聚最多的城市，馬己仙峽更是數量最為龐然的地點。

麻鷹在台灣最早被稱為老鷹，後來自然科學分類知識增進，更名為黑鳶。以前台灣的河口和海港，麻鷹還算普遍，如今因環境破壞，整體數量不若以往，近半甲子的調查，總數在三百多隻上下。基隆港是集結最多的地方，但也不過二三十隻。怎知這一小眾的天空盤旋，竟也成為台灣著名的觀鷹景點。相較之下，香港光是一個馬己仙峽，都比台灣所有麻鷹數量還多出一倍，但港人似乎未重視這樣的奇景。

跟馬己仙峽類似的森林，光是香港島還可數出六七塊，分布於大潭郊野、石澳郊野等地，面積甚至更龐大，為何這兒特別吸引麻鷹集聚？我的困惑繼續存在。

但在此佇立觀察久了，終於有初步看法。我以為馬己仙峽位居港島中間，坐北朝南，對麻鷹而言，冬天時似乎可避開東北風。若套用客家人的習俗，這是牠們最好的風水林。再者，馬己仙峽本身峽谷的氣流效應適合滑翔、盤飛。更因峽谷下的公園沒道路切割，是一塊完整、安靜的森林，離海洋又近，方便覓食。

麻鷹以此為棲息大本營，每早由此散開。除了香港、九龍諸地，更可翱翔到珠江三角洲各地海岸和內陸覓食。牠們善於在河口、海面盤旋，尋找腐肉，以及捉捕魚類。

三○年代西方旅行家曾記錄，往年郊野山火出現，麻鷹都會盤飛其上，靜待著昆蟲等動物的燒亡。初次讀到這樣的紀錄，我不禁啞然失笑，麻鷹好像港人一樣，偏愛燒烤活動。可是現今哪來這麼多山火？或許在垃圾掩埋場中，麻鷹更容易找到食物。覓食時，牠們不再優雅地滑翔，而是急速盤旋，憑著銳利目光在垃圾中尋找。偶爾一隻麻鷹找到，還會引發其他麻鷹在空中搶食，吃相不如滑翔的優雅。

假若住在維多利亞港附近的旅館，想必都有美好的觀鷹經驗。樓層住高時，麻鷹就在你下方的天空滑行，甚至比翼而過，讓你清楚看到羽翼色澤、羽柱排列，彷彿連羽毛抖動的聲音都會聽著了。猛禽的奧妙飛行如此貼近，角度又若上帝之凝視，不震懾亦難。

幾乎每分鐘都有麻鷹滑過天際，或者掠過邊緣的林空。到了五點左右，遠遠的山頭開始有數十隻麻鷹遊蕩，預示著每天上演的過夜好戲即將粉墨登場。旋即，牠們像一架架巨型戰機，悠緩地隨者氣流，不斷靠過來。我注意到地面的環境，風止樹息，眼前的山谷毫無草木搖動之跡。但天空中似乎有幾層熱氣流，穩定地提供了麻鷹們每天最後的交誼機會。黃昏時，麻鷹群回到山谷休憩前，總會在天空盤旋一陣，彼此間還有一些社交儀式。

沒多久，有些個體逐一滑進森林上空。稍為低的，在林冠上層滑行。有時振翅數回，才能再浮升。但多數飄浮高空，尋常般攤開羽翼，即可隨氣流飄揚。牠們的翼尖像五指伸開，讓氣流穿過，或者讓它頂住龐大的羽翼。

二十年前，有回在基隆港觀鷹。黃昏時，二十來隻麻鷹飛回山谷。過夜前，牠們先降落在一處早上集聚的高壓塔頂。接著，再全部起飛，以撿拾樹枝的搶奪玩樂著。遊戲一陣，再回到高壓塔休息。

等夜深了，遠方漁火零星亮起，牠們再利用夜色，逐一飛回一棵固定棲息的大枯木，避免獵人得知棲降的位置。

眼前的馬己仙峽有棵葉子落得精光的大樹，鮮明而高大地佇立在林子中。它會不會是麻鷹過夜的五星級飯店呢？只是這棵大樹再如何高大，明顯地不足以讓數百隻麻鷹入住，解決過夜的問題。無法棲降的怎麼辦呢？等一會兒麻鷹回來，牠們會不會跟基隆的一樣，一起玩遊戲？這些或將出現的情形，都浮升我的腦海。

一些滑進山谷的麻鷹愈來愈近。不少隻麻鷹從我眼前滑過。每對褐黃帶著白斑的羽翼，在空中優雅地挺住，低飛。那素雅外型總有說不出的滄桑之味。有的在我們下方，羽翼背面清晰可見，猶若手上的標本，可以檢視清楚。但最迷人的部位還是眼睛，我清楚地看到，牠的頭部扭轉時，眼神犀利地凝視著我們。年輕時，我服役海軍，就是被這一詭異而神秘的眼神電到，走進了觀鳥的世界裡。

五點半，山谷東邊開始有數十隻麻鷹在山頭盤旋，進而逐漸逼近。沒多久，我們眼前的社區也有近百隻，在天空打轉。麻鷹從各個方向回來，不約而同地湧進這一森林邊緣。太陽西沉了，天色浮現彩霞，數百隻麻鷹形成壯觀的飛繞。頓時，如西藏天葬之奇詭風景。

多麼不可思議的場景，但這兒是香港島，一個大都會的黃昏，非覓食之時空。麻鷹們各自飛出自己的圓圈，連結其他麻鷹的盤旋。牠們未發出任何聲音，不像白天時還會在不同山谷發出細弱、輕快的鳴叫。每隻都有默契地關機了，天空充滿靜肅。彼此間偶有追逐，但都一下子即飛開，繼續在天空翱翔。彷彿靠著安靜的挺翼，即可溝通一切事情。

麻鷹到底有多少隻呢？我以相機在麻鷹出現數量最多時，拍攝了四面麻鷹集聚的天空，後來再以

夜深以前，麻鷹會在天空盤旋好一陣才回到森林。

圖片上的黑影細數，初步估計，那時天空已有近四百隻。就只有牠們嗎？當然不，還有好些，仍在半途回家的路上。東邊的多數已返回，但西邊的稍晚，邊際的天色還亮。

回來時間落後一些的，速度稍微加快了。還有的，沒幾回盤旋，早已滑進森林上空。等我再俯瞰，用望遠鏡細瞧，那棵光禿的大樹上，已有幾十隻停棲。這些先行飛下的不知是後學或前輩？跟其他鳥類一樣，每隻麻鷹都有自己棲息的位置。尤其是最好的棲息地點，老鳥想必都會捷足先登，不然大家都會爭相搶位。

根據初淺的觀鷹經驗，我猜想，最早飛降的應該是階級地位較年長著。一如香港的一屋難求，有些麻鷹被迫在不適合停棲的樹種停降，諸如蒲葵。但也有的，在遠離大枯木的林冠上層休息。

白日看似桀驁不馴，幾無天然敵害的猛禽，到了夜深也選擇集體居住，尋求安全感。牠們怕什麼呢？以前在台灣觀察，麻鷹明顯害怕獵人的偵測，都要等到天色暗黑才返巢。香港的麻鷹或許知道無人傷害，較無此顧慮，還沒天黑就紛紛飛降了。

我再抬頭仰望天際，夜色如墨，雖無星子，森林周遭卻屋燈如星。下方的山谷少說有六七百隻麻鷹正要酣睡，跟香港市民再次度過另一個冬夜。

等明晨天方破曉，多數人還在夢境時，牠們又會紛紛升空，掠過港口，掠過大樓，掠過山巒，飛向四方，為香港揭開另一天的序幕。（2012.5）

這棵大枯木是麻鷹過夜的主要位置之一。

南丫島

緩衝繁華競速的離島

我的路線

索罟灣↓蘆鬚城↓榕樹灣，約2.5小時。

交通

中環碼頭搭渡輪至索罟灣。

難度

★

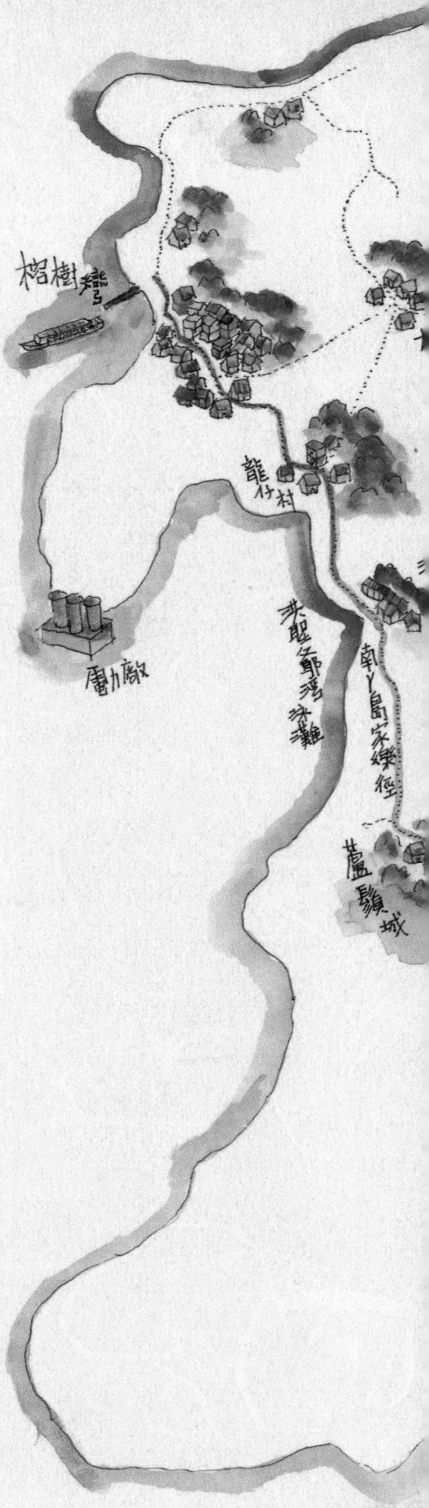

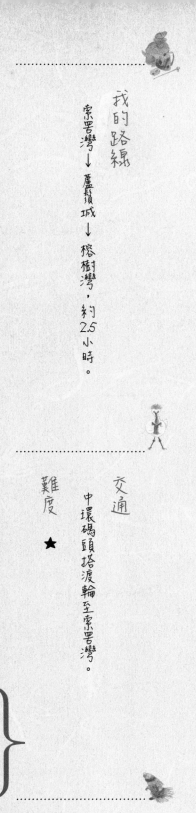

初次去南丫島，彷彿遠離了香港。甚至，遠離了亞洲。

那回一如所有遊客，從中環搭渡輪前往。出發前，我未預期，邂逅的竟是一座荒涼、乾旱，多丘陵和岩塊，充滿地中海風貌的島嶼。

那時而像希臘島嶼，又摻雜著南義大利風光的魅力，讓我幾乎忘了它的現實位置，卻也因它清楚坐落於香港的南方海上，我不免有了另類的思考。

許多大都會都是靠著一二條通往海岸鄉野的鐵道，讓市民的集體焦慮有所發洩。比如，台北有一條淡水線捷運，通往淡水海岸。縱使非例假日，照樣吸引遊客前往。東京也有江之電鐵道，平時就載著都會男女和學生，通抵湘南海岸。這些通往海岸，做為城市人宣洩情緒的管道，中途也都有腹地。經過一段綠色鄉野，透過適時綿長的洗禮，摻雜列車的輕度搖晃，那種暫時遠離都會的愉悅，才會逐漸浮現。

香港周遭都是海，地鐵四方奔竄，因為容易抵達，無腹地緩衝，反而失去了這種情境。有時不免也憂疑，香港是否缺乏一條逃離城市的海岸幹線，讓港民少了透氣的環境。海，反而是圍籬。幸乎，香港雖沒有這樣鮮明的鐵道，卻因了南丫島（或者其他更不知名的諸多離島），出現了更大的緩衝。很少都會像香港，熱鬧和繁華呈現多樣的塊狀，又因微妙的歷史獨立於一區。地理上被海隔開，生活區塊也分割成蜂窩般的密室。它的光鮮亮麗，飽含著更大現實的虛幻、緊迫，以及不安全感。

做為第三大離島，南丫島在我的香港地圖裡，遠比它的實際範圍更加龐然。長期以來，它都在調節著這一塊狀都會的情緒。這城若是一座監獄，南丫島無疑是香港最重要的放風區，失落的一角。

當其他都會的市民仰仗著鐵道迎向海岸，靠著海洋的開闊和明亮，紓解上班的壓力鬱悶。港人卻

索罟灣一景。

索罟灣散步中的老婦。

上岸時的海邊小徑。

從南丫島家樂徑遠眺索罟灣。

搭乘渡輪，越過漫漫海水，回望自己的孤獨。南丫島在邊陲，優雅地散發著微光。它更是香港的提示，緩衝了香港的速度。

從台灣遠眺香港，最慨嘆的，就是少了一個像南丫島的大離島。可以半個小時就抵達，遠離最熱鬧的都會，又全然地跟現今的時空隔絕。

我初次去，從索罟灣上岸。抵達天后宮時，天空盤旋了好幾隻麻鷹，往更南的方向滑去。突然間，想起翻過此山，那頭便是擁有美麗沙灘的深灣和石排灣。這幾個香港最偏遠最被人遺忘的村落，許多人搬遷後不再回來，人丁稀疏得比天空的麻鷹還少。

一路只見零星的菜畦，少數的農民蹲在田埂裡，更多老人圍坐在士多旁邊的榕樹下。我們或一廂情願的以為，南丫島是香港人發洩情緒之地，其實它本身也隱浮著都會偏遠地區的多樣問題。都會人去那兒解決自己的情緒，卻忘了它也有本身的不安。除了這種鄉野小村的缺少維護，迅速沒落，它還有環保失衡、農耕凋零等麻煩，點出了我們素來不願意面對的窘境。

還有，走在縱貫島嶼的家樂徑上，左右皆有大煞風景的人為地標。先是發電廠的三支巨大煙囪，蠻橫而唐突地矗立。可是再怎麼不喜歡，你還是必須接受它的存在。登高遙望，右邊則出現風車造型的風采發電站，雖說環保，那種科技的外貌仍跟小島的淳樸格格不入。

所幸沿途海岸風光明媚，礧磈山景和蔚藍大海在眼前纏綿，更在遠方交織。晨昏時散步，鄉村小徑鋪陳出香港街景無法展現的舒適。所謂的南丫島情結，其中之一便在此從容散步。

但山徑旁配有山火拍的設施，告知著此地相當乾燥，獲水不易。灌叢環境在香港分布面積相當廣泛。崗松和山棯等群落，加上芒萁、鱗子莎等植物，無疑是火災的溫床。島民在此長年維生，唯有尋

山徑旁，景觀猶若地中海郊山。

島上平地常見菜畦。

索罟灣的天后宮建廟超過百年，廟裡有數件清朝古物。

山火拍不一定用得著，卻常提醒遊客小心山火。

找避開東北風面南的山谷，在那兒尋找寬闊的腹地，傍水生活。

抵達洪聖爺灣泳灘時，友人禁不住海水誘惑，下海泅泳去。這是六七年前，友人隱居在島上經常前來的地方。但此地接近榕樹灣，地理位置非常便捷，縱使非例假日，現在都無法寧靜了。

有時為了避開人群，她會到更隱祕的蘆鬚城。先前在家樂徑漫遊時，遠眺海崖下一角，只見一淨白沙灘偎處山腳，一二洋人在水裡浮潛。我用望遠鏡眺望，欽羨中，看到如牆之漁網圍堵著。不禁好奇問道，「為何要圈出游泳的範圍？」

友人輕鬆回答，「那是防鯊網。」對友人來說，遊客顯然比鯊魚更煩人。

洪聖爺灣泳灘旁有一小小有機農園，友人在戲水時，我走進去觀賞。菜畦間，有些零星的蔬果栽種著。友人偶爾贊助性地購買，但價錢不菲。有機農耕在香港的遠景，她不太看好。

我興致高昂地走逛，發現栽植的蔬果物有限，菜色亦不佳。時節即將入冬，按理說，應該豐收啊？檢視其栽種的面積，還有耕作的環境。我研判，這只是自給自足的小型家園，仍處於實驗階段。在台灣或日本，不少有機農耕環境充滿企業經營的理想，也具備穩定量產的成熟度了。正因如此，我愈加珍惜此一有機農園的象徵意義，尤其是當南丫島的農業沒落，原住島民大量出走時。

沙灘旁，一棵老樹下，蹲坐著一位老婆婆，看守著一攤果物。仔細瞧，賣的是黃皮。味甘帶甜，橢圓狀的黃皮，頗有未馴化的野果滋味。這種香港在地的水果，猶盛產郊野。中環、灣仔等菜墟或士多也常可看到。它們彷彿古老的香港化身為水果，來跟我作伴。

我買了一串解饞，老婆婆很感激，不停地跟我聊天。只可惜，她講的是廣東話，我沒幾句聽懂。只見她比手畫腳，大抵知道黃皮是她自家種的。至於還說了什麼，就不知道了。

周遭沒其他遊客，我們一起遠眺著洪聖爺灣沙灘，直到友人上岸。跟一位陌生的老婆婆，如此安靜寂寞地並肩，竟有一份荒涼的親切。

黃昏時，走到榕樹灣。周遭山谷屬於背風區，出現了蓊鬱的樹林，林子旁一間農舍不顯眼地坐落著，大蕉和薑花在四周蔚然生長。彷彿台灣南部的某一寧靜鄉下，但更接近南洋的熱帶野村景致。怎麼感覺，都不是香港。

香港島的龍脊曾被《時代周刊》（亞洲版）選為亞洲地區最佳都會遠足徑。我一直不解，很懷疑寫作者有無來過南丫島，或者走進其他郊野公園。又或者，只以大山大海的壯闊做為標準。

慢慢接近幾間農舍，遠看時，還以為是黃泥磚屋，等接近細瞧，才確定是更接近近代的花崗石建材，不免泛起小小的失落。但能和早年的老房子碰頭，依舊充滿興奮，好像在台灣遇見老式三合院。

友人遇到了一位昔時鄰居，仍在半山租一小屋居住，繪畫為生。當許多南丫島住民遠離時，不少帶有嬉皮傾向和喜愛追求藝術生活的西方人，可能會選擇這樣異國情境之地旅居。尤其是榕樹灣附近，古老房舍、小雜貨店和商家的門面擺飾，充滿了中西交雜的異國風情。那氛圍又透露著某一悠閒的況味，保留了早期香港的模樣。

我更驚奇，島上只有小型消防車，沒有其他車輛。任何遊客一登岸，很自然地都像島民，走路速度變慢，溶入海灘的悠閒、小村的從容。輕鬆慵懶的生活步調，當然適合不少東西式餐館和酒吧的混合存在，多數遊客可能也是為此而來。

各個樣式餐廳的坐落，遂帶來一角的小繁榮。比鄰的商店小鋪，販售的貨物也算充裕。我的筆記本塗鴉著涼粉、豆腐花、雞蛋仔、魚蛋豬皮和鹹魚蝦乾等等，還有紅酒、起司之類的西方食物。它們多由香港島運輸過來，和本島少數蔬菜搭配。如此林林總總的奇妙混雜，似乎很富足。我想像著，自己也在此旅居一段時日，面對這一愜意生活的小島，竟有著奇妙的快樂。

其實，我一登岸，印象最深刻的，應該是路旁設有沙坑等設施，提供給貓狗上廁所使用。這一設施提醒我，南丫島似乎是香港較適合寵物居住的地方。榕樹灣附近，很多配帶頸圈的貓狗，人前人後優雅地晃蕩著。許多商店收銀處擺置著小小的募款箱，上面標示著「南丫島愛護動物協會」。顯見此島住民尊重寵物，認同牠們生活權利的意識，遠比其他地方還高，相信人權亦然。

島上的「南島書蟲」又是一個美好註記，裡面擺設了一排書架，堆疊的西文書籍內容多為有機、生機和環保飲食。愛貓的老闆，大體要宣揚善待地球。更微小觀之，或許也是要我們珍惜、呵護南丫島吧。你可以隨手取閱，聆聽音樂，觀賞貓的優雅、慵懶，一邊享用餐廳提供的西式素食。簡單的輕食，提醒了我們在此的審慎旅遊。於是，香港又和南丫島切割了。

我也很難想像，黃昏時，竟不是在此食用瀨尿蝦和芝士龍蝦的海鮮大餐。但有一回如此，相信更能清楚感覺，香港第三大島的存在。從海水的靜緩起落，估量出它跟香港的微妙距離。（2010.9）

洪聖爺海灘的小農有機農場。

索罟灣附近士多。

小狗上岸請就定位如廁，不要到處留跡。

我的手帖

有些熟悉，有些陌生。
分明相同，卻有那麼一點不同。
手帖裡，塗寫著香港的微妙……

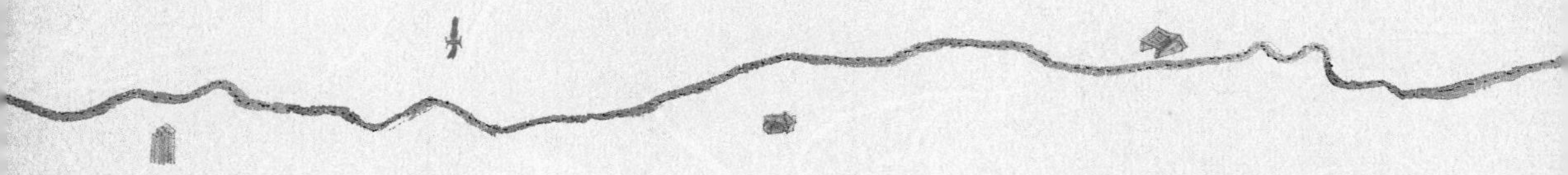

山徑好行

山徑寬闊

渡輪

行前叮嚀

香港人稱爬山為行（hang）山。例假日時，不少人選擇行山做為休閒活動，地鐵和公車站常擠滿這類活動的人潮。有些路線的登山口，必須搭乘渡輪前往，如是漫遊，遠離塵囂的感覺益加強烈。

〔山徑寬闊〕

香港的山也比台灣郊山更適合健行。一來，山徑多半平坦，起落不如台灣的劇烈。有些人甚而選擇幾段路線做為慢跑、快走，甚至是夜行的地點。再則，山徑寬闊也是一大優點。

在台灣，我們常為山徑上的藤枝蔓發所苦。一條山徑久無人行，便被荒草淹沒，走路不時得持刀取杖開路。衣物常被勾扯，手腳容易割傷。香港的山徑，絕少有這種問題。著短褲行山的人遠比台灣普遍。尤其是外國人，幾乎都是這類輕鬆打扮，甚而一雙運動涼鞋就輕鬆上山了。

〔設施齊全〕

香港的山徑規畫也相當周密，設施齊全，維護頗佳。尤其是四大長程遠足徑和郊野公園的步道，在登山口起點，多半設有地圖解說牌，上面詳細標明行山人所在的位置及山徑詳圖。不僅登山口設有地圖解說。岔路指示也很清楚。很少像台灣山區，沒十來公尺就得綁布條。標示清楚，無需布條輔助，或許是香港山徑的特色。

四大徑和主要的郊遊徑沿途都設有「標距柱」顯示位置。萬一發生狀況，可告知相關救援單位標柱距的編號或格網座標。不少路口更有緊急通知的電話。總之，在安全措施的維護上，應該是世界上爬山規畫最為周密的地區之一。縱使一時錯失方向，隨便選一條小路下山，通常都到得了公路。

〔交通便利〕

香港無疑也是世界上登山最方便的城市。綿密的交通網，提供了便捷的登山旅行。隨便哪座山的攀爬，抵達登山口的車程，多半不會超過一個小時。

每一處港鐵和火車站都有大小巴士連結，巴士流動頻繁，登山者少有枯等多時的情況。甚至，多數島的碼頭都有密集而準時

求助電話

登山口告示

岔路指示

大巴

站牌

站牌

小巴

的航班服務，因而搭乘渡輪爬山，遂成為此地特殊的旅行經驗。

若想一個人自助山行，我會建議，最好準備紙筆。有時和香港司機講國語比講英文還難溝通，尤其是公車司機。若用紙筆書寫，反而會更清楚路線和下車的地點。

巴士和渡輪的路線、班次可上網查詢：
香港運輸署 http://www.td.gov.hk/tc/home/index.html
香港乘車易 http://hketransport.gov.hk/?l=0
巴士資訊網 http://www.i-busnet.com/

近年香港政府建構「地理資訊地圖」，此一網頁集結地理位置、旅遊景點、自然環境、交通資訊和公共設施等等，訊息豐富，亦可參考。http://www2.map.gov.hk/gih3/view/index.jsp

〔食物不愁〕

在香港爬山，由於路程多半不長，有些香港人爬山並不帶中餐，往往結束山旅時，擇一海邊村落享受海鮮，或者選擇一間餐廳大啖，或飲茶。有些山區或有士多小店，供應飲料、公仔麵、山水豆腐花等選擇。在台灣，便利商店販售便當、飯糰、壽司或者麵包、餅乾，入山前臨時購買並非難事，而且選擇多樣。在香港，便利商店提供的食物不多，登山者的選擇有限。還好地鐵站旁邊都有餅鋪、麵包店，或可就近補充。

〔裝備相似〕

大抵而言，香港本地人購買登山用品，多半會選擇到旺角的花園街走逛。這條不到半公里長的熱鬧街道，少說有十來家登山用品店，夾雜於餐飲和體育用品店間。不過，香港人稠地狹，這些登山用品店店面都很小，常設在高樓間，貨物擠得滿滿，購物不若台灣賣場的寬闊、舒適。

香港的登山用品價格大抵比台灣便宜一些，若是特價品，甚至只有台灣售價的一半，只是選項通常不多。香港販售的登山用品，品牌和台灣相似，惟大都是國外的牌子，不若台灣諸多自製產品爭鳴。有趣的是，此地青少年似乎偏愛 GREGORY 的日用型後背包，街頭上經常見到中學生背著上學。

〔推薦書籍〕

香港的自然書籍和登山指南都不多，重要的相關書籍多半由天地圖書、漁農自然護

水泥村徑

農莊

麥理浩徑標示

標距柱

理署、郊野公園之友會出版。我最想推薦的是《樂行手記》。此書輕薄短小，適合攜帶。內容概念甚佳，附有路線海拔升降之圖示，頗值得台灣登山者參考。在資訊內容的翻新上，速度也最快，足以提供一般外來登山者的自助旅行。

另外，《香港遠足郊遊指南》或能做為輔助，提供另一個視角，只是旅遊資訊較為薄弱。我還注意到一本《穿村》，藉由山行拜訪昔時小村落。行山之餘若對地方風物有興趣，不妨參考此書。

這些書在香港的幾間連鎖書店，諸如三聯、中華和商務等都可購得。當然，地方風物好書仍不少，我特別整理一份書目如下（依筆畫順序排列）：

大嶼山探勝遊，陳永鏗、黎民鏗著，萬里機構．萬里書店，2003

生態悠悠行——綠色香港（二），梁永健等著，花千樹，2007

石遊記——香港地質公園探索，明報編輯部著，明窗出版社，2009

西貢山海美，艾思滔著，郊野公園之友會、天地圖書，2004

東北區域面面觀，介子著，香港郊野活動聯會的資料庫 http://www.hkfca.org.hk/，2002

穿村——鄉郊歷史、傳聞與鄉情，梁煦華著，天地圖書、郊野公園之友會，2002

香港遠足郊遊指南（修訂本），李日陽編著，萬里機構．萬里書店，2002

香港舊風物，饒久才著，天地圖書，2003

香港野花（二），洪烈招、陳愛強著，郊野公園之友會、天地圖書，2008

香港野外樹木圖鑑，黎存志等著，漁農自然護理署，2008

香港浮沉錄，葉靈鳳著，中華書局，2011

香島滄桑錄，葉靈鳳著，中華書局，2011

香港方物志，葉靈鳳著，中華書局，2011

香港的失落，葉靈鳳著，中華書局，2011

香港植物檢索手冊，香港植物標本室、華南植物園編著，漁農自然護理署，2013

香港植物名錄 2012，香港植物標本室編著，漁農自然護理署，2012

香港本土旅行八十載，郭志標著，三聯書店，2013

風水林，葉國樑等著，郊野公園之友會、漁農自然護理署、天地圖書，2004

情牽大浪灣，Daniel C 著，香港野外觀察者，2012（非賣品）

新安縣志，舒懋官修、王崇熙等纂，成文出版社，1974

樂行手記，李英銘、漁農自然護理署，郊野公園之友會、天地圖書，2003

變遷中的香港郊野，陳溢晃著，中華書局，2013

Rambles in Hong Kong，G. S. P. Heywood，South China Morning Post，1938

人氣語彙（依筆畫順序排列）

〔餐飲和食物〕

二十四味：涼茶之一。主要由茅根、淡竹葉、金銀花、魚腥草、蒲公英等二十四味中草藥組成，市面涼茶店販售的不盡是二十四種皆有。

山水豆腐花：豆腐花即豆花。加上山水二字，表示利用山泉水製作的豆花，一般郊野士多標榜此一特色。

五花茶：廣東人常喝的民間傳統飲品之一。五花為五種常見花類中藥，一般以金銀花、菊花、槐花、木棉花和雞蛋花為主，不同地方或有其他種類配方。

公仔麵：香港著名即食麵品牌，六〇年代末公仔麵上市，以三分鐘可以煮熟為噱頭，迅速為香港人接受。茶餐廳售賣的公仔麵，多半搭配煎蛋和火腿片佐餐。

涼茶：香港路邊常見飲料，又稱良茶、甘和茶等。涼茶品項繁多，多著力於消暑解熱。每家涼茶店皆有自己獨門祕方，類似青草茶。

鴛鴦：在東南亞又名咖啡茶，係奶茶及咖啡的混合飲品。

雞仔餅：一種廣東傳統餅食，鹹中帶甜，可茶可酒，頗受好評。

〔地理和風物〕

一條村：此乃香港習慣用語，即一座村子。因香港還有圍村，一條村大抵為一排房子的形容。

丁屋：七〇年代初，新界原住民，男丁一生可提出申請建丁屋一座，全是三層樓高，空間皆不大。原居民可自住，或向政府「補地價」轉售。

士多：類似台灣的柑仔店，或接近小雜貨店。

山火拍：山上撲滅火勢火苗的工具，山徑旁常見。

文物徑：充滿歷史人文風物或老舊聚落的步道。目前位於鄉村的，只有「屏山文物徑」和「龍躍頭文物徑」兩條。

石屎路：水泥道路。一般郊野公園石屎路，往往不及一公尺寬。

扒艇仔：划小船之意。

村巴：或稱村車，來往偏遠村子和交通要站的專門小巴，班次不多，若欲搭乘，宜上網查詢。

文物徑

村屋：香港政府允許原居民自行興建新界村屋，多是兩層高，空間不大。「丁屋」是「村屋」，「村屋」不一定是「丁屋」。

茶餐廳：茶檔，起源於香港的食肆，提供揉合了香港特色的西式餐飲，係香港平民化的飲食場所。

家樂徑：多位於郊野公園內，景色怡人和交通方便之處，適宜舉家活動，長度一至三公里不等，坡度平緩。沿途設有清楚標誌方向。並有告示牌簡單介紹區內的野生花草鳥獸和歷史古蹟，兼設有燒烤場和兒童遊戲等設施。

涌：乃河之分支，河汊也。但港人稱謂裡，也有浪沖上來之意。

排屋：一種居住房屋的式樣，由多幢相連的雙層或多層房屋組成，一排排屋之內相鄰的房屋共用同一堵山牆。

問路石：清代石磴古道旁邊的路碑，以長方形石塊為材，簡單書寫前去的方向、里程和地名。新界東北及西貢一帶，仍有一些。

魚排：海上風浪大，養殖的網箱難以固定，不利於飼養，便將八至十個網箱按一定方式排列整齊，利用框架固定，設有浮桶等，框架上可建立小型棚房，放置管理工具或住宿。

基圍：在潮間帶設有水閘，讓海水能進出基圍，藉此捉捕魚蝦。主要部分均為紅樹林及蘆葦覆蓋，但不純然是捕捉方式的漁業設施。

落山：下山之意。

輋：刀耕火耨，耕拓山嶺之地，常有此名，廣東一帶為多。

遠足徑：長程規劃良好，標示清楚的山區大眾步道。長度較長，往往需要一天的行山時間。

蜑民：少數民族，泛指廣東、福建、廣西等沿海港灣和內河，船居居民的舊稱。也寫作蛋民、但民。

墟：鄉村集市之意，非荒棄之地。

燒烤場：郊野公園設置的烤肉公共空間。

燒烤場

山火拍

涼茶店

動物速寫（依筆畫順序排列）

七姊妹：即黑臉噪鶥，留鳥。身體大致為褐色，有黑臉罩，臀部黃褐色。常聚集成小群，出現於公園或郊野叢林下，發出響亮而刺耳的叫聲。

人面蜘蛛：香港最大的原生蜘蛛，常見於郊野山徑。雌蛛頭胸部呈金黃色，腹部黑色具有黃色、灰白條紋，由於頭胸部的凹陷痕跡形如臉孔，故名之。台灣亦常見。

赤麂：類似台灣的山羌，但體型較大。過去誤以為香港棲息的是黃麂（山羌）。赤麂性格溫馴膽小，常發出如狗吠的聲音，故又有吠鹿的稱呼。除了交配季節外，一般獨居，偏遠山區常聽聞其叫聲。

唐狗：即土狗、混種狗，乃相對於番狗而言，有別於外國狗種類。以前傳統村民飼養的清一色是唐狗，但近年外來人口進入鄉村，村民本身也被時代改變，番狗有增多之勢，鄉村不再是唐狗獨占的樂土了。

麻鷹：台灣俗稱老鷹，正名黑鳶。台灣為不普遍留鳥或候鳥，多出沒海港、溪河或海岸環境。香港海港和山區相當常見，都會中心高樓亦常見盤旋。

黃斑蟬：即斑蟬，頭頂複眼內側有一對斑紋，四月山區，最早也最常聽到鳴叫聲的蟬隻。

跳蜘：因善於跳躍，引絲捕蟲而得名。香港叫金絲貓、豹虎，目前調查約有七十七種。台灣俗稱蠅虎。

豪豬：亦稱箭豬。長滿黑白長刺的大型齧齒動物，全身毛色為棕至深棕色，身體前端布滿深棕色短棘毛，後端有空心的尖長硬棘毛，棘毛上有明顯黑白環紋。數根棘毛一起振動時，發出嘶嘶聲。

龍眼雞：因常出現在老欉龍眼樹上，故得此名。台灣本島並無此種，只在金門鄉下有些紀錄。全身以青綠格紋狀色為特色，頭額延伸向上稍彎如長鼻，額突背面紅褐色，甚是綺麗。

燕鳳蝶：罕見之中國最小鳳蝶，以嶺南為主要棲地。黑白兩色，尾突奇長，翅膀卻是透明，可在空中停留或倒飛，速度奇快。

鵲鴝：港人稱豬屎渣。嶺南常見鳥種，善鳴叫。廣東人愛飼養，台灣有籠中逸鳥，如今在野外繁殖成功。

蠑螈：即香港蠑螈，屬於兩棲類。有專家認為牠們是中國瘰螈的一個亞種，但普遍認同分立的方法。除香港外，廣東省深圳市少數地區也有其蹤跡。

1. 七姊妹　2. 黃斑蟬　3. 人面蜘蛛　4. 龍眼雞

小毛氈苔

大頭茶

九節

植物筆記

本篇學名根據《香港植物名錄2012》，與台灣採用的或有出入，又礙於篇幅，學名省略命名者。

〔二畫〕

九節：*Psychotria asiatica*，另稱九節木、山大刀，灌木或喬木。葉厚，漿果紅色。根和葉可清熱解毒。香港山野隨處可見。台灣北部的相思樹林下亦常見。

〔三畫〕

大黍：*Panicum maximum*，嶺南和台灣皆常見的外來禾本科優勢植物，可當飼料。

大蕉：*Musa x paradi siaca*，芭蕉品種之一，盛產於華南和南亞。香港農家常見栽作的果樹，常形成一片蕉林。香蕉反而較為少見。

大頭茶：*Polyspora axillaris*，生態上屬於較先驅性林木。香港和台灣低海拔的闊葉林中常見。革質葉耐風耐旱，東北季風盛行的迎風陡坡適應良好。冬日開花時，地面常見潔白落花。木材質密緻堅韌，可供建築及薪炭。在香港山區，樹皮常剝落，形成鏽紅色樹幹林海，甚是狀觀。

小毛氈苔：*Drosera spathulata*，香港稱寬苞茅膏菜。茅膏菜科，茅膏菜屬。別名石牡丹、金接梅等，植株很小。香港原生的食蟲植物，喜生長於向陽而又潮濕的貧瘠環境。葉綠色或紅色，密生腺毛，會分泌黏液捕捉經過的小昆蟲，將其消化吸收。

小葉買麻藤：*Gnetum parvifolium*，秋日常見醒目的紅色果實纍纍成串，外皮常有銀粉包裹。試嚐之，舌尖如千針刺痛，不宜隨便食用。

小藜：*Chenopodium ficifolium*，一年生草本植物，香港各地鄉野常見。早春萌發，嫩苗可食，台灣稱小葉藜，原住民尤其偏好，俗稱小米菜、灰灰菜。全草可入藥。農夫多視為稻田雜草，影響稻作生長。

土茯苓：*Smilax glabra*，又稱光葉菝葜。香港野地常見，係龜苓膏藥材。華南地區，四神湯必備藥材。

土茯苓

小藜

小葉買麻藤

山稔

山麥冬

山指甲

山油柑

土沉香：*Aquilaria sinensis*，可製珍貴的沉香，香港風水林代表性樹種，亦是次生林常見喬木。樹幹基部受到外力傷害後，在傷口處會分泌油脂自我修護，混合油脂成分和木質成分的固態凝聚物，即沉香。但並非每株樹都會生成，因此彌足珍貴，常被盜伐。樹幹亦可製線香，或當藥材。

山油柑：*Acronychia pedunculata*，常綠小喬木，又稱降真香，諸植物香之首。在香港次生林山區常見，九月果實成熟可食用。葉有清香味。台灣中北部低海拔山區，以北部福隆、基隆、萬里海濱之叢林中也相當常見。大肚山或大坑亦有。可藥用，並可提煉精油，做為化妝品的原料。園藝或景觀植栽，都非常適合。

山指甲：*Ligustrum sinense*，木犀科，常見於山路開闊地，也被利用於園藝植物。開白色小花，花期在春季，花香濃郁，市區公園和山丘即可聞到。

山桔：*Fortunella hindsii*，香港稱山橘。芸香科，常發現於山頭的環境。大小如彈珠，可食用，甚為酸澀。枝有刺，葉柄具狹翼。

山麥冬：*Liriope spicata*，即麥門冬。夏秋時，美麗的紫色小花成束，甚為醒目地出現於潮濕林間步道兩旁。

山稔：*Rhodomyrtus tomentosa*，即桃金娘、崗稔，台灣稱桃金孃。山稜線乾旱環境特別容易生長，乃香港山地代表性優勢植物。果實可食用，大若櫻桃，比台灣生長的肥碩。

山蒼樹：*Litsea cubeba*，即木薑子，台灣稱山胡椒，泰雅族則稱馬告。山區到處可見，開墾地先驅生長樹種，冬天時黃花盛開，最為醒目，全株具香味，果實用於料理，風味特殊。

山蘇花：*Asplenium nidus*，香港不多見，蓋因潮濕環境不多，梧桐寨瀑布最為常見。

〔四畫〕

水蕨：香港只有一種山蘇花——巢蕨，*Callipteris esculenta*，即菜蕨，台灣稱過溝菜蕨，俗名過貓。非台灣常見之水蕨。多生長於潮濕環境，香港人少有摘食之說。

水翁：*Cleistocalyx nervosum*，又稱水榕，水翁花是廣東涼茶（二十四味）材料。耐濕性強，喜生於水邊。具有醫療價值，皮、

水翁

山蘇花

山蒼樹

白背漆

毛麝香

毛菍

葉和花都是藥材。果實勉強可食用。

木荷：*Schima superba*，茶科荷樹屬常綠喬木，別名荷樹。風水林代表樹種，樹高可達三十公尺。花白色，春末時只要站在森林裡，看見到處都是白花落地，或者遠眺有一樹都是白花，大抵即是。樹皮有生物鹼的白色結晶，毒性強。葉片含水量高，木質堅硬，適應性強，防火樹種首選。此地木荷常在基部便分岔生長，不同於台灣。

分叉露兜：*Pandanus urophyllus*，生長於一千五百公尺以下的林中、溪谷中，根可抗淹，可在偶爾淹水的環境中生存。跟海岸的露兜樹長相不同，矮小，缺乏明顯粗莖，頂端常呈二分枝，果橢圓形，非圓形。

毛菍：*Melastoma sanguineum*，類似野牡丹，但較為常見，主要分布於嶺南，多生於溝邊、坡腳和矮灌叢中。木材紋理較細緻，可做玩具用材，成熟的果實勉強可食。

毛麝香：*Adenosma glutinosum*，一年生草本植物，葉片揉碎後具有芳香氣味，常帶黏性，而莖葉均被短柔毛。全株可入藥，消腫，祛風濕等，功效似麝香，故名之。秋天時節紫花盛開，常見於山地草坡或疏林下。

〔五畫〕

白花蛇舌草：*Hedyotis diffusa*，野地河溪潮濕地常見，有些菜畦亦當做藥草栽作。

白背漆：*Rhus hypoleuca*，即白背鹽膚木。漆樹科，小喬木或灌木，葉背灰白。是三種本地常見漆樹之一（其他兩種為野漆樹、鹽膚木）。此種葉軸沒有翼，多觀察即可分辨。

白蘭：*Michelia x alba*，別名白玉蘭，台灣稱為玉蘭花，生長高大可及二三人抱，香港庭院最愛栽種樹種之一，很多村落都栽植此樹。

布渣葉：*Microcos nervosa*，別名破布葉，常見於陰濕環境，二十四味涼茶的主要材料。可和火炭母草一起熬煮。

四季桔：*Citrus microcarpa*，果實醃製之後稱為「鹹金桔」。中國原產，早期再傳到東南亞等地，可能為金柑與桔或寬皮柑的雜交種。適宜當盆栽、庭園樹。近年來，因清涼飲料產業發展迅速，酸用柑橘類受到重視，栽培規模因而擴大。

〔六畫〕

竹蔗：*Saccharum sinensis*，香港街攤著

吊鐘王

布渣葉

白蘭

西洋菜

朴樹

吊鐘花

名的竹蔗茅根水，即以此為原料。稈粗壯高大，含糖分高。但纖維多，蠟層厚，不利於出糖。昔時香港山區種植頗多，綜合利用價值大，稈供生食並可入藥。

吊鐘王：*Rhodoleia championii*，又稱紅花荷、紅苞木，常綠小喬木。葉厚革質，卵形。多生於林中，花期三至四月。郊野遠看以為是吊鐘花但較紅色濃豔，具觀賞價值。一八四九年在香港仔附近森林首次發現。生長地點多在郊野公園內，受到保護。

吊鐘花：*Enkianthus quinqueflorus*，杜鵑花科吊鐘屬，花吊垂於枝椏上，花形如小鐘，故而得名。通常在農曆新年前後開花，故英文俗名為 Chinese New Year Flower，即中國新年花。清代中葉開始，已有以此做為年花的習俗。郊野公園到處可見。

朴樹：*Celtis sinensis*，野外常見樹種之一。台灣和嶺南低海拔皆常見，良好的防風樹種，亦可觀賞用。葉子基部歪斜不對稱，成熟的果實可吃。從前台灣鄉下孩子常採其果實，裝入自製的竹槍，當成子彈射擊。嫩葉可食，潮州人取來製粿。

西洋菜：*Nasturtium officinale*，新界各地菜畦最常栽作的蔬菜，川龍以山泉灌溉最為有名。我在香港旅居最常烹煮的青菜。

羊角拗：*Strophanthus divaricatus*，別名羊角藤，香港四大毒草之一。果實兩兩相連，像一對羊角。花形特殊，花冠五枚，延伸呈長線狀。夾竹桃科，白色乳汁有毒，不可食用。藤莖可做野外綑綁的繩索。

〔七畫〕

車輪梅：*Rhaphiolepis indica*，即石斑木，俗稱春花。春天時滿山遍野綻放的小白花，灌木或小喬木。果可食用。

芒萁：*Dicranopteris pedata*，可能是香港蕨類數量最多的一種植物，從低地至稜線皆有分布，容易引發山火。昔時香港人蒐集乾旱葉片，做為引火種的材料。

牡荊：*Vitex negundo var. cannabifolia*，灌木或小喬木，黃荊的變種之一。小枝方形，密生灰白色絨毛。葉對生，掌狀五出複葉，小葉片邊緣有鋸齒。葉可治感冒，防中暑等。果實球形，也可提取芳香精油，大陸荒山丘陵地帶常見。

沙糖橘：*Citrus reticulata*，香港常見之小

牡荊

芒萁

車輪梅

羊角拗

兔兒菜

金毛狗

油甘子

橘子，俗稱沙糖桔。皮薄甚甜，接近茂谷柑的長相，但略醜，除了直接食用，還可晒製為藥材。

赤桉：*Eucalyptus camaldulensis*，常綠喬木。引進自澳洲的栽培樹種，具有生長快，適應性強，耐高溫和乾旱的特性。

〔八畫〕

油甘子：*Phyllanthus emblica*，亦稱餘甘子，常見於郊野。一般高約一到三公尺，生長於陽光照射的灌叢或疏林中。七到九月結果。果可食用，香港傳統菜墟常見。果實先苦後甘，口中尚餘甘味，具生津止渴之效。乾葉可做枕頭填料，一些傳統商鋪有賣，據說可抗憂鬱症。

金毛狗：*Cibotium barometz*，又名鯨口蕨，台灣稱金狗毛蕨。大型陸生蕨類，高二三公尺，生長在陰濕環境，根狀莖臥生，粗大，密被柔軟的茸毛、光澤油潤閃亮。根莖為上好中藥材。此種台灣分布稀有，但常見另一相近種，台灣金狗毛蕨。昔時觀光區常販賣以其金黃茸毛製成的小狗。

兔兒菜：*Ixeridium chinense*，香港稱中華小苦藚，不多見，也未聽聞食用。台灣平地和山區廢耕地均有它的蹤跡。可當野菜煮食，甚苦，又具有微麻醉性，不宜多吃。

〔九畫〕

秋楓：*Bischofia javanica*，台灣稱茄冬。不多見，老樹亦不多。早期書籍將重陽木和秋楓混為同一種樹，實為兩個近似品種。上水火車站同時種有秋楓和重陽木，可從樹皮層狀剝落或縱裂，清楚分辨。冬天時茄冬掛滿果實，重陽木落葉光禿，更易區分。果實和嫩葉皆可食，台灣常做為食補藥膳。

南酸棗：*Choerospondias axillaris*，又名酸棗、五眼果，漆樹科。分布於華南各地，為高大樹木，核果橢圓形，熟時黃色、味酸、核堅硬。樹皮、根、葉、果實均具藥用價值。香港成熟森林裡，常見其高大矗立。

相思樹：*Acacia confusa*，香港稱台灣相思。原產於台灣南部、中國南方及東南亞一帶。台灣於日治時期廣泛種植全台。它和濕地松、紅膠木列為香港「植林三寶」。

紅膠木：*Lophostemon confertus*，桃金娘科，原產澳洲。性喜生長於遮蔽而疏鬆的土壤環境，能抑減林地雜草生長。山火焚燒後的環境，再生能力很強。

茄茉菜

相思樹

南酸棗

馬藍

牛眼馬錢

馬甲子

昭和草：*Crassocephalum crepidioides*，香港稱野茼蒿。台灣常見野草，著名野菜。此地不多見，亦不曾聽聞摘採食用。

茄茉菜：*Beta vulgaris var. cicla*，香港稱莙薘菜、豬乸菜，台灣亦稱豬菜。冬天時在地常食用蔬菜之一。

〔十畫〕

馬甲子：*Paliurus ramosissimus*，別名鐵籬笆、石刺仔、白棘等。葉互生，卵形至橢圓形，鈍鋸齒緣，表面深綠有光澤，背面灰綠，三出脈明顯。枝條具銳刺，喜生長在溪邊、水邊或海邊。港台皆常見，根可製藥。

馬錢：香港有三種馬錢，行山時常見牛眼馬錢，*Strychnos angustiflora*。木質藤本，葉橢圓或卵形，秋天結果，表皮光滑橙紅色，遠看如小山桔。香港四大毒草之一。

馬藍：*Strobilanthes cusia*，台灣俗稱大菁。染料植物，喜潮濕森林環境，郊野公園不多見，只在陰森林地偶見之。清朝時移植北台灣森林，常見的馴化植物。

烏桕：*Sapium sebiferum*，香港常見郊野樹種，台灣亦是，但前者較少大樹。

烏毛蕨：*Blechnum orientale*，山徑旁常見的蕨類，嫩芽呈粉紅或深紅色澤。嫩葉可食用。

浙江潤楠：*Machilus chekiangensis*，又名長序潤楠，華南郊野常見樟科。初春嫩葉鮮紅長出，在各地郊野都可見到它們的蹤跡，此時亦最容易辨識。

〔十一畫〕

軟條七薔薇：*Rosa henryi*，春天開白色小花於山坡或平野灌叢中，結暗紅色球形果。枝條常帶紫紅色，有刺。羽狀複葉，小葉五片。

鹵蕨：*Acrostichum aureum*，在香港，常伴隨於紅樹林環境，或密生於乾旱陸化之沼澤環境。台灣視為稀有濕地植物，只有二三處有記錄。

魚骨木：*Canthium dieoccum*，新界郊野山稜線常見的小喬木，葉子波浪狀甚易辨認。木材紋理密緻，可做雕刻原料。

崗松：*Baeckea frutescens*，山稜線常見

鹵蕨

軟條七薔薇

浙江潤楠

烏毛蕨

寄生藤

野葛

崗松

植物，因火災容易形成枯死的林相，時過境遷又蔚成青綠一片，枝葉具濃烈香氣，似白花油氣味。可提煉芳香精油，具抗菌、防蟲、消炎等功效。

野葛：*Pueraria lobata*，香港稱葛，台灣稱葛藤。喜生於溫暖潮濕多雨向陽地方，開紫色花。見於草坡灌叢、疏林地及林緣。生長快速，固氮能力好，落葉可做綠肥，是很好的水土保持植物。

寄生藤：*Dendrotrophe varians*，優勢的木質藤本或蔓生灌木，枝三稜形扭曲。常附生於各種林木，影響宿主的生長。全株供藥用，外敷治跌打刀傷。

涼粉草：*Mesona chinensis*，即台灣俗稱的仙草，野地不多見，菜畦常見栽作。

崩大碗：*Centella asiatica*，常見草本。葉子像一個大碗崩了一角，故而名之。別名雷公根、崩口碗、蚶殼草等。台灣民間流傳搭配九層塔燉煮雞湯，是轉大人滋補良方。香港街上常見崩大碗涼茶販售，直接新鮮榨汁加水，乃解熱飲品，但較寒涼。

假蘋婆：*Sterculia lanceolata*，屬半落葉喬木，有些植株會在六七月換葉。葉柄兩端腫脹。果實味道與蘋婆相似，野生鳥獸喜愛。因結果時間在七姊誕（即七夕）前後，所以俗稱七姊果。

【十二畫】

華鳳仙：*Impatiens chinensis*，夏秋時，香港濕地常見的紫紅色小花，鳳仙花科，一年生的草本植物。

黑莎草：*Gahnia tristis*，集中在有裸岩的山區稜線、坡地，台灣亦有。未開花時長相如同小叢芒草，開花時則與芒草差異非常大，形同未熟之稻穗。果穗成熟時呈油亮之黑色，可榨油做肥皂。

莿竹：*Bambusa stenostachy*，叢聚而生，並不多見，多生長於昔時村落的入口或後方樹林間。

番杏：*Tetragonia tetragonioides*，海岸少見的定砂植物，可食用。

黃牙果：*Garcinia oblongifolia*，即嶺南山竹子，成熟次生林，秋日常見其黃色果實，掉落地面。滋味不惡，多食易黃牙。樹枝與樹幹容易形成垂直之角度，遠遠即可辨認。

番杏

假蘋婆

崩大碗

黃桐

黃皮

黃牙果

黃牛木：*Cratoxylum cochinchinense*，次生林經常可見，易於辨識。樹皮淡黃色，部分樹幹底部會出現尖刺。野生於向陽雜木林中。木材非常堅硬，紋理精緻，為名貴雕刻木材，及製作雀籠之木。可做行道樹或觀賞樹。花微香，為蜜源植物。幼果供作烹調香料，根、樹皮、嫩葉入藥。嫩葉製清涼飲料，解暑熱。

黃皮：*Clausena lansium*，俗稱雞皮果，最常見的農家果樹，跟龍眼樹一樣，一般郊野住宅空地皆有栽種。七八月果熟時，到處可見販售。

黃桐：*Endospermum chinense*，次生林成熟環境可見其蹤影，屬於風水林代表植物。早期知名的造林樹種之一。

黃槿：*Hibiscus tiliaceus*，海邊常見防風植物，過去老漁村多會栽植，現今海岸亦常栽作。樹皮可製繩索，木材堅硬可做家具。除此，台灣住民還善用黃槿葉的香氣，以葉當鋪墊，置放粿點蒸煮。

黃藤：*Daemonorops jenkinsiana*，多年生，攀援狀木質藤本，可達數十公尺以上，有刺。可編織，藤心可食用，果實亦是。

香港不多見，亦少利用之說。

象牙花：*Erythrina speciosa*，落葉喬木，原產於南美洲。三月長新葉前開花，初生的花有如象牙，在香港不結果。樹皮有明顯凸紋，樹幹和枝條皆有刺。

無根藤：*Cassytha filiformis*，或稱無根草，樟科植物中少數的藤本植物，寄生於陽光充足的喬木及灌木植株上，藉由盤狀吸器汲取所需。經常密密麻麻交錯纏繞，有如解不開的魚網。植株體內具黏液，葉退化為微小的三角狀鱗片，很難察覺。

〔十三畫〕

楊梅：*Myrica rubra*，即樹梅，果實小如鈕扣，昔時可能為山上產業，形成果園。現多荒廢，野生的不易見。

〔十四畫〕

銀葉樹：*Heritiera littoralis*，基部常有明顯的板根。新葉紅色，葉革質，長橢圓，葉背密布銀白色鱗片及散生褐色鱗片。堅果扁橢圓形，有龍骨狀的突起，內含纖維質和空氣，質輕可藉海水漂送傳播各處，故稱海漂植物。此樹有大片集中於荔枝窩，形成特有的海岸樹林。

楊梅

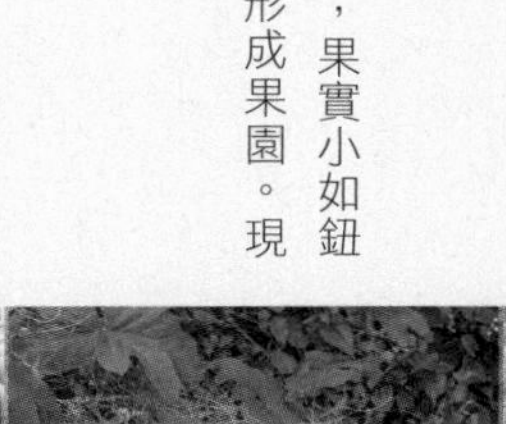
無根藤

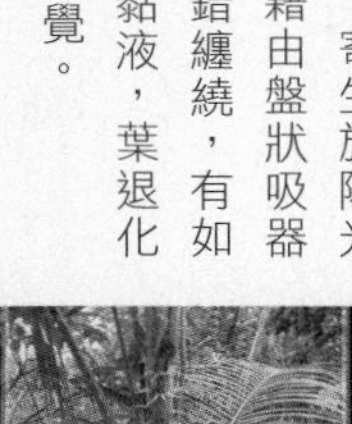
黃藤

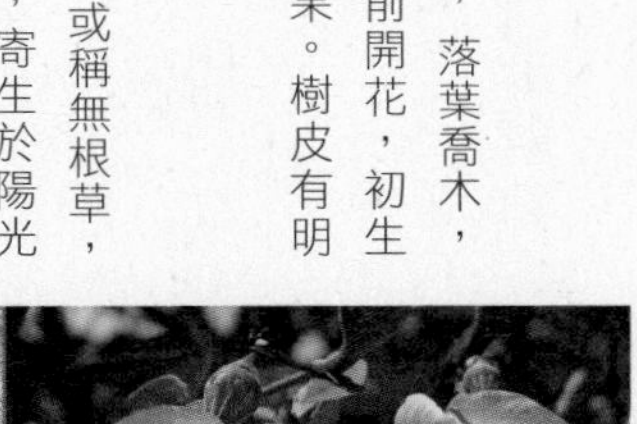
黃槿

蔓九節

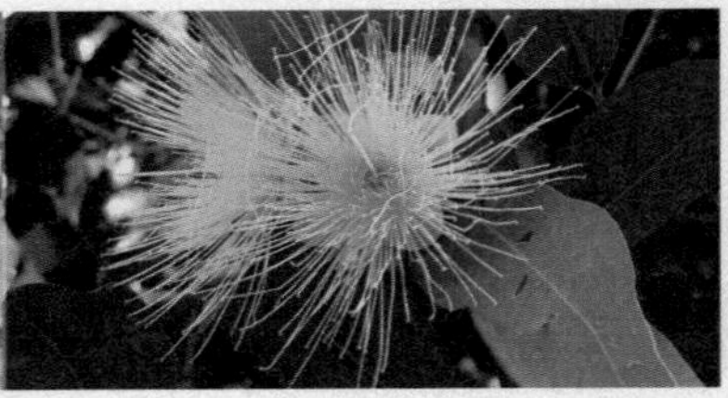
蒲桃

蒲桃：*Syzygium jambos*，別名香果、風鼓，香港村落常見之果物，昔時為大宗市場果物。本地樹種和果物外貌，都比台灣更為良好。

〔十五畫〕

蔓九節：*Psychotria serpens*，別名穿根藤。藤本或灌木，常以氣根攀附樹幹或石頭，台灣稱拎壁龍，俗名風不動藤，可以想見其攀附能力。花白色芳香，花期為四至七月。果白色。常見於路邊。

蓮霧：*Syzygium samarangense*，香港稱天桃、洋蒲桃，不多見的果樹，一般人家偶有栽作，不若龍眼和黃皮多。

廣東油桐：*Vernicia montana*，香港叫木油樹、千年桐，油桐屬。野外常見，但未形成如台灣一整片油桐花林海的壯觀風貌，多半為一棵棵單生。

豬籠草：*Nepenthes mirabilis*，種名意指奇異的，故俗稱奇異豬籠草。能捕食昆蟲的多年生草本植物，擁有獨特的吸取營養的器官，捕蟲籠呈圓筒形，下半部稍膨大，因形狀如豬籠，而得名。其籠可捕捉和消化昆蟲等小動物。分布於屯門一帶為多。

〔十七畫〕

濕地松：*Pinus elliottii*，外來種，郊野公園植林區內最常見的裸子植物，針狀葉簇生濃密，有如狐狸尾巴。香港植林的松樹有兩種，一是來自北美洲的濕地松，另一種是原生的馬尾松（山松）。

〔十八畫〕

斷腸草：*Gelsemium elegans*，即鉤吻，香港四大毒草之一。馬錢科，藤本，葉對生，卵形。花小，黃色，朔果長圓形，生於路邊山坡地。

鵝兒腸：*Myosoton aquaticum*，香港稱鵝腸菜。稻田間常見，昔時台灣農家常以此餵食鴨、鵝，甚至放其到休耕田中吃個痛快。冬末幼苗及嫩葉，皆可食用。全草可入藥，消炎、舒筋、利尿、治頭痛。

檸檬桉：*Eucalyptus citriodora*，尤加利樹家族成員，從澳洲引進，高大筆直。樹幹高達數十公尺，離地頗遠才見分枝。生長快速，樹皮遂隨著樹幹擴張而爆裂，剝落後，樹身呈灰白色，極其光滑。葉片狹長，揉碎後有檸檬香味。葉可提煉精油，可殺菌、驅蚊。優良木質，適合做紙漿材料。根會分泌有毒物質，抑制鄰近的植物生長。

羅漢松

斷腸草

露兜樹

黧蒴錐

鹹草

雞屎藤：*Paederia scandens*，即雞矢藤。常見野菜，葉子可食用，或製成粿食，大澳、谷埔、西貢等地小攤皆有販售。

〔十九畫〕

羅漢松：*Podocarpus macrophyllus*，喬木，廣泛分布西南各省。終年常綠，風姿樸雅，樹高可達二十公尺，多栽植為景觀植物。

〔二十畫〕

鹹草：*Cyperus malaccensis*，即鹹水草，濕地常見植物，常集聚成一片。早年一根根草莖可用來捆綁食物，尤其是肉類。

黧蒴錐：*Castanopsis fissa*，又名裂斗錐栗，原生常綠喬木。春末黃花綻放，形如垂穗，在碧綠叢中搖曳。葉片倒卵形，部分帶鋸齒。堅果成熟時，含澱粉質，日治期間相傳曾有村民收集作食糧。可適應貧瘠土壤，並能迅速生長，常用於植林的原生樹種。各處植林區和郊野風水林內，不難發現。

蘋婆：*Sterculia nobilis*，另稱鳳眼果，偶爾於郊野農宅可見。台灣南部十分尋常，果實可食用，葉子可當粿葉。

〔二十一畫〕

露兜樹：*Pandanus tectorius*，因果實像菠蘿，所以俗稱假菠蘿，台灣稱林投。多生長於海岸，根可製藥，在香港紅樹林環境亦可見。

〔二十三畫〕

欒樨：*Pluchea indica*，即闊苞菊，又稱煙茜。灌木。海岸濕地裡最具代表性的植物，在紅樹林樹種生長的環境，靠內陸的地方，還分布不少。昔時香港人喜愛以此植物做粿食。

鱗子莎：*Lepidosperma chinense*，又名炮仗草，山火後的先驅植物，常群聚叢生。跟芒萁一樣，路邊常見，大概是香港最容易邂逅的莎草科。猶若燈心草，莖管尖端常開花。

〔二十四畫〕

鹽膚木：*Rhus chinensis*，別名山鹽青，港台低海拔山麓常見。植株嫩心可食，果實外有一層薄薄的鹽，可代替食鹽。台灣原住民魯凱族過去將該植物製成木炭粉後與硝酸、硫磺混合製成獵槍的火藥粉。

鹽膚木

鱗子莎

欒樨

後記

謝謝內人惠菁接下繁瑣的編務工作。以自然環境為主的旅遊指南，常有爬梳不完的細目。許多行山路線和地理風物，若非熟悉者，更難掌書本的枝微末節。多數地方，她不曾走過，卻能按圖按文逐一索驥，再跟我詳加討論，協助我完成這本帶著濃郁遊記況味的郊野紀行。

七年多前，浸會大學鍾玲女士邀訪擔任駐校作家。日後又有其他單位陸續邀訪，我才有機緣斷續旅居、駐校，更因此結交了諸多行山好友。有很多因緣和人士，必須在成書之際特別致謝。

明報世紀版願意撥出大篇幅版面，刊載我的行山之文，引發香港讀者的關切和討論，絕對是促發我持續撰寫的最大動力。城市大學楊宏通老師不僅是自然觀察同好，長時陪我穿村越嶺，待我如至親。撰寫本書時，無私無怨地傾力幫忙，我更銘記在心。登山專家陳旭明先生持郊野之書相贈，日後也常伴隨在旁，引領我熟識周遭山林，誠乃良師益友。嶺南大學幾位同學阿晴、阿邦、麗施和慧珊等人，課餘之暇伴我到處旅行，一路亦教學相長。

還有去年辭世的前輩作家也斯，容我於最後，向這位熱愛生活，懷抱大家風範的長者致敬。他在生命尾聲，仍掛念不忘教學，邀我到虎地駐校。我方得有機緣，肩起背包，繼續走進香港的郊野，完成踏行的最後一塊拼圖。

國家圖書館出版品預行編目（CIP）資料

四分之三的香港：行山．穿村．遇見風水林 / 劉克襄著．--
初版．-- 臺北市：遠流，2014.04
面；　公分．--（綠蠹魚叢書；YLK68）
ISBN 978-957-32-7384-4(平裝)

1. 遊記 2. 香港特別行政區

673.869　　　103004198

綠蠹魚叢書 YLK68

四分之三的香港　行山。穿村。遇見風水林

作者／劉克襄
繪圖・攝影／劉克襄
照片提供／陳旭明（P17、P295）
出版四部總編輯暨總監／曾文娟
專案主編／朱惠菁
資深副主編／李麗玲
企劃／王紀友
封面暨內頁視覺設計／優秀視覺設計有限公司

發行人／王榮文
出版發行／遠流出版事業股份有限公司
地址／台北市100南昌路2段81號6樓
客服電話／02-2392-6899　傳真／02-2392-6658
郵撥／0189456-1
著作權顧問／蕭雄淋律師
法律顧問／董安丹律師
輸出印刷／中原造像股份有限公司
2014年4月1日　初版一刷
行政院新聞局局版臺業字第1295號
定價 新台幣420元（缺頁或破損的書，請寄回更換）

ISBN 978-957-32-7384-4
YLib 遠流博識網 http://www.ylib.com　E-mail: ylib@ylib.com